JN056082

災害公営住宅の社会学

吉野英岐

編著

東信堂

はじめに　　本書の問題意識と構成

吉野英岐

発災から10年

　未曾有の大災害となった2011年3月11日の東日本大震災から10年がたとうとしている。2012年10月31日時点の警察庁発表では、人的および住宅等の被害は、21都道県で死者1万5,872人、行方不明者2,769人、全壊等住宅（流失・全半壊を含む）12万9,879棟、半壊26万6,231棟におよんでいる（国土交通省国土技術政策総合研究所　2013：202）。さらに地震・津波災害に加えて、東京電力福島第一原子力発電所の爆発により、ピーク時（2011年3月14日）の避難者が全国で約47万人に達した。このように東日本大震災は広域・巨大災害である[1]とともに、地震・津波災害に原子力災害があわさった複合災害でもあった。

　被災により災害危険区域や避難指示区域に指定された区域に住んでいた住民は住む場所や職を失い、家族が離れ離れになった状態で長期の避難生活を余儀なくされた。被災から10年がたち、地震や津波の被害の大きかった地域の復興は施設整備面では進んだ。応急仮設住宅や仮設商店街は撤去され、防潮堤、堤防、港湾、道路、住宅、事務所、商業施設、祈念施設などが再建または新造された。さらに仕事や産業の再建に向けた事業所や工場の建設が進み、雇用と産業面での復興も進んだ。

　原発災害からの復興は現在でも道半ばといった状況である。避難指示の解除が進んだが、2020年11月11日時点でも帰還困難区域が7市町村で残り、福島県からの県外避難者は2万9,359人となっている[2]。多くの住民が避難して一時的に無人の地となった区域へ人々が戻る帰還という動きはなかなか進んでいない。除染が一部でしか進んでいない生活環境面での不安に加えて、医療・教育機会・就業先の不安などにより、だれもが安心して地域に戻れる状況にはなっておらず、若い世代の帰還は進んでいない。借り上げ住宅（み

なし仮設住宅)の家賃の補償など、避難先での生活支援の打ち切りや縮小が相次ぎ、避難先での生活の維持も課題となっている。

復興の基本的課題である住宅

　さまざまな復興の課題があるなかで、新生児から高齢者まであらゆる世代の被災者にとって最も重要な課題は、住宅の確保と安心できる社会関係の構築ではないだろうか。住宅をめぐる問題はどのような災害でも発生するが、日本の場合は被災後に避難所への一時的な避難を経て、住宅を滅失した場合は、都道府県が建設する応急仮設住宅や借り上げ住宅への入居を経て、恒久的な住宅へ移行するのが一般的である。

　恒久的な住宅の確保(自宅の再建や新築)をめぐっては、個々の被災者(家族)が自力で建設用地や建設資金を確保したうえで建設していく場合と、土地区画整理事業や防災集団移転促進事業、漁業集落防災機能強化事業などを使って建設用地を確保したうえで、自宅を新築・再建する場合がある。しかし、資金的余裕がない場合や生活の将来設計の都合から、自力での建設ではなく、都道府県または市町村が供給する災害公営住宅に入居する方法がある。被災者はどのように住宅を選択するべきか決定する必要がある。一方、県や市町村は集団移転地の確保や土地区画整理事業用地の決定、そして災害公営住宅を建設する場合は、供給戸数の確定やそれに応じた建設用地の確保、そして、建設住宅の様式などを決定し、建築を始める必要がある。さらに一日も早い住宅再建を望む被災者に対して、時間をかけずに上記の一連のプロセスを達成しなければならない。

　住宅の確保が一定程度達成された場合でも、それで生活上の課題が解決されるわけではない。個人や家族のレベルでは震災で家族や親族を亡くした入居者の孤独感や寂寥感の解消や軽減、依存症などによる健康障害の回避、孤独死などの震災関連死の防止など心身の健康維持が大きな課題である。同時にコミュニティの再建も重要である。とくに震災前の居住地での住宅再建や社会関係の継続が難しい場合は、新たな居住地や住宅を選択して、新たな社会関係を構築していく必要がある。そこで、入居後の新たな居住環境への適

応とともに、良好な近隣関係やコミュニティの形成が課題になってくる。そして、最終的にはだれもが復興を実感でき、新たな生活への満足度や幸福度が高められるような生活を実現していくことが達成されるまで、住宅復興への取り組みを続けていく必要がある。必要な住宅が建設供給され、被災者全員が恒久住宅に居住できるようになったことは復興の完遂ではなく、復興の始まりといえるのではないか。

住宅復興への社会学的アプローチ

　これまで、住宅の復興については、建築学や都市計画学を専門とする研究者、あるいは法律や行政制度を専門とする研究者、そして行政機関等による調査や検証作業が中心であり、社会学を専攻とする研究者が中心となることはあまりなかった。コミュニティの実態解明や課題解決は社会学者の主要な研究テーマであるし、住宅を起点とする社会関係の再生や形成は、災害研究の分野でも重要なテーマである。社会学は質問紙調査や聞き取り調査をもとに、被災者の行動や意識を実証的に分析するとともに、その事象の背景にある社会経済状況や行政的な対応状況との関連性を追求するところに特徴がある。

　本書は災害公営住宅をテーマに 2013 年度（平成 25 年度）から 2020 年度（令和 2 年度）の 8 年にわたって継続して取り組んできた 2 つの科研費研究の成果をまとめたものである[3]。8 年間の科研費研究の研究代表者と分担者は吉野英岐・内田龍史・高木竜輔の 3 名で、それぞれ岩手県、宮城県、福島県に在住在勤する社会学者である。3 名で連携研究者の協力を得ながら、2013 年度から被災地の自治体や関係団体の職員および住宅入居者への聞き取り調査を繰り返し実施してきた。またいくつかの自治体では入居者への質問紙調査を実施した。2019 年度に研究分担者の内田が関西の大学に転任し、高木が福島県から宮城県の大学に転任したこともあり、福島県に在住在勤し、行政学を専攻する西田奈保子を調査研究の協力者として迎えて、4 名で 2019 年度に岩手県、宮城県、福島県の 3 県に建設された災害公営住宅の入居者（世帯主）6,454 名を対象に大規模なアンケート調査を実施した。調査では災害公営住宅に入居している方々の生活状況および近隣関係や相互互助関係の状況

iv

と復興感や団地生活満足度を調査した。さらに3県および岩手県の4自治体、宮城県の3自治体、福島県の支援団体に聞き取り調査を実施した。

　調査結果の概要については2020年3月に岩手県内で報道機関向けに公表し、調査対象者と関係自治体には2020年夏に結果の概要版を配布した。本書はこの大規模なアンケート調査の結果の分析を軸に、これまでの災害からの住宅復興のあり方を検証し、東日本大震災からの住宅復興について地域ごとの状況や意識の差異を生む要因や要素間の関連性を分析し、今後の復興への取組みへ示唆を与えるとともに、被災者への住宅供給のあり方を考察するものである。

本書の構成

　本書は3部13章で構成されている。それぞれの章のタイトルと内容は以下のようになっている。

　第Ⅰ部では、住宅復興のあり方と災害公営住宅の制度的な背景を論じる。第1章「災害復興の中心的課題としての住宅再建」では、阪神・淡路大震災と新潟県中越地震からの住宅復興の事例を取り上げ、それぞれ手法や内容および評価や課題を確認する。そのうえで、東日本大震災後の住宅復興政策の特徴と課題を整理し、災害公営住宅の位置づけを明確にする。第2章「東日本大震災からの復興政策における災害公営住宅の供給」では、東日本大震災および福島第一原子力発電所事故を原因として被災者に供給された災害公営住宅について、その制度と計画を概観したうえで、実際の供給過程と供給結果の特徴を記述し、そこから見える政策上の課題を述べる。続いて、第3章「岩手県における災害公営住宅の供給過程」、第4章「宮城県における災害公営住宅の供給過程」、第5章「福島県における災害公営住宅の供給過程」では、岩手県、宮城県、福島県に建設された災害公営住宅について、供給計画、建設戸数、建設地を各県ごとに示し、それぞれの県および県内市町村における特徴を明らかにする。

　第Ⅱ部では、調査の実施と結果および結果の分析を論じる。第6章「災害公営住宅入居者調査の概要」では、上記被災3県の災害公営住宅入居者を対

象に 2019 年に実施したアンケート調査の概要と対象者の特性について論じる。第 7 章「災害公営住宅におけるコミュニティ形成と復興感」では、調査結果から、災害公営住宅入居者のコミュニティ形成と復興感について見ていく。特に災害公営住宅における被災者の人間関係の形成と重要度、コミュニティ形成の状態と変化、団地居住意向とコミュニティ形成との関連性、入居者の属性やコミュニティ形成と復興感の実感度合いについて分析する。第 8 章「災害公営住宅入居者の生活課題」では、入居者の生活課題として、入居生活における困りごと、自身・家族の医療・福祉的課題、自由記述からみる生活課題と住宅の共用部分の不満について分析を行い、災害公営住宅での生活における諸課題を明らかにする。

　第 9 章以降では、岩手県、宮城県、福島県内の各自治体および立地地域の調査結果の比較分析を行う。第 9 章「岩手県における災害公営住宅の現状と課題―宮古市・大船渡市・陸前高田市・釜石市―」では、岩手県内の宮古市、大船渡市、陸前高田市、釜石市の 4 つの調査自治体の結果の特徴とその背景を論じる。第 10 章「宮城県における大規模災害公営住宅の現状と課題―仙台市・石巻市・気仙沼市―」では、宮城県内の仙台市、石巻市、気仙沼市の 3 つの調査自治体の結果を比較し、社会関係の構築状況と復興感や団地生活満足度の差異、およびそれぞれの関連性を論じる。第 11 章「福島県内における復興公営住宅入居者の居住地選択とコミュニティ形成」では、福島県における調査結果を南相馬市、いわき市、中通り（内陸部の福島市、郡山市、二本松市）の 3 つの地域にわけて、住宅の立地選択とその影響、立地地域による課題の違いと背景、将来意向とコミュニティ形成の関連を確認し、福島県内における災害公営住宅に求められることを明らかにする。

　第Ⅲ部では、調査全体の振り返りと今後の展望や提言を行う。第 12 章「災害公営住宅整備の特徴とこれからの課題（座談会）」では、調査に参加してきた 4 名の執筆者による座談会を収録したものを掲載する。座談会ではそれぞれが現地調査で得た知見を交えながら、被災 3 県の災害公営住宅の特徴と課題を述べあった。読者が座談会の内容を通読することで 3 県の全体状況の理解が促進されることを期待している。そして最終章の第 13 章「これか

らの住宅復興の課題と展望」では、全体のまとめと今後の課題を述べることで、被災から10年が経過した時点での復興と住宅の問題を展望する。また、2020年に全世界を巻き込んだ新型コロナウイルスの感染拡大は、2021年に入っても依然として大きな問題として私たちの生活に影響を及ぼし続けている。東日本大震災の被災者にとっても、感染拡大により見守り活動の縮小やリクリエーション活動の休止、災害公営住宅の自治会活動の停止などさまざまな課題がでてきている。最後にこの部分にも触れている。

謝辞にかえて

　本書の執筆にあたってはアンケート調査にご協力いただいた2,300名を超える被災者の方々、岩手県、宮城県、福島県の各県庁の担当者の方々、宮古市、大船渡市、陸前高田市、釜石市、仙台市、石巻市、気仙沼市の市役所の方々と現地の関係者の方々、福島県の災害公営住宅のコミュニティ形成の支援を広域に担当しているNPO法人みんぷくの方々にあつくお礼申し上げます。

　また、厳しい出版事情のなかで本書の刊行を引き受けていただきました株式会社東信堂の下田勝司社長に改めてお礼申し上げます。本書が災害公営住宅に入居している方々の福祉の向上や、今後の災害時に災害公営住宅を建設する自治体の方々や支援者の方々にとって役に立つことを願っています。

注

1　『国土交通省国土交通白書平成23年度版』図表25より。資料の出所は警察庁東日本大震災復興対策本部事務局資料
2　復興庁WEBページ　全国の避難者数　2020年11月27日現在。
3　本研究プロジェクトは「震災復興における新しいステークホルダーの合意形成とコミュニティの再生に関する研究」（日本学術振興会科学研究費助成事業基盤研究（B）一般、　課題番号25285155、2013年度〜2016年度、研究代表者：吉野英岐）および、「復興の新たな段階におけるコミュニティ・キャピタルの活用と保全に関する比較研究」（日本学術振興会科学研究費助成事業基盤研究（B）一般、課題番号17H02594、2017年度〜2020年度、研究代表者：吉野英岐）の2つの科研費研究の研究成果の一部を取りまとめたものである。

目次／災害公営住宅の社会学

第Ⅲ部　復興の在り方と住宅再建の課題 ……………………… 219

第12章　災害公営住宅整備の特徴とこれからの課題（座談会）

災害公営住宅の社会学

第Ⅰ部　公的な住宅供給と災害復興

第1章　災害復興の中心的課題としての住宅再建

吉野英岐

1　住宅から始まる災害復興

1-1　被災後の住宅確保のための3段階

　災害の被災者にとって生活の復興で最も重要なことは、安心して住むことができる住宅の確保とその住宅で近隣関係を築き上げながらコミュニティを形成し、再び安定的な生活をおくれるようになることである。住まいはどのような人にとっても必要であり、まさに復興は住宅から始まるといってよい。

　これまで地震、津波、水害、火災などの災害が発生し、危険が迫る場合は、居住者は速やかに指定避難所等の安全な場所へ向けた避難行動を取ってきた。災害によっては大きな被害がなく、すぐに住宅に戻れる場合もあるが、大規模災害の場合は、破損や倒壊による住宅の滅失、あるいは流失や焼失、ライフラインの寸断や自宅周辺区域で危険な状況が続くことにより、被災者は自宅に戻ることができず、指定避難所等で数日から数週間にわたって、避難生活をおくってきた。その後、新たに建設された応急仮設住宅（建設仮設）や民間賃貸住宅等を活用したいわゆるみなし仮設住宅（借り上げ仮設）、あるいは既存の公営住宅等（国の宿舎等を含む）に入居したり、二次避難所（旅館・ホテル等）で避難生活を送りながら、恒久的な住宅への入居を目指してきた。このように災害による住宅の滅失等から確保に至るまでの過程には、避難所→仮設住宅→恒久住宅という3つの段階がある[1]。

1-2　恒久住宅の確保

　恒久的な住まいの確保については、土地と建物が必要になる。災害前の宅地や住宅をそのまま再利用できる場合はいいが、災害で一定区域内の多くの住宅が全半壊あるいは焼失し、多数の住宅再建が必要な市街地の場合は、都市再生区画整理事業のひとつとして位置づけられている被災市街地復興土地区画整理事業が導入されることが多い。さらに、東日本大震災では震災後に新たに創設された津波復興拠点整備事業を使って、自治体による中心市街地の一体的な整備が可能となり、区域内で災害公営住宅の整備も進められた。また津波により居住していた区域が浸水したり、地盤沈下して、新たな津波による被災が想定される沿岸地域の場合は、条例によって災害危険区域の指定がなされ、新たに住宅を建設することができなくなった。こうした場合は、後背地の高台に集団で移転する集団移転事業が行われた。集団移転の事業メニューとしては、防災集団移転促進事業が一般的であるが、地震や津波等によって漁業集落が被災した場合は、漁業集落防災機能強化事業を活用する場合もみられた。もともと土地や住宅を所有していた被災者の場合は、これらの事業により再び宅地を確保し、国の生活再建支援金や自治体による各種支援政策を活用して、自力で住宅を再建することができた。

　一方、もともと賃貸住宅で生活していた場合や、経済的な理由や今後の生活設計等の理由から、自力で土地や住宅を確保できない被災者の場合は、新たに賃貸住宅への入居を選択することになる。そして、民間による住宅建設が進まない場合や、経済的に民間住宅への入居が難しい場合は、公的に供給される住宅に入居する形で住まいを確保することになる。これまでも一般に住宅に困窮する住民に対して、自治体は公営住宅法に基づく公営住宅等を整備供給することで、住宅の確保を図ってきた。また国や自治体は住生活基本法（2006年）および、改正住宅セーフティーネット法（2007年）によって被災者をはじめ、高齢者、子育て世帯、低所得者、障がい者など、住宅確保について配慮が必要な方々に対して、住宅を確保する責務を負っている。災害後の住宅の確保は被災者にとって最も重要な課題であるともに、国や自治体にとっても復興政策の中心的な課題となっている[2]。

　このように多様な住宅復興のメニューが用意されたが、塩崎はこれを混線型住宅復興と呼んでいる（塩崎 2014：159）。塩崎は多様なメニューがあること自体が問題ではなく、「住宅確保のメニューとまちづくりが絡まっており、相乗効果よりは、むしろ相互に干渉して障害となっている面が強い。個々人の住宅確保の方針が定まらないため、公営住宅の建設戸数や集団移転の予定戸数がたえず変化する。まちづくりの方針がはっきしない（もしくはよくわからない）ために、住宅確保の選択がゆれる。いろんなメニューが複雑に絡まり、被災者にとって理解が難しく的確な判断ができない、まさに混線状況になっている」と指摘している（塩崎 2014：160）。

1-3　住まいの復興の課題

　阪神・淡路大震災や東日本大震災などの大規模災害により多くの住宅が失われた結果、自力での住宅の再建や確保が困難な被災者にとっては、まさにこれらの災害は「住宅災害」の様相を呈している。さらに東京電力福島第一原子力発電所の爆発事故によって、元の居住地を離れざるをえなくなった被災者には、避難先での長期にわたる避難生活の中で生活再建を模索している。その場合、避難者の居住権がどのように確保されるのかは極めて大きな問題である[3]。

　東日本大震災からの復興政策では、地震・津波による被災と原発事故による避難とでは、それぞれ状況が大きく異なるが、県や自治体が公営住宅を供給している点は共通している。

　公的主体による土地と住宅の供給政策は、度重なる災害後に幾度も実施されてきたが、計画立案、整備供給、そして入居開始後のさまざまな段階で課題があることが明らかになっている。そのため公営住宅を中心とする自治体等による住宅供給については、政策面からの検証作業とともに、入居後のコミュニティ形成や安定した生活の実現など、被災者や避難者の生活実態や生活意識をふまえた課題の解決にむけた取り組みが不可欠である。

　本章ではまず大規模な災害後に公的主体によって実施された住まいの復興について、阪神・淡路大震災と新潟県中越地震からの住宅復興の事例を取り

上げ、それぞれ手法や内容および評価を確認し、そこから得られる知見と課題を整理する。そのうえで、東日本大震災後の住宅復興政策の内容を明らかにして、その特徴と課題を整理する[4]。なお、東日本大震災後に公営住宅法に基づいて被災者用に建設される公営住宅は、復興公営住宅あるいは災害復興公営住宅と表記される場合もあるが、本書では災害公営住宅に統一して表記する。なお、福島県が供給主体になった原発避難者向けの災害公営住宅は、地震・津波被災者向けの住宅と区別して、復興公営住宅と表記していることから、福島県の事例を分析するときは上記の表記を用いることがある。また、東日本大震災以前の災害後に建設された公的住宅については、それぞれ当時の表記を用いる。

2　阪神・淡路大震災からの住宅復興

2-1　住宅復興の状況

　1995 年 1 月 17 日に発災した阪神・淡路大震災では多くの住宅が被災した。都市直下型地震であったため、住宅の被害は大きく、2006 年 5 月 19 日確定値で全壊 10 万 4,906 棟（18 万 6,175 世帯）、半壊 14 万 4,274 棟（27 万 4,182 世帯）、合計 24 万 9,180 棟（46 万 357 世帯）、全焼建物 7,036 棟、半焼 96 棟に及んだ（塩崎 2009：109）。兵庫県では被災前から公的な住宅に居住していた世帯が相当数に上っていた。震災前の 1993 年の時点で、兵庫県下の公営住宅の入居戸数は 10 万 9,000 戸で 10 万戸を超えていた。このうち神戸市では 4 万 4,790 戸が入居しており、震災前から 4 万戸を超える公営住宅が供給されていた[5]。地震で公営住宅 1,846 戸が被災し、もともとの居住者の住宅の確保とともに、低家賃で提供されていた民間賃貸住宅にも被害が集中し、その居住者にとっても、公的な主体による早急な住宅の再建が求められていた（檜谷 2005：381-382）。

　震災後に兵庫県では 1995 年 8 月に公的な主体による住宅 7 万 6,000 戸、民間住宅 4 万 4,500 戸（住宅金融公庫及び基金事業の支援対象戸数）、合計 12 万 5,000 戸の整備計画が立てられた（出所は「ひょうご住宅復興 3 ヵ年計画」の実績、兵庫県 2000：34）。公的な主体による住宅としては、低所得者層を対象とする災

害復興公営住宅等（新規提供分の災害復興公営住宅、震災前に着工済みの公営住宅、再開発系住宅〈市町執行分のうち低所得者向け住宅〉、公営住宅等の空き家の活用、災害復興準公営住宅〈特定優良賃貸住宅〉、再開発系住宅〈市町執行分のうち低所得者向け以外の住宅〉、公団・公社住宅〈分譲〉、公団・公社住宅〈賃貸系〉、公的住宅〈分譲〉、公的住宅〈賃貸系〉）がある（兵庫県 2000b：34-35）。これらの住宅を供給する主体は県、市町、住宅・都市整備公団（現・都市再生機構（UR））、兵庫県住宅供給公社、神戸市住宅供給公社等と多岐にわたっているのが、阪神・淡路大震災後の住宅再建の特徴である[6]。

　その後、政府と兵庫県、神戸市は復興住宅等の供給計画の改正、復興住宅等の入居方法、家賃低減化対策、恒久住宅への円滑な移転のための支援、応急仮設住宅の供与期間の延長、住まい復興にかかわる今後の課題について協議し、1996 年 6 月に「恒久住宅移行プログラム」が発表された。これにより公営住宅の供給戸数は 2 万 6,900 戸から 1 万 1,700 戸増加して、3 万 8,600 戸となった。このため、公営住宅法改正による「借り上げ制度」を活用して、公団住宅等を公営住宅に振り替えることにした。さらに民間賃貸住宅における家賃補助を盛り込んだ「恒久住宅への移行のための総合プログラム」が発表された（塩崎 2009：111）。

2-2　災害公営住宅の建設と公的供給主体の連携

　低所得者層を対象とする災害復興公営住宅等については、1996 年に改訂された「復興 3 か年計画」で新規提供の災害公営住宅としては 2 万 5,100 戸、それ以外に 1 万 3,500 戸、合計で 3 万 8,600 戸の提供が計画された。この数は 1995 年 8 月策定の同計画における 2 万 4,000 戸から大幅に増加している。増加した要因は 1996 年 2 月〜3 月に実施された災害弱者にあたる 4 万 2,688 世帯を対象とする意向調査（『阪神・淡路大震災に係る応急仮設住宅の記録』兵庫県 2000）の結果（回答は 37,716 戸）が反映されたものであった（檜谷 2005：382-383）。そして 1999 年 12 月時点の実績として 2 万 5,421 戸の災害公営住宅が新規に供給された。この数は公的な主体によって供給された 7 万 5,684 戸の 33.6％にあたる。残りの 66.4％は低所得者に特化しない形での公的住宅であった。

　阪神・淡路大震災後の公的な主体による住宅建設は、上記のように多様な主体による多様な形態の住宅が提供された。そこで公的住宅の迅速かつ大量供給を目指して、上記の供給主体に国や住宅金融公庫等が加わる「災害復興住宅供給協議会」が設置され、公的事業主体の連携が図られた。協議会で住戸規模、間取り、住棟、性能・仕様、部品の規格化・標準化などの基本ルールが定められ、各事業主体はこのルールに基づいて供給を行った。住戸の機能としては、高齢者向けバリアフリー仕様の徹底、生活援助員（LSA）による安否確認や緊急時の対応などを行うシルバーハウジング（整備実績は 3,500 戸）やコレクティブハウジング（同 161 戸）の導入、コミュニティプラザ（多機能集会所）の設置等がかかげられた。シルバーハウジングが導入された団地では生活援助員（LSA）の執務室がコミュニティプラザ（多機能集会所）に併設された（兵庫県 2000b：35-36）。

　また、住宅の管理運営に当たっては、住宅・都市整備公団（現・UR）、県、被災市町による「災害復興（賃貸）住宅管理協議会」が結成され、募集の一元化、グループ募集、ペット共生住宅の供給も行なわれた。募集の一元化（一元募集）とは、募集事務の効率化と被災者に公平に応募機会を提供する観点から実施された措置で、災害復興住宅管理協議会が設置され、4 ブロック（神戸、阪神、東播磨、淡路）ごとに 4 次にわたって 4 万 2,911 戸の募集がなされた。なお早期入居を促進するため、重複応募は禁止されていた。このほか、入居者の募集と選定に当たっては、既存の公営住宅等への一時入居、優先枠の設定、家賃低減化、募集割れ団地における特定入居、県外被災者向け募集、暫定入居制度があった。続いて、入居後の団地自治会の立ち上げへの支援が行われた。公営住宅では共益費の徴収事務、共用施設の維持・管理等の日常管理業務の一部が、入居者全員加入を原則とする居住者による管理運営委員会に委ねられている。東日本大震災後に、福島県や宮城県の災害公営住宅で組織された団地会がこれにあたる。一方、岩手県では団地自治会の結成が促進され、自治会が住宅の管理運営を担っている。阪神・淡路大震災では自治会の結成が進められ、2000 年 9 月末で災害公営住宅における自治会結成率は 86.4％に達している。なお、県営住宅の自治会設立にあたっては、「いきいき県住推進員」

が派遣され、支援業務にあたった（檜谷 2005：389-396）。

2-3　災害公営住宅入居者に関する大規模質問紙調査

　阪神・淡路大震災後に建設供給された災害公営住宅の住民に対して行われた大規模な調査としては、2 つの調査がある。1 つは塩崎賢明（神戸大学）の研究室による調査で、復興公営住宅に入居した被災者の生活と意識をさぐるため、入居後半年以上たった団地を対象として 1998 年 11 月に実施された質問紙調査（神戸大学・塩崎研究室調査）である（塩崎 1999）。もう 1 つは兵庫県が財団法人阪神・淡路大震災記念協会「人と防災未来センター」に委託して、2002 年度に実施した「災害復興公営住宅団地コミュニティ調査」のうちの居住者調査（「兵庫県調査」）である。

　「神戸大学・塩崎研究室調査」は復興公営住宅入居者に対するはじめての本格的な調査であった。兵庫県内に設定された 5 ブロックから各 1 団地の居住者に加えて神戸市東部ブロックの中低層・小規模団地から 200 戸程度を選定し、合計 2,705 件を対象に、調査票の配布回収を訪問配布、訪問回収方式で実施し、1,455 件から回収した。回収率は 53.8％だった（塩崎 2009：117-142）。「兵庫県調査」は兵庫県内の 13 市 7 町の災害公営住宅 323 団地の 2 万 6,349 戸に対し、個別訪問による留置で配布し、訪問回収および一部郵送回収で実施された。回収数は 1 万 7,079 戸、回収率は 64.8％の大規模調査であった[7]。

2-4　災害公営住宅の供給手法への評価と課題

　阪神・淡路大震災の住宅復興の主要な手法である災害公営住宅については、震災から 3〜4 年が経過したころから、復興や災害公営住宅に関する論文集が発表されている（神戸都市問題研究所 1998、1999）。震災から 5 年が経過したころから復興政策の検証作業が進められ、震災 10 年目には兵庫県によって企画された専門家による多角的な検証結果が公表されている（震災復興総括検証研究会 2000、兵庫県・復興 10 年委員会 2005）。さらに震災から 20 年以上が経過した近年でも東日本大震災後との関連で災害公営住宅のコミュニティ形成に関す論文も出されている（伊藤 2018）。ここでは兵庫県によって実施された

多角的な検証のうち、檜谷美恵子による検証結果、塩崎賢治の論考、伊藤亜都子の研究をもとに災害公営住宅への評価と課題を紹介する（檜谷 2005、塩崎 2009・2014、伊藤 2018）。

　多様な主体による供給について、檜谷は「公共団体が直接建設を行う方式だけでは到達できなかった目標戸数に到達する上で、公団等が果たした役割は大きい」と評価している。さらに、「特定借上・買取賃貸住宅制度」の実施など民間事業者をも活用した多様な手法が採択されたことを評価している（檜谷 2005：396）。災害復興公営住宅の設計や付加された機能の面では、檜谷は緊急時の対応と見守りを中心とするシルバーハウジングが導入された点と、コミュニティプラザ等の共用施設の設置が、団地のコミュニティ形成に寄与した点を評価している。さらに、入居者の一元募集とグループ募集、一時入居制度といった入居時点での工夫、自治会結成支援としての災害公営住宅入居予定者事前交流事業、県営住宅 400 戸に 1 人の割合で配置され日常管理活動をサポートするいきいき県住推進員制度、コミュニティプラザ運営費補助金、生活援助員（LSA）らによる高齢者見守り活動、家賃低減化対策について一定の評価をしている（檜谷 2005：397-403）。

　一方で、今後の課題として、建設された住宅様式が画一的で、居住環境が大規模な高層高密になっている点を挙げている（檜谷 2005：380）。そのほか、大量に建設された公営住宅の管理・運営、既存市街地内での住宅建設用地の確保、マスハウジングのしくみに由来する高齢者に特化した入居者構成の是正[8]、高齢者向け住戸の配置法の分析、入居後の家族構成の変化に対応した住戸形態の変更、住戸の計画趣旨と合致する入居者選定の実現、ミックストコミュニティ（「混住」）を実現するための新規入居世帯資格の拡大をあげている（檜谷 2005：403-406）。最後に、檜谷は今後の提案として、民間住宅を視野に入れたユニバーサルな住宅支援の強化、入居希望者のニーズに応えるための入居者参加型のハウジングの追求、多様な手法によるミックストコミュニティ（「混住」）の実現、福祉行政と住宅行政の連携による高齢者居住の支援、地域資源としての災害復興公営住宅の活用をあげている（檜谷 2005：411-413）。

　なお、災害復興公営住宅ではないが、檜谷は民間の賃貸住宅を公社や民間

管理法人が借り上げ、または管理受託して供給された災害復興準公営住宅の供給が、「公営住宅階層」の可視化を抑制した点を評価している（檜谷 2005：396）。東日本大震災からの住宅復興では、公営主体による住宅の供給が災害公営住宅に一本化されたことから、「公営住宅階層」の可視化が顕著になってしまっている。被災 3 県で建設された鉄筋コンクリート造の巨大な集合住宅である災害公営住宅は、周囲の建造物とは明らかに異質な建築物という印象がぬぐえない。また集団移転地に隣接して建設された災害公営住宅は、自力再建の住宅とは住宅様式やグレードが明らかに異なっていたり、移転地の周縁部に建設されているケースが多く、移転地に自力で建設された住宅の居住者とは、見るからに階層が異なる印象を見る者に与えている。

　塩崎は自身による調査の結果をもとに災害公営住宅の問題点を指摘している。復興住宅の募集では既成市街地の団地で 10 〜 20 倍、郊外団地での募集割れというような需要と供給のミスマッチが問題になったが、調査結果でも妥協して現在の住宅に入った割合が半数以上あったこと、復興公営住宅で、多くの人が楽しい付き合いを望んでいるにもかかわらず、現実には付き合いは減少し、さびしい生活を送っている点、避難所、応急仮設住宅、復興公営住宅という段階を経るごとに建物の水準はよくなっていったが、そのつど人と人のつながり、コミュニティはばらばらにされ、居住者は人間的な結びつきを失い、社会的に孤立していった点を指摘している。そして、その先にある孤独死の続出という問題をみないわけにはいかないと述べている（塩崎 2009：117-142）。また、東日本大震災後に発表した著作でも、阪神・淡路大震災後に建設された復興公営住宅における高齢居住者の割合が高いことを指摘したうえで、コミュニティの崩壊（具体的には近所付き合いの減少や孤独死の発生）と家賃の上昇による家計負担の増大を指摘している（塩崎 2014：9-12、20-24）。

　最近の報告としては、伊藤亜都子は 1999 年から 2000 年にかけて実施された災害復興公営住宅入居者に対する聴き取り調査の結果から、団地の自治体運営の困難さと、従前の居住地と異なる地域に建設された災害復興公営住宅への入居による地域社会と被災者の切り離しが入居者の公的福祉サービスへ

の依存度の上昇を招いている事例を紹介している。さらに、その後の高齢化の進行による自治会運営とコミュニティづくりの厳しい状況を指摘している（伊藤 2018：9-12）。

3　新潟県中越地震からの住宅復興

3-1　住宅復興の状況

　2004 年 10 月 23 日に発生した新潟県中越地震は新潟県川口町（現・長岡市）で最大震度 7、小千谷市・山古志村（現・長岡市）・小国町で震度 6 強、長岡市および周辺の 2 市、4 町、5 村で震度 6 弱を観測する大地震であった。地震による被害は死者 68 名、全壊住宅 3,175 棟、大規模半壊 2,126 棟、半壊 1 万 1,643 棟、一部損壊 10 万 4,510 棟に及び、10 市 27 町 17 村に災害救助法が適用された。本震後も強い余震が続き、避難者は最大で 12 万人に達した。

　地震の震源付近では広範囲にわたる土砂崩れや地面の亀裂などが生じ、60 ヵ所以上の集落が孤立状態となった。山古志村、魚沼市、小千谷市、川口町を流域にもつ芋川では、崩落が 842 ヵ所、地すべりが 124 ヵ所、土砂による河道閉塞（川のせきとめ）が 52 ヵ所生じた（国土交通省北陸地方整備局湯沢砂防事務所 2005）。山古志村では死者 5 人、負傷者 25 人、全壊は 339 棟に達した。また一般国道・県道の 25 ヵ所で寸断、135 ヵ所で土砂崩壊が発生し、村内の 14 集落全てが孤立した（長岡市 2010）。さらに河道閉塞により、村内各地で大規模な浸水被害や棚田の崩壊などの被害が生じた。山古志村では全住民が村を離れる全村避難が実施され、長岡市内の 8 ヵ所の避難所での避難生活が始まった。

　避難者のなかには指定避難所以外でも避難生活をおくったケースもあり、「小規模に分散した避難者に対して行政がすべて対応することは難しく、情報伝達や物資配分では町内会などコミュニティに依存せざるを得なかった」（福留・五十嵐・黒野 2009：222）。その後、応急仮設住宅が 3,460 戸が建設されたが、「入居に際しては従来のコミュニティを尊重して、山古志村、小千谷市、川口町では可能な限り集落単位の入居が行われた」（福留・五十嵐・黒野 2009：

222)。

3-2 自力再建中心の住宅復興

　3,460戸の応急仮設住宅からの転出先については、新潟県の調査によれば96.1％の世帯が元の市町村に居住している。持ち家で被災して仮設住宅に入居した世帯（2,912世帯）のうち、自宅再建した割合は84.4％に達し、公営住宅入居率は13.6％、民間賃貸住宅への入居世帯は5.6％に留まっている（塩崎2009：256-258、福留・五十嵐・黒野2009：222）。このように、新潟県中越地震からの住宅復興は阪神・淡路大震災からの住宅復興とは大きく異なった特徴をもっている。

　基盤整備事業を活用した住宅再建としては、防災集団移転促進事業と小規模住宅地区改良事業が導入された。新潟県中越地震からの復興では補助対象限度額の引き上げや採択要件の緩和（10戸以上の集団から5戸以上の集団への引き下げ）が実施され、小千谷市、川口町、長岡市で100戸以上の世帯が集団移転事業を使って、集団移転した。山古志村の一部では集落再生計画の策定と小規模住宅地区改良事業が導入され、集落全体でまとまって移転が行われた。

　このように新潟県中越地震からの住宅復興は農村コミュニティならではの特徴が顕著である。山古志村では住民主導で新たな土地利用計画とインフラ整備を決め、集落単位での帰村が進められ、コミュニティ単位での住居確保とコミュニティの経済的基盤である農林業と養鯉業への早期復帰を実現することが、コミュニティが危機を脱し、持続性を維持するために重要な要因となった（松井2008、2011、植田2013）。なお、住宅の自力再建が順調に進んだ背景には義捐金の配分額などの支援金・補助金が比較的多額であったことや、新潟県中越大地震復興基金によるさまざまな住宅再建支援メニューの存在も指摘されている（福留・五十嵐・黒野2009：222）。

3-3 災害公営住宅の供給と課題

　新潟県中越地震後に建設された公共住宅は災害公営住宅が4市1町で91棟336戸、一般公営住宅が7棟137戸、改良住宅が11棟20戸、合計109棟

493 戸が建設された。鉄筋コンクリート集合住宅のほか、山古志地区では木造の 2 戸 1 住宅や長屋式の 2 階建てであった（塩崎 2009：256-258）。新潟県中越地震後の災害復興公営住宅の入居者に対する調査は、日本都市計画学会中越復興特別研究委員会に 2007 年 9 月に実施された「新潟県中越地震からの住宅再建過程に関する調査」がある。調査対象は新潟県中越地震の被災者のために建設された復興公営住宅（一部を除く）に居住者する世帯で、配布数は 208、回収数は 108、回収率は 51.9％であった。（日本都市計画学会中越復興特別研究委員会 2008、福留・五十嵐・黒野 2009）。

　調査結果から入居世帯の特徴として、就労による収入のない高齢化した小規模世帯が多い点や、建物の居住性や設備などハード面に関しては一定の満足度が得られている点が明らかになった。これらの特徴は阪神・淡路大震災後に建設された災害復興公営住宅入居者に対する調査結果と同じ傾向を示している。しかし、同居人以外の「緊急時の頼れる相手」や「生活の相談相手」としては親族を中心としたつながりを重視し、役所や警察・消防などや町内会・自治会役員が重要視されていない点は、阪神・淡路大震災後の災害復興公営住宅とは異なる特徴である。また、同居人や親族以外で「日常会話をする相手が特にはいない」とする世帯が 25％存在したことから、入居者は従前の集落と距離のある住宅に入居した場合は、旧集落とのつながりが薄れていく傾向にある一方で、集合住宅型の災害復興公営住宅ではいまだコミュニティ関係が十分に形成されていないと推測されている（福留・五十嵐・黒野 2009：224-225）。

　また、阪神・淡路大震災後の災害復興公営住宅の一部には、独居高齢者等の見守り等のために生活援助員（LSA）や高齢世帯生活援助員（SCS）が配置されたのに対して、新潟県中越地震では復興基金を活用して、地域が復興に取り組む際の相談相手や身近な支援者として、地域復興支援員が地域復興支援センター（震災発災時の市町村単位）に合計 50 名ほど設置された。こうしたことから、阪神・淡路大震災後の生活援助員（LSA）がいわゆる災害弱者にあたる個人の生活支援の役割を担っていたのに対して、新潟県中越地震の被災地では個人の生活再建だけでなく、地域の再建が重要視された支援事例である

と解釈されている (福留・五十嵐・黒野 2009：226)。

　震災から 10 年が経過した時点での災害復興公営住宅の状況について、新たな調査結果も報告されている (福留 2015：187-194)。調査対象は防災集団移転促進事業の造成地の隣接地に建設した事例 (40 戸)、工場跡地に建設した事例 (21 戸)、農地等の空き地が広がる地区に建設した事例 (25 戸)、区画整理事業による保留地を行政が購入して建設した事例 (40 戸)、の 4 団地で、それぞれの団地の年齢構成、住民自治組織、既存町内会との関連、団地内の交流活動、従前地区・集落との関係や感情などが調査されている。調査結果から団地内の自治・交流活動は入居者の属性に左右されることから、中長期的観点による入居者選定の必要性、団地と立地地区の既存町内会との関係については、団地入居者による既存町内会役員の就任による良好な関係性の構築、従前地区・集落との関係や感情面では、従前地へ通い農業を継続している住民の復興感に従前地の復興状況が影響を与えている点が明らかになった。これらのことから現在のコミュニティと従前のコミュニティ双方への帰属意識をもつことが充実した暮らしを実現し、暮らしの再構築につながっているということが述べられている (福留 2015：193-194)。

4　東日本大震災からの住宅復興

4-1　恒久住宅確保へのプロセス

　東日本大震災の場合、2012 年 10 月 1 日時点で避難戸数はおよそ 13 万戸に達していた。内訳は応急仮設住宅が 5 万 3,169 戸 (建設戸数)、借り上げ住宅 (みなし仮設住宅) が 62 万 5,572 戸 (入居戸数)、公営住宅等が 8,895 戸 (同)、UR969 戸 (同)、国家公務員宿舎等 1,514 戸 (同)、合計で 12 万 7,119 戸であった[9]。自宅を活用する応急修理 (「応急修理」制度を活用した件数) は 10 万 653 戸であった (国土交通省国土技術政策総合研究所 2013：202)。今回の災害では、みなし仮設住宅の入居数が応急仮設住宅を上回っている点が特徴となっている。前述の 2012 年 10 月 1 日時点で、岩手県では応急仮設住宅が 1 万 3,984 戸、みなし仮設住宅が 3,355 戸、比率は 1 対 0.24 で、仮設住宅のほうが多いが、宮城

県ではそれぞれ2万2,095戸と2万5,005戸、比率は1対1.13、福島県ではそ
れぞれ1万6,775戸と2万1,967戸、比率は1対1.31で、みなし仮設が応急
仮設住宅を上回っている（国土交通省国土技術政策総合研究所2013：202）。

　応急仮設住宅やみなし仮設住宅等で生活する期間は状況によってさまざま
であるが、応急仮設住宅はあくまでも仮設であるため、一定期間後（仮設住
宅の供与期間は災害救助法第85条第二項4号で建設から2年以内と定められている。
なお1年ごとに延長がある）に恒久的な住宅に移り住むことを前提に建設され
ている。被災者のなかには生活再建支援金等の公的支援を受けながら自力で
住宅を確保できる場合と、さまざまな事情で自力では住宅を確保できない場
合がある。そこで後者の被災者に対して直接供給するのが公的な住宅である。
東日本大震災による被災後の恒久的な住宅確保までのフローのイメージは以
下の**図1-1**のとおりである。

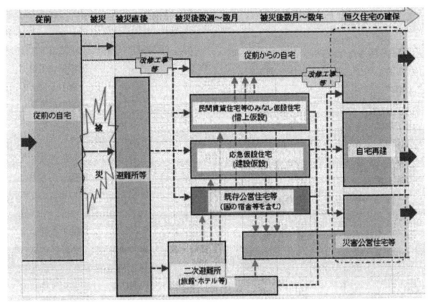

図1-1　被災・避難〜恒久的住宅確保までの流れ（イメージ）

出典：国土交通省国土技術政策総合研究所2013：204

4-2 復興整備計画の策定

　東日本大震災の場合は、東日本大震災復興基本法の規定により、東日本大震災復興特別区域法（復興特区法）が制定され、復興特区として震災により一定の被害を生じた227市町村が指定された。復興特区法により復興特別区域基本方針、復興推進計画、復興整備計画、復興交付金事業計画の策定が定められた[10]。このうち復興まちづくりに関する復興整備計画については、市町村が作成（県と共同して作成することも可能）するもので、2020年9月30日時点で、岩手県の12市町村、宮城県の14市町、福島県の13市町村、合計39市町村が計画を策定し、特区制度が定めたさまざまな特例を活用している。復興整備計画に盛り込まれる事業内容としては、市街地開発事業、集団移転促進事業、都市施設の整備に関する事業、小規模団地住宅施設整備事業、土地改良事業、その他施設（災害公営住宅等）の整備に関する事業が該当する。

4-3 住宅地の整備

　東日本大震災の被災地では、防潮堤や道路の建設、地盤の改良とともに、被災者の住宅確保に向けた住宅地の整備がすすめられた。その手法は大きく分けて、市街地整備事業と集団移転事業の2つに分かれている。

　市街地整備事業には都市再生区画整理事業のひとつである被災市街地復興土地区画整理事業と、東日本大震災を機に創設された津波復興拠点整備事業がある。被災市街地復興土地区画整理事業は阪神・淡路大震災を契機に制定された被災市街地復興特別措置法（1995年2月26日施行）によって定められた制度で、阪神・淡路大震災では兵庫県神戸市鷹取東地区をはじめとする20地区の約256haで施行された。東日本大震災では、国の復興交付金事業の一つに位置付けられ、復興交付金による助成がなされたため、市町村は自己負担なしでこの制度を導入することができた。そのため、岩手県では7市町村19地区の約354ha、宮城県では11市町34地区の約1,038ha、福島県では6地区の約161ha、3県合計で36地区の1,553haで施行または施行中である[11]。

　津波復興拠点整備事業は市街地に「一団地の津波防災拠点市街地形成施設」

を整備する事業で、今回の東日本大震災後に新たにつくられた事業である。この事業は被災地の復興にむけて、必要な公共公益施設や津波防災拠点施設等を整備する場合に、そのための用地を買収して、施設一体を一団地の都市施設として都市計画決定することができる事業である。本事業によって土地の買収が容易になり、復興まちづくりを促進する効果が見込まれている。被災3県における導入地区は21地区（岩手県9、宮城県10、福島県2）である。本事業の適用地に災害公営住宅を建設することも可能である。

　集団移転事業による住宅整備事業は大きく分けて防災集団移転促進事業（防集事業）と漁業集落防災機能強化事業（漁集事業）の2つがある。防災集落移転促進事業（防集事業）は、事業費の4分の3を国が負担し、自治体が残りの4分の1を負担することになっているが、東日本大震災の場合は、自治体負担分は復興交付金や震災復興特別交付税の交付でまかなうため、市町村の負担は実質的にはない。漁業集落防災機能強化事業（漁集事業）は、被災地の漁業集落において安全・安心な居住環境を確保するための地盤嵩上げ、生活基盤や防災安全施設の整備等を実施し、災害に強く、生産性の高い水産業・漁村づくりを推進することにより、地域水産業と漁村の復興に資するもので、水産基盤整備事業のメニューとして実施されている。集団移転地に整備された宅地に自力再建の形で住宅を建設する場合が多いが、移転地内部に災害公営住宅を建設し、そこに被災者が入居する方式も各地で導入された。

4-4　公的主体による住宅の供給

　阪神・淡路大震災では公的主体が供給する住宅の建設が計画されたが、約4万戸（うち約1万6,000戸が神戸市内）の内容は災害復興公営住宅の他、通常の公営住宅の活用、特定優良賃貸住宅、再開発系住宅、公団・公社住宅など多岐にわたり、住宅を供給する主体も県、市町に加えて住宅・都市整備公団（現UR）、兵庫県住宅供給公社、神戸市住宅供給公社等が加わった。また新潟県中越地震でも罹災者向け公営住宅の他、一般公営住宅と改良住宅が建設された。福岡県西方沖地震では小規模住宅地区改良事業を導入したうえで、公営住宅を建設した。一方、東日本大震災後の公的な住宅供給は災害公営住宅だ

けであった。公社・公団住宅や改良住宅は建設されず、小規模住宅地区改良事業も導入されず、県、自治体による公営住宅法に基づく公営住宅に完全に一本化された点である。ごく少ない例として既存の市営住宅（もともとは雇用促進住宅）や再開発住宅の転用、民間企業の社宅の転用等もあったが、それらはいずれも災害公営住宅として活用している。なお、自治体は公営住宅法によらない公的住宅を建設することも可能であるが、その場合は、国による手厚い補助制度はない。

4-5　直轄調査の実施

公営住宅法に基づいて被災者用に建設される公営住宅の制度的なしくみや供給戸数等は第2章で詳述されているので、ここでは東日本大震災からの復興時に採用された直轄調査について述べる。災害公営住宅の建設は通常は地方公共団体が個別に行う当該自治体の供給計画や団地の基本計画に基づいて進められる。しかし、東日本大震災では国（国土交通省住宅局）が一括して企画する「災害公営住宅の供給促進に係る調査」（直轄調査）が2011年度から2015年度まで実施され、この調査に基づいて供給計画や基本計画が策定された。

直轄調査は、国土交通省住宅局が平成23年度第3次補正予算（2011年11月成立）に基づいて実施した「災害公営住宅の計画・供給手法に関する検討」の結果をもとに、激甚災害法の適用される市町村のうち要望のあるところに対して実施された。その内容は国（国土交通省住宅局）が調査コンサルタントに調査業務を発注し、調査コンサルタントは被災3県および33市町村に出向いて調査を行うものである。自治体は調査コンサルタントに情報提供を行い、調査コンサルタントは報告書を国に提出する[12]。こうした一連の業務を技術的に支援したのが、国土交通省国土技術住政策総合研究所（国総研）と独立行政法人建築研究所（2015年4月からは国立研究開発法人）であった。特に国総研はこれまでの研究の蓄積（「国の住宅政策、地域の住宅施策・計画等に関する知見」、「過去の災害時における住宅復興に関する知見」、「住宅の長寿命化、住宅生産システムに関する知見」）を活用して、国との方針調整、コンサルタントへの作業指示、

県との計画調整、市町村との意向把握と現地調査の指示など、関係するあらゆる主体と連携して災害公営住宅の迅速かつ効率的な供給を推進した（国土交通省国土技術政策総合研究所 2013：207）。

　国総研は地域別検討とテーマ別検討を行っている。地域別検討は 2011 年度と 2012 年度にわたり、要望のあった 33 自治体に対して実施し、津波に対する安全性と風土特性、高齢入居者に配慮した住宅や住戸の構造や機能の導入を提案している。さらに景観形成についてのモデルスタディの実施や市町村向けの災害公営住宅整備マニュアルのとりまとめと配布を行った。テーマ別検討では、コミュニティ・高齢者、防災・危機管理などをテーマに検討を行い、地域特性・市街地タイプに応じた技術・計画要素を明らかにして、整備計画やモデルプランの作成に検討結果が活用されている。例えば、高齢者・コミュニティ形成の視点から、「高齢者の見守りサービス」の実施、「多世代交流スペース」の設置、農園等の「生きがいの場づくり」の整備、住宅内での「高齢者支援・子育て支援機能」の充実を提案している（国土交通省国土技術政策総合研究所 2013：207）。

　このように災害公営住宅の整備に果たした国総研の役割はかなり大きなものであったと判断できるが、これらの資料がこれまで十分に検討・分析されたとは言えない。今後は、東日本大震災後の住宅の復興体制や手法を検証していくうえで、参照が必要な資料になると思われる。

5　復興と住宅の研究の必要性

　ここまで、阪神・淡路大震災と新潟県中越地震からの復興における災害復興公営住宅の供給と課題を振り返りながら、東日本大震災の災害公営住宅の建設に至る枠組みを紹介してきた。すでに指摘したように阪神・淡路大震災は都市直下型の地震による災害であり、都市の住宅に大きな被害がでた。被災地には震災前から公的主体および民間によって供給された集合住宅に居住していた住民が多く住んでいたことから、集合住宅を迅速にかつ大量に供給する必要があった。また、経済的な理由から公営住宅に居住していた住民も

一定数いたため、公営住宅を中心とした住宅供給が計画された。それでも供給主体には県や市町だけでなく、公社が公団などの公的な住宅供給団体も加わっており、多様な主体による供給が行われていた。そのため供給主体の間の連携が重要になり、供給数や住宅様式および管理方法を協議する協議会が設置された。この協議会は被災地の団体が中心であったことから、住宅をめぐる意思決定は地方が中心になって行われた。

　一方、新潟県中越地震の被災地の大部分は中山間地域であり、農山村地域の住宅に大きな被害がでた。被災地では震災前に賃貸集合住宅に居住していた住民は少なく、戸建て住宅に居住していたケースがほとんどであった。そのため、住宅の復興は自己資金と財政的な支援措置による戸建て住宅の自力再建が太宗を占め、災害復興公営住宅としては 365 戸が建設されただけだった。戸建てや長屋形式の災害復興公営住宅も建設されたが、多くは非木造の集合住宅の形式であったことから、生活様式の大きな変化を余儀なくされた被災者も少なくなかった。

　東日本大震災後の住宅供給は被災地が広範囲にわたり数多くの自治体が関係することもあり、国（国土交通省）主導による公的な住宅の供給方法がとられた。その内容は国による一元的な住宅供給計画の立案と災害公営住宅に一本化された供給の内容である。前者を実質的に支えたのが直轄調査と呼ばれる手法である。この手法は国（国土交通省）がリーダーシップをとり、自治体の要望に応じて民間の調査コンサルタント会社を活用して、国の機関である国土交通省国土技術政策総合研究所が指導・助言しながら、現地調査を進める方式が採用された。その過程で住宅整備に関するマニュアルが作成され、コンサルタントはそのマニュアルにしたがって、計画立案作業を進めていった。

　その背景には公営住宅の建設を近年進めていなかった自治体が多くあり、短期間で大量の公営住宅の供給計画を策定するうえでの自治体の経験不足が懸念されていたと思われる。また、スキームの統一の観点から公社や公団を建設主体とせず、本来は所得水準が低く、住宅困窮者を対象とする公営住宅の入居基準を緩和し、住宅を滅失した被災者であれば、だれでもが入居が可

能な状家にした。このように国による一元的な住宅供給の方針が、東日本大
震災後の住宅供給の大きな特徴である。その結果、さまざまな住宅供給のメ
ニューがあったが、災害公営住宅に限ってみれば、一部には戸建て形式の住
宅も供給されたが、大部分の住宅は供給側も入居者側も画一的なスキームに
基づいて提供された住宅であったということができる。

　災害公営住宅への入居の方法や入居後の生活の課題についても阪神・淡路
大震災後に調査が実施され、結果が公表されている。阪神・淡路大震災後の
災害公営住宅の供給にあたっては、さまざまな工夫が施され、成果があがっ
ている面も少なくない。しかしながら、大きな課題としては入居者のニーズ
が十分に生かされないままの立地の決定や、居住者が高齢者に偏ってしまっ
た点が挙げられた。そして最も大きな課題としてはコミュニティの崩壊によ
る自治活動の停滞や孤独死の増大が生じてしまった点であった。

　東日本大震災後に建設された災害公営住宅については、これらの点につい
てどのような対策があり、効果を上げてきたのかを詳細に検証することが必
要であろう。震災から 10 年が経過し、復興の完遂や完了が語られ、復興は
成し遂げられたという雰囲気がでてきたことは否めない。しかし、実態を明
らかにする調査に基づいた現実の把握と調査結果を踏まえた対策は今後ます
ます必要になってくると思われる。この研究プロジェクトはまさに復興の中
心的課題である住宅に焦点をあてて、これまでの成果と今後の課題を明らか
にするものである。

注

　1　災害復興における住宅確保の 3 段階については、阪神・淡路大震災からの住
　　宅復興でも採用された日本の災害復興の典型的な方法で、単線型住宅復興と呼
　　ばれる。しかし、住宅復興の手法が必ずしもこの枠組みだけはないことを、塩
　　崎賢明はジャワ島中部地震における住宅復興を例に挙げて示している。塩崎は
　　「ジャワ島中部地震における住宅復興は、被災者が基本的に被災地を離れず、地
　　域住民が連帯しながら進めている点に大きな特徴がある」と指摘している（塩崎
　　2009：236）。
　2　住宅セーフティーネット法とは、正式には「住宅確保要配慮者に対する賃貸住

宅の供給の促進に関する法律」という名称で、2007年に成立した法律である。法律の目的は既存の賃貸住宅や空き家等の有効活用を通じて、住宅確保要配慮者（高齢者、子育て世帯、低所得者、障がい者、被災者など）が入居しやすい賃貸住宅の供給促進を図ることである。同法は2017年4月に改正され、①住宅確保要配慮者向け賃貸住宅の登録制度、②登録住宅の改修や入居者への経済的支援、③住宅確保要配慮者の居住支援が盛り込まれた。このうち登録制度に関しては、都道府県・市区町村による住宅確保要配慮者向け賃貸住宅の供給促進計画の策定、賃貸人が住宅確保要配慮者の入居を拒まない賃貸住宅として都道府県・政令市・中核市に登録、都道府県等が登録住宅の情報開示・賃貸人の指導監督を定めている（国土交通省住宅局2017）。

3　災害後の住まいの復興については、牧紀男（2011）、井上英夫（2012）、家正浩（2012）、平山洋介・斎藤浩（2013）など東日本大震災後の早い時期に論考が発表されている。

4　近年の災害後に建設された災害公営住宅については、（一社）日本住宅協会の機関誌『住宅』2013年3月号で「災害公営住宅の今」という特集が組まれている。そのほかの号でも災害と住宅に関する特集が組まれている。また、日本計画行政学会東北支部の機関誌『東北計画行政研究』第4号（オンラインジャーナル・2018年）で「被災3県における災害公営住宅の現状と課題」という特集が組まれている。

5　データの出所は兵庫県（2000a）による。

6　災害復興公営住宅等のなかには新規建設の公営住宅のほか、公営住宅の既存空家、平成6年以前着工分の公営住宅、再開発系住宅（市町執行分のうち低所得者分）が含まれている。新規建築の災害公営住宅2万5,421戸のうち、市町建設分は1万5,700戸、兵庫県建設分は9,721戸で、市町建設分が65％であった（兵庫県2000b：34-35）。震災後の1998年では兵庫県下の災害公営住宅の入居戸数は13万5,790戸（うち神戸市6万4,260戸）となった。1993年と比べて2万6,790戸（うち神戸市1万9,470戸）増加した。なお、1993年の兵庫県下の居住世帯のある住宅総数に占める公営住宅の比率は6.1％（神戸市では6.3％）だったのが、1998年では7.2％（同11.5％）に増加した（檜谷2005：381）

7　調査報告書では入居者の生活復興感に影響を与える15の要因を抽出し、将来に向けた意思別の居住者の区分とその割合の算出、コミュニティ活動の担い手に期待できる入居者像を明らかにしている。そして、団地コミュニティづくりに向けた取組として、団地規模によるコミュニティ活動の活発度の差異、コミュニティ活動の担い手の特徴、LSA等の公的支援者によるコミュニティづくりへの大きな役割、住宅の満足度と生活復興感の高い相関、自治会活動の団地単位の充実度と生活満足度の高い相関、コミュニティに対する支援が生活再適応感

を高めている点などをあげている (兵庫県 2003：27-30)。

8　高齢化対策として、最終の 3 か年プログラム (2002 年発表) で「若年世帯の優先入居を行い、入居者の世代間のバランスをはかる」としたが、実際には高齢者の集住が進んだ。そこで高齢化率 40% 以上の住宅では夫婦等の合計年齢が 80 歳未満の世帯を優先募集した。さらに 2004 年の春期募集からは 30% 以上に緩和されたが、この問題は解決にはいたっていない (檜谷 2005：395)。

9　借り上げ住宅 (みなし仮設住宅) の入居戸数のピークは 2012 年 4 〜 5 月であった (国土交通省国土技術政策総合研究所 2013：204)。

10　大規模災害からの復興計画の策定については、東日本大震災後に法制上の課題が指摘された結果、「大規模災害からの復興に関する法律 (復興法)」が 2013 年 6 月に制定された (2015 年 9 月に改正)。同法において、大規模災害が生じた場合、政府は当該災害からの復興のための施策に関する基本的な方針 (復興基本方針) を定め、都道府県は政府の復興基本方針等に則して都道府県復興方針を作成することができ、市町村は政府の復興基本方針等に即して復興計画を作成することができると規定された。

11　越山 (2020：4) および岩手県 (2019：7) の記載を参考にした。なお、復興特区法において被災市街地復興推進地域として指定した地域内では、建築行為等を最大限 2 年間制限できる特例措置が行われた。また、緊急に建築物、建築敷地、施設の整備等を行う必要がある場合には、都市再生区画整理事業を拡充し、防災上必要な土地の嵩上げ等への支援が可能となっている。

12　調査コンサルタントとして参加した団体がどのような団体であったのかについては、詳細な情報がないが、国土交通省国土技術政策総合研究所 (2015) の「はしがき」で、(株) 市浦ハウジング & プランニング、(株) アークポイント、(株) アルセッド建築研究所、(株) アルテップ、LLC アーバンの名前があがっている。

第 2 章　東日本大震災からの復興政策における災害公営住宅の供給

西田奈保子

　災害公営住宅の供給は、災害で全壊した住宅に居住していた低所得者の居住の安定のため、低廉な家賃で居住できる恒久住宅を自治体が国の補助を得て提供する取り組みである。公営住宅法第 8 条に基づき、一定規模以上の自然災害が発生した際に公営住宅を供給することができる。東日本大震災では、激甚災害法、東日本大震災復興特別区域法および福島復興再生特別措置法の適用により自治体ならびに被災者に対し特別の支援措置が講じられたことなどにより災害公営住宅の供給が促進され、約 3 万戸が整備された。これらの災害公営住宅は、どのような制度と計画に基づき、実際にはどのようなかたちで被災者に届けられたのだろうか。

　日本の住宅供給システムは公営住宅の役割を徐々に縮小させてきており、国は 2000 年代前半期に「新たな住宅政策のあり方」として、公的直接供給とフロー型の住宅政策から、市場重視、ストック重視に舵を切った[1]。東日本大震災および東京電力福島第一原子力発電所事故の前年度における岩手、宮城および福島における公営住宅の新規供給実績は 250 戸に満たなかった[2]中で災害が発生し、行政は被災者の公的住宅需要に応え生活再建の基盤を整えること、そして自治体における住宅経営が財政を圧迫しないことの両立を求められることになったのである。本章では、東日本大震災および東京電力福島第一原子力発電所事故を原因として被災者に供給された災害公営住宅について、その制度と計画（1 節）を概観したうえで、実際の供給過程と供給結果（2 節）の特徴を記述し、そこから見える政策上の課題を述べる（3 節）。

1 東日本大震災における住宅再建と災害公営住宅

1-1 東日本大震災における住宅再建

　東日本大震災の被災地は持ち家率が高い地域であった[3]。2008 年の住宅・土地統計調査による推計では全国平均は 6 割であるのに対し、被災地の市単位でみると唯一の政令指定都市である仙台市では 47.5% と全国平均より低いが、災害公営住宅の供給量が多い沿岸部の市では、釜石市 72.5%、陸前高田市 87.8%、石巻市 69.8%、気仙沼市 75.6%、いわき市 70.0% であり、全国平均を上回っていた。

　こうした住宅事情の中、東日本大震災の被災者が本設の住宅を確保するために実施された公的支援策は大まかには 2 種類ある。一つめは、持ち家等の自力確保のための側面的支援策である。これらは住宅の自力再建と呼ばれ、防災集団移転促進事業、漁村集落防災機能強化事業および土地区画整理事業といった特定の範囲の地域や集団を対象にした面的整備事業を伴うものと、被災者が個別に土地を確保するものに分かれる。自力再建は、被災者生活再建支援法に基づく住宅再建のための加算支援金の対象となり、また、自治体が復興基金を用いて独自に展開した住宅再建関連の助成制度の対象になった。こうした側面的支援策だけでは家は建たないが、私有財産である持ち家の再建に公的資金を投入することに今より抑制的であった時代の災害に比べれば、東日本大震災では住宅の自力確保のための側面的支援策は大幅に拡大された。

　二つめが本書の対象である災害公営住宅の供給である。持ち家の再建や民間賃貸住宅の確保が困難な被災者に対し、公営住宅法第 8 条に基づき一定規模以上の自然災害が発生した場合に、自治体は国の補助を受け公的な賃貸住宅を供給することができるとされる。加えて、東京電力福島第一原子力発電所事故への対応として、福島復興再生特別措置法に基づき原子力災害による避難指示区域に居住していた住民（居住制限者）への供給も可能とされた。

　インナーシティの借家被災を特徴とした阪神・淡路大震災における公的賃貸住宅の供給手法は特定優良賃貸住宅や公社・公団住宅の活用など多様であった。持ち家再建への公的な支援金給付は私有財産の形成に当たるとして

制度化されていなかった。このように背景が異なるため、阪神・淡路大震災と東日本大震災との厳密な比較はできないが、低所得者を対象とする兵庫県内の災害公営住宅（新規供給分 2 万 5,421 戸）は、全壊住家棟数 10 万 4,004 戸の 24.4% に相当した[4]。東日本大震災における災害公営住宅の入居資格は低所得者に限られないため、この点も阪神・淡路大震災とは異なるが、原子力災害対象の災害公営住宅を除くと全壊住家棟数に占める割合は 20.4% であった（表 2-1）。熊本地震による供給数が全壊住宅棟数の約 2 割であることからも推察されるように、持ち家被災であっても災害公営住宅への需要は一定程度存在する。被災者の生活再建を考えれば経済力によっては住宅ローンの負担が重い持ち家再建が最善策とは限らない。また、入居を希望する被災者が入居できない事態を避け、かつ、需要を大幅に超過しないためには被災者への丁寧な意向調査による戸数把握が欠かせないが、家賃補助ではなく現物直接

表 2-1　住家全壊棟数に占める災害公営住宅戸数の割合

		総戸数	住家全壊棟数	全壊棟数に占める総戸数割合
岩手県		5,833	19,508	29.9
宮城県		15,823	83,005	19.1
福島県	津波・地震	2,807	15,435	18.1
	原発避難者	4,767	-	-
	帰還者	453	-	-
	福島県合計	8,027	15,435	-
青森県		67	308	21.8
茨城県		274	2,634	10.4
千葉県		49	801	6.1
長野県		28	0	-
新潟県		6	0	-
津波・地震合計		24,857	121,691	20.4
全合計		30,077	121,691	24.7

・総戸数：復興庁「住まいの復興工程表」と各自治体公表資料に基づく。
・住家全壊棟数：消防庁「平成 23（2011）年東北地方太平洋沖地震　第 160 報 別紙 令和 2 年 3 月 10 日」に基づく。

供給を避けられない条件のもとで入居者募集に抽選を用いる必要のある規模の自治体では、やや多めに供給せざるをえないのが現実であろう。財政上の観点から公営住宅の直接供給や空室率が問題にされることはよくある。しかし、立地や質に関するミスマッチは計画策定時点の創意工夫によってある程度対応可能と考えられるものの、戸数に関する供給と需要のミスマッチへの対応は、計画と完成までのタイムラグが長くなるほど増加するため、供給後の工夫に委ねられる面が大きい。

1-2　供給方針

　災害に遭うと私たちは、住宅そのものだけはなく、「生活の蓄積」[5] も失ってしまいかねない。家族や仕事や住み慣れた場所の喪失や変化は、被災者をとりまく既存のネットワークも瓦解させ、人々がさまざまに支え合ってきた生活のセーフティネットを不安定にさせる。被災者の生活再建の基盤になるはずの災害公営住宅が「住む場所がある」という位置づけ以上に生活再建の要となるためには、新たな環境、新たな生活への適応が行われやすい諸条件が必要であり、阪神・淡路大震災以来、供給において回避すべき課題があることが指摘されてきた。その一つは、元の居住地から非能動的に切り離された、画一的で大規模な高層高密の居住環境が生活に与える負の影響であり、もう一つは、高齢者や低所得者などの特定の社会階層の集中という入居者構成の偏りによる管理問題である[6]。

　これらは、平時から戦後日本のマスハウジングシステムの課題とされてきた。災害公営住宅においては、被災による喪失感や惜別、経済的、身体的に不利な状況と相まって入居者の社会的孤立を助長する場合がある[7]。親しい他者がおらず、社会的孤立状態にある人は、他者からの情緒的、手段的サポートを期待しづらく、自分自身の生活問題を本人や家族間では処理しきれない状況に至る。生活問題の外部化と呼ばれる現象である[8]。行政などの機関や地域社会にとっては、「見守り」と呼ばれる安否確認など社会政策的な福祉需要の発生要因になる。孤立化が進行すると、死後しばらく発見されない「孤独死」のリスクも潜在的に高まる。阪神・淡路大震災以降、「孤独死」は社会

問題として広く認知されるようになった。

　東日本大震災と原子力災害における災害公営住宅の供給方針は、需要を満たす量を早期に入居可能にするという目的とともに、こうした回避すべき課題の抑制策あるいは対応すべき課題を主要な政策目的に掲げたといえるだろう。公的または民間の専門サービス機能の入手可能性やコミュニティ機能の実装化への言及である。政府の「東日本大震災からの復興の基本方針」において災害公営住宅は、被災者の恒久住宅確保策として持ち家支援策と並ぶ柱の一つとして掲げられ、「自力での住宅再建・取得が困難な被災者については、低廉な家賃の災害公営住宅等の制度の改善・活用等を行い、その供給を促進する」、「高齢者を始めとして入居者が、見守りサービスなどを身近で手に入れられ、生活が成り立つよう、コミュニティ機能、高齢者等へのサービス機能等と一体となった住宅等の整備を進める」と位置づけられた。

　供給主体あるいは市町村を補完する役割として、岩手県、宮城県および福島県が策定した災害公営住宅整備指針等[9]は、より具体的な方針を示している。県ごとに表現や力点は異なるが、類似した方向性を分類してみると、少なくとも、早期供給、専門サービス機能の入手可能性およびコミュニティ機能の実装化に関する政策目的を内包した政策手法が並んでいる(表2-2)。単に建物としての住宅を供給するのではなく、被災者の生活再建に向けて、いわゆるコミュニティ政策、すなわち、入居する被災者の社会関係の形成に寄与すると推定されるハードおよびソフトの政策手法の導入が計画されていたといえる[10]。他方、生活の再建を考える際に欠かせないのは収入を支える仕事や日常の習慣である。たとえば農業、漁業なども含み、住まいと場所を共有する必要のある職業は多様に存在するが、住宅整備指針等の中にそうした配慮は読み取りがたい。東日本大震災で被災した地域には、それぞれの地域特性に応じた暮らし方や習慣があると思われるが、少なくとも広域行政主体の計画には明確には表れておらず、供給主体となる被災市町村の判断に委ねられることになった[11]。

表 2-2　岩手県、宮城県および福島県の災害公営住宅整備指針等にみる主な政策目的とその政策手法

主な政策目的		関連する指針、計画に掲げられた主な政策手法		
		岩手県	宮城県	福島県
早期供給の実現方法		・市町村と県の役割分担 ・設計・施工一括発注方式の導入 ・敷地提案型買取方式、買取方式の検討	・自治体の直接建設方式だけでなく、買取方式、借上げ方式 ・県による市町営の建設支援	・設定施工一括選定方式や買取方式等の民間活用方式の取り入れ
専門サービス機能の入手可能性		・集会所：LSA 執務室等は玄関に近接する場所に設置	・子育て支援施設や高齢者生活支援施設等を合築または併設を検討 ・LSA を配置したシルバーハウジングの導入、緊急通報装置等の設置	・併設する施設は、当該団地住民及び周辺住民の福祉の向上、生活利便性の向上に資する用途を原則 ・車イス用住戸及び高齢者用住戸には非常呼び出しボタンを設置
コミュニティ機能の実装化	団地・住宅の設計	・コミュニティ維持や入居者同士の交流に配慮し、集会所等の共用スペース、小公園の整備等	・周辺地域に開かれた団地計画	・コミュニティの醸成：住棟通路、広場、集会施設等との連続性を確保し、各所に住民交流を促進する空間を配置
		・多様な世帯に対応するため住戸タイプ別供給	・コモンスペース、共同菜園等の団地内コミュニティを育む仕掛けやコミュニティ単位の規模を意識した街区形成、道路配置計画、住戸タイプミックスを基本とした型別供給の導入、リビングアクセス等、団地内のコミュニティ形成に配慮	・コミュニティ形成のための情報ツールとして団地案内板、情報版等を設置
		・集会所：維持管理が容易なものとし、団地自治会の集会、祭事等に利用できるように配慮	・浴室やダイニング等を共有空間とした入居者同士が支え合うコレクティブハウジングの導入	・集会所の規模：コミュニティの拠点的施設として、利用形態、周辺地域の需要などを勘案して必要な面積を確保
	入居手法	・地域ごとのコミュニティ維持に配慮し、グループでの入居募集・選定も検討	・運営及び管理のあり方を住み手自らが考える、住民主体によるコミュニティ形成のためのワークショップの開催	・避難されている方々のコミュニティの維持・形成の拠点。市町村単位や親族同士等、複数世帯の入居（グループ入居）に配慮
		・入居戸数の一定割合を市町村内などの限定的なエリアの被災者とするなどの配慮		
		・漁村等の小規模団地では公募を行わず入居者を指定する方法を検討		
	入居者決定後	・集会所等は、入居者の交流に資する各種集会ほか、福祉部局等と連携してコミュニティ促進に資する活動が行えるよう配慮		・コミュニティ集会室等を併設し、入居者や周辺に避難している方、地域の近隣住民とも交流が図られるよう様々な事業を実施

1-3　制　度

　東日本大震災における災害公営住宅の供給は、公営住宅法（1951年）に基礎
がある。東日本大震災では、整備に係る自治体負担分への財政支援の拡充と
被災者の入居要件緩和などが行われ、災害公営住宅の早期大量供給に向け
た制度的条件が整えられた（**表2-3**）。財政面については、新たに立法された
東日本大震災復興特別区域法（2011年12月）に基づく復興交付金制度により、
従来は国の補助がない用地取得造成事業を含め「災害公営住宅整備事業等」
として復興に係る40の基幹事業の一つに位置づけられた[12]。

　整備費用については、たとえば建設・買取で整備する場合、一般災害は国
庫補助率が3分の2、激甚災害は4分3であるが、復興交付金制度の特例で

表2-3　東日本大震災における災害公営住宅の特例制度

		災害公営住宅			一般の公営住宅
		激甚災害		一般災害	
		東日本大震災	一般の補助金		
指定要件	災害要件	①被災地全域でおおむね4,000戸以上の住宅が滅失等		①被災地全域で500戸以上の住宅が滅失	-
	地域要件	②1市町村の区域内で100戸以上又はその区域内の住宅戸数の1割以上が滅失		②1市町村の区域内で200戸以上又はその区域内の住宅戸数の1割以上が滅失	
	全体要件	①かつ②		①又は②	
入居者の資格要件		当該災害により滅失した住宅に居住していた者（災害発生の日から3年間は収入基準要件等が不要。ただし、東日本大震災等の場合は、特別区域法に基づき最長10年間まで延長可能）		当該災害により滅失した住宅に居住していた者であって、政令の基準を参酌して地方公共団体が条例で定める収入の範囲内の者（滅失戸数が基準を満たす場合、災害発生の日から3年間は収入基準要件等が不要。ただし、東日本大震災等の場合は特別区域法に基づき延長可能）	政令の基準を参酌して地方公共団体が条例で定める収入の範囲内の者
整備戸数の上限		滅失戸数の5割		滅失戸数の3割	-
国の補助率	建設・買取	3/4 (7/8)	3/4	2/3 (5/6)	45%
	借上（共同施設整備）	3/5 (7/10)	2/5	2/5 (3/5)	2/3 × 45%
	用地取得、造成	3/4 (7/8)	- (-)	- (-)	-
	家賃低廉化	当初5年間：3/4 (7/8)　残り15年間：2/3 (5/6)		20年間　2/3 (5/6)	20年間 45%
	家賃特別低減	10年間：1/2 (3/4)　5年目以降段階的に引き上げ		-	
入居者等への譲渡処分要件		耐用年限の1/6		耐用年限の1/4	

・補助率欄の括弧内は、東日本大震災における復興交付金の特例措置による実質の補助率
・出所：会計検査院第30条の2の規定に基づく報告書「東日本大震災等の被災者の居住の安定確保のための災害公営住宅の整備状況等について」に基づき一部改変・追加

は自治体負担の半分が追加で上乗せされるため、東日本大震災における補助率は8分の7、自治体負担額は8分の1になる[13]。

　整備戸数の上限は減失戸数の5割を限度に国の地方整備局等に査定される。また、被災市街地復興特別措置法により、住宅が減失した者や都市計画事業に伴い移転が必要になった者も入居資格要件を満たす。さらに、東日本大震災復興特別区域法による特例として、入居資格要件の期間の延長や公営住宅の譲渡処分要件の緩和が行われた。

　関連する事業として「災害公営住宅家賃低廉化事業」、「東日本大震災特別家賃低減事業」も復興交付金基幹事業の中に位置づけられた[14]。公営住宅の家賃は入居者の収入に応じて設定される。東日本大震災では、基幹事業に位置づけられた二事業によって、家賃を徴収する自治体に対し低所得世帯の家賃を引き下げるために必要な費用が手当てされた。新設された家賃特別低減事業は、中でもとくに低所得である政令月収8万円以下の入居者の家賃負担を入居開始から5年の間、より軽減する事業である。両事業とも管理開始時期からの経年によって段階的に通常家賃に引き上げていく仕組みで、入居者の収入に変化がなくても徐々に家賃は上がる。こうした家賃の値上がりに対応するため、特別低減事業対象者の家賃を管理開始後10年程度の期限を決めて独自に減免する自治体も現れた[15]。

　災害公営住宅への入居資格要件は緩和されているため、政令月収が公営住宅の収入基準を超える世帯も入居可能であるが、3年が経過すると収入超過者に認定される。つまり、住宅の明け渡し義務と近傍同種家賃が適用されることになる。しかし、被災地の多くは家族向けの民間賃貸住宅市場が発達していない地域であるとともに、広域の土地が被災した地域では民間賃貸住宅の供給も持ち家再建にも時間を要し、収入超過者の入居継続を可能にする対応が求められていた。加えて、近傍同種家賃は建設費を基礎に算出されるもので、災害公営住宅では同種の民間賃貸住宅に比べても高額になる傾向があった。復興需要等の集中により入札不調が発生し、建設に要する費用が高騰したためである。このため割増家賃分を開始後10年程度の期限で据え置く自治体も現れた[16]。また、陸前高田市のように、中堅所得世帯の家賃負担

軽減策として災害公営住宅の一部に特定公共賃貸住宅制度を導入する事例がみられる。

　災害公営住宅は自然災害への対応として位置づけられているため、東京電力福島第一原子力発電所事故への対応では、福島復興再生特別措置法（2012年3月）に公営住宅法等の特例を定め、居住制限者について、自然災害による被災者と同様の措置をとることとされた。しかし、東日本大震災復興特別区域法に基づく復興交付金のメニューは原子力災害に適合的でないとの判断から、2013年3月の福島復興再生特別措置法の改正により長期避難者生活拠点形成交付金制度（後の福島再生加速化交付金の一部に相当）が創設された。災害公営住宅を中核とするインフラ整備とこれと一体的に行うことのできるコミュニティ形成のためのソフト事業を財政的に支援する内容である。しかしこの交付金の制度化は復興交付金よりも遅れたため、2012年度中に福島県内で先行して計画された原子力災害からの避難者向けの災害公営住宅については、復興交付金が充当された。後述するように、福島県内で供給された災害公営住宅は、地震・津波被災者対象のものと原子力災害被災者対象のものに分かれている。後者は福島復興再生特別措置法に基づく交付金事業により、福島県内の避難指示区域外の地域（いわき市、郡山市、福島市など）に建設されるとともに、帰還者向けとして避難指示解除区域内に建設された。

　原子力災害対象の災害公営住宅における家賃政策は前述と同様であるが、東京電力による家賃賠償との関連で違いがある。災害公営住宅も家賃賠償の対象であり（2018年3月まで）、その後は福島県避難市町村家賃等支援事業として、県が東京電力からの資金提供を受け代替措置を実施してきた。避難指示が解除され、かつ、応急仮設住宅の供与の延長が行われなくなると支援対象ではなくなる[17]。2020年時点では応急仮設住宅の供与が一律延長された双葉町と大熊町の世帯について、応急仮設住宅の供与を受けている世帯、つまり無償の住宅提供と同等の生活再建支援を行うという位置づけの事業である。

2　供給実態

2-1　整備の進捗

　表 2-4 は東日本大震災から 10 年が経過する 2020 年度末までの岩手、宮城
および福島における災害公営住宅供給の進捗状況である。福島県の特定復興
再生拠点区域の建設予定を除き（双葉町の 30 戸）、2020 年末には計画されたす
べての災害公営住宅の建設工事が終了し、年度内に入居が開始された。政府
が当初定めた 5 年間の集中復興期間では 6 割弱の進捗率であったが、その後
の復興・創生期間 5 年間で順次工事が完了していった。完了は、6 年目に福
島県内の地震・津波被災者向け、7 年目に宮城県内と福島県内の原子力被災
者向け、10 年目に岩手県内の順であった（表 2-4）。

　被災者の居住の安定に向けて早期供給が政策目的に掲げられ（表 2-2）、工
期の短縮のため、契約事務の集約化や設計から施工への円滑な移行を実現す
るために民間からの買取方式などが積極的に導入された。しかし、地権者と
の用地交渉や用地確保に加え、土地の大規模な造成工事や入札不調などによ
り、当初の計画に比べ全体的に遅れが生じることになった。

2-2　供給の特徴

　表 2-5 は岩手、宮城、福島の各県内で計画された災害公営住宅について、
立地自治体別に供給実態を示したものである。三県合計で 2 万 9,683 戸が供
給され、宮城県内がその約半数を占めている。立地戸数が多い市町村は、岩
手県では釜石市、陸前高田市、大槌町の順で続き、宮城県では石巻市、仙台
市、気仙沼市、福島県ではいわき市、南相馬市、郡山市となっている。

　住宅構造別では、三県合計で 73% が共同住宅、27% が戸建・長屋建住宅
である。戸建・長屋建住宅の割合を県別にみると、福島県内 30%、宮城県内
27%、岩手県内 21% となっている。戸建・長屋建の立地戸数が多い市町村は、
岩手県では大槌町、釜石市、宮古市の順で続き、宮城県では石巻市、気仙沼
市、東松島市、福島県ではいわき市、相馬市、三春町となっている。構造別
の割合では総戸数の少ない市町村ですべて戸建・長屋建という傾向がみられ

表 2-4　災害公営住宅供給の進捗状況

		年度 上段：戸数	2012	2013	2014	2015
	総供給戸数	下段：進捗率				
3 県合計		29,230	248	2,274	8,939	16,747
	（帰還者向けを除く）		0.8%	7.8%	30.6%	57.3%
岩手県		5,833	118	574	1,525	3,168
			2.0%	9.8%	26.1%	54.3%
宮城県		15,823	50	1,343	5,288	9,812
			0.3%	8.5%	33.4%	62.0%
福島県	合計	7,574	80	357	2,126	3,767
	（帰還者向けを除く）		1.1%	4.7%	28.1%	49.7%
	地震・津波	2,807	80	357	1,617	2,600
			2.9%	12.7%	57.6%	92.6%
	原子力災害	4,767	0	0	509	1,167
			0.0%	0.0%	10.7%	24.5%
	帰還者	453				

・「戸数」は工事終了戸数を指す。「調整中」は建設保留分で 2020 年時点で着工予定はない。
・帰還者向け災害公営住宅については、計画戸数が未確定であるため進捗率は示していない。
・出所　復興庁「住まいの工程表の更新（2020 年 9 月末現在）について」および福島県「災害公営住宅
　（帰還者向け）の進捗状況（令和 2 年 12 月 31 日時点）に基づく。

るが、立地総戸数が比較的多い場合であっても戸建・長屋建の割合が高い自治体もみられ、土地の状況と必要戸数との兼ね合いや住民の暮らし方などを勘案した供給主体の方針が表れている。

　災害公営住宅に関する先行研究は、大規模、高層といった住宅のハード面の特徴が入居者の社会関係を阻害する一因であると論じている[18]。この主張に従えば、東日本大震災および原子力災害後の災害公営住宅においてもハード面からみて注意を要する住宅形態がある。表 2-5 には個別の団地の特徴は含まれていないため、大規模かつ高層の住宅についていくつか事例をあげておく。岩手県内では 8 階建および 9 階建 301 戸の栃ヶ沢アパート（岩手県営・陸前高田市）、8 階建 197 戸の中田アパート（岩手県営・陸前高田市）が最大級であり、200 戸を超える団地は上述の栃ヶ沢アパートのみである。岩手県内では共同住宅であっても小規模の中低層住宅が多い。宮城県内では 11 階建 197

2016	2017	2018	2019	2020	2021	調整中
24,536	28,213	29,069	29,131	29,230		
83.9%	96.5%	99.4%	99.7%	100.0%		
4,594	5,284	5,672	5,734	5,833		
78.8%	90.6%	97.2%	98.3%	100.0%		
13,784	15,415	15,823	15,823	15,823		
87.1%	97.4%	100.0%	100.0%	100.0%		
6,158	7,514	7,574	7,574	7,574	7,574	
81.3%	99.2%	100.0%	100.0%	100.0%	100.0%	
2,758	2,807	2,807	2,807	2,807	2,807	
98.3%	100.0%	100.0%	100.0%	100.0%	100.0%	
3,400	4,707	4,767	4,767	4,767	4,767	（123）
71.3%	98.7%	100.0%	100.0%	100.0%	100.0%	
69	283	293	397	423	453	

戸の荒井東市営アパート（仙台市営・仙台市）、13階建130戸の気仙沼駅前住宅
（気仙沼市営・気仙沼市）などが最大級で、200戸を超える団地は石巻市と女川
町の2団地のみである。福島県内では地震・津波被災者向けでは14階建250
戸の内郷砂子田団地（いわき市営・いわき市）、原子力災害避難者向けでは3階
建323戸の北好間団地（福島県営・いわき市）が最大級で、200戸を超える団地
は上述の2団地に加え、いわき市と南相馬市に合わせて3団地（福島県営）ある。
　このように入居者の社会関係の形成を阻害しかねない大規模で高層高密の
住宅形態はないわけではないが、団地の数としては多くはない。しかし、一
部地域を除いてそもそも戸建持ち家の低層低密地域であったため、集合共同
住宅における新しい住まい方への入居者の不適応の可能性など地域特性との
不整合は否定できない。この他、団地・住宅の設計に関し、注目すべきいく
つかの取り組みがある。集会所は多くの団地に設置された。敷地や住戸・住

表2-5　災害公営住宅の供給の概要

立地市町村	総戸数	構造別戸数			管理主体別戸数		入居対象者別戸数			備考
		戸建	長屋建	共同住宅	市町村営	県営	津波・地震等	原発避難	帰還	
盛岡市	149	8		141	0	149	149	0	0	・入居対象者別の供給は福島県内のみ
宮古市	766	139		627	563	203	766	0	0	
大船渡市	801	55		746	539	262	801	0	0	
花巻市	30	0		30	30	0	30	0	0	
北上市	34	0		34	0	34	34	0	0	
久慈市	11	11		0	11	0	11	0	0	
遠野市	21	21		0	21	0	21	0	0	
一関市	62	25		37	27	35	62	0	0	
陸前高田市	895	0		895	594	301	895	0	0	
釜石市	1,316	188		1,128	1,005	311	1,316	0	0	
奥州市	14	14		0	0	14	14	0	0	
大槌町	876	526		350	656	220	876	0	0	
山田町	640	59		581	409	231	640	0	0	
岩泉町	51	35		16	51	0	51	0	0	
田野畑村	63	63		0	63	0	63	0	0	
野田村	100	100		0	100	0	100	0	0	
洋野町	4	4		0	4	0	4	0	0	
岩手県内合計	5,833	1,248		4,585	4,073	1,760	5,833	0	0	
		21.4%		78.6%	69.8%	30.2%	100.0%	0.0%	0.0%	
仙台市	3,179	92		3,087	3,179	0	3,179	0	0	・入居対象者別の供給は福島県内のみ
石巻市	4,456	889		3,567	4,456	0	4,456	0	0	
塩釜市	390	64		326	390	0	390	0	0	
気仙沼市	2,087	768		1,319	2,087	0	2,087	0	0	
名取市	655	220		435	655	0	655	0	0	
多賀城市	532	0		532	532	0	532	0	0	
岩沼市	210	210		0	210	0	210	0	0	
登米市	84	60		24	84	0	84	0	0	
栗原市	15	15		0	15	0	15	0	0	
東松島市	1,101	719		382	1,101	0	1,101	0	0	
大崎市	170	50		120	170	0	170	0	0	
亘理町	477	97		380	477	0	477	0	0	
山元町	490	453		37	490	0	490	0	0	
松島町	52	52		0	52	0	52	0	0	
七ヶ浜町	212	38		174	212	0	212	0	0	
利府町	25	25		0	25	0	25	0	0	
大郷町	3	3		0	3	0	3	0	0	
涌谷町	48	48		0	48	0	48	0	0	
美里町	40	40		0	40	0	40	0	0	
女川町	859	298		561	859	0	859	0	0	
南三陸町	738	92		646	738	0	738	0	0	
宮城県内合計	15,823	4,233		11,590	15,823	0	15,823	0	0	
		26.8%		73.3%	100.0%	0.0%	100.0%	0.0%	0.0%	
福島市	475	93		382	23	452	0	475	0	・市町村営分は飯舘村営
会津若松市	134	72		62	0	134	0	134	0	
郡山市	570	80		490	0	570	0	570	0	
いわき市	3,185	351		2,834	1,513	1,672	1,513	1,672	0	・県営分が原発避難
白河市	56	40		16	16	40	16	40	0	・県営分が原発避難
須賀川	100	11		89	100	0	100	0	0	
相馬市	398	316		82	398	0	398	0	0	
二本松市	346	70		276	0	346	0	346	0	
田村市	18	18		0	0	18	0	18	0	
南相馬市	1,277	136		1,141	350	927	350	927	0	・県営分が原発避難
本宮市	61	39		22	61	0	61	0	0	
桑折町	86	86		0	86	0	22	64	0	
川俣町	120	120		0	40	80	0	120	0	
大玉村	59	59		0	59	0	0	59	0	
鏡石町	24	0		24	24	0	24	0	0	
矢吹町	52	27		25	52	0	52	0	0	
三春町	198	198		0	106	92	0	198	0	・市町村営分は葛尾村営
広野町	120	76		44	62	58	62	58	0	・県営分が原発避難
楢葉町	158	158		0	158	0	141	0	17	
富岡町	154	64		90	154	0	0	0	154	
川内村	25	25		0	25	0	0	25	0	
大熊町	92	92		0	92	0	0	0	92	
双葉町	30	30		0	30	0	0	0	30	・2022年完成予定
浪江町	111	111		0	111	0	0	0	111	
葛尾村	11	0		11	11	0	0	0	11	
新地町	129	99		30	129	0	129	0	0	
飯舘村	38	38		0	38	0	0	0	38	
福島県内合計	8,027	2,409		5,618	3,638	4,389	2,807	4,767	453	
		30.0%		70.0%	45.3%	54.7%	35.0%	59.4%	5.6%	
3県合計	29,683	7,890		21,793	23,534	6,149	24,463	4,767	453	
		26.6%		73.4%	79.3%	20.7%	82.4%	16.1%	1.5%	

・各県及び各市町村資料に基づいて作成。福島県は建設保留中の123戸は含まない。また、福島県内で供給・計画されている福島再生賃貸住宅及び子育て定住支援賃貸住宅は地域優良賃貸住宅制度に基づくものであり、本表には含まれない。

棟に入居者どうしの偶発的接触機会を意識した設計や、住宅以外にデイケアなどの高齢者向けサポート施設の併設は、一部の団地で取り入れられた。

　管理主体別では、三県合計で 8 割が市町村営、2 割が県営である。災害公営住宅供給に関する役割分担のあり方は、各県で異なる。県内の被災者を広域的に受け入れる機能をどの主体が担うことにしたかによって傾向が分かれている。岩手県内の場合、県への建設委託分は総戸数の約半数あるが県が管理主体となるのは 3 割で、総戸数の 7 割は市町村営である。宮城県内の場合、市町から県への建設委託分はあるものの、総戸数の 6% にあたる 1,000 戸程度を県営とする方針は途中で変更され、すべて市町営とされた。福島県内で供給された災害公営住宅は入居対象者を基軸にみれば 3 種類に分かれている。地震・津波被災者を対象とした住宅はすべて市町営、原子力災害避難指示区域からの避難者を対象に避難指示区域外に建設した住宅は 9 割が県営、避難指示解除区域への帰還者を対象にした住宅はすべて市町村営である。なお、福島県では原子力災害避難者対象の災害公営住宅を地震・津波被災者対象の災害公営住宅と区別して復興公営住宅と呼称している。

　これらの供給はほとんどが新規建設で実施され、既存の公的賃貸住宅の改修や民間賃貸住宅の借上げ公営方式などはごく一部の限られた自治体で部分的に実施されたにすぎない。既存公営住宅の老朽化が進み、用途廃止物件や建替え時期が迫った物件がある中で、嵩上げされた国の補助率での新規建設は自治体にとって魅力的な側面もあった。災害公営住宅は、被災者の入居の見込みがない場合は一般の公営住宅として入居者を募集できるため、自治体が公営住宅需要に直接供給で応え続けようとすれば、既存公営住宅からの住み替えや老朽化した既存公営住宅の解体によるストックマネジメントの余地が広がるからである。他方で、震災前の公営住宅管理戸数の 2 倍以上を新たに整備した自治体もあり、入居者を十分に確保できずに長期にわたって管理すれば、住宅経営は自治体財政の負担になっていく。今後、人口の大幅な減少が見込まれる地域にとっては深刻な課題になりうる。

　自治体による管理戸数を減らす試みとして災害公営住宅の譲渡処分がある。特例では耐用年限の 6 分の 1 に短縮されており、木造住宅では 5 年で譲渡が

可能になった。この特例を国に働きかけた相馬市は、2018年度から売却を開始し、2020年度までに戸建・長屋建316戸中の3割にあたる97戸を安価で住民に譲渡する予定がある。

2-3　入居時と入居後におけるコミュニティ機能の実装化に向けた試み

　災害公営住宅の入居時にコミュニティ機能を付加しうる新しい取り組みとして注目したいのは、グループ入居やコミュニティ入居と呼ばれる申込み制度が入居者募集段階で組み込まれたことである。グループ入居申込みとは、比較的小規模のグループを一単位として同じ団地や同じ住棟への入居希望を受け付ける方法である。阪神・淡路大震災の際に供給された災害公営住宅ではじめて導入され、家族関係にない者同士のグループを募集の単位に認定したことは画期的と言われたが、制度の認知度は低かった[19]。東日本大震災では、供給主体のうち約3割が募集方法に取り入れており、導入が進んだという事実からいえば、災害公営住宅供給手法に係る一つの政策的な革新と言えるだろう[20]。コミュニティ入居は、仙台市が新設した募集方法である。震災前や応急仮設住宅でのコミュニティで5世帯以上がまとまって入居申込みができる制度で、福祉などの専門家から構成される入居選考委員会が審査を行った。仙台市では8件93世帯がコミュニティ入居制度により災害公営住宅に入居し、応急仮設住宅で形成された社会関係を生かしたコミュニティ入居が災害公営住宅の自治会運営の中核として機能した事例がある。しかし、これらの仕組みを利用した入居者は全体からみれば少なく、仕組みそのものが入居者の社会関係や入居者層に与えた影響の数量的検証は難しい面がある[21]。

　入居後の社会関係の形成に向けて三県で共通して実施されているのは、東日本大震災復興特別会計のうち被災者支援総合交付金を利用した高齢者等の生活相談・見守り事業である。主に市町村社会福祉協議会に雇用された生活支援相談員が個別訪問や集会所を利用した催しを開催するものである。また、団地住民組織や近隣の町内会等を対象とした申請方式の活動助成を実施する自治体もある。団地住民組織は、団地会、管理会、自治会、町内会などと呼

ばれるが供給主体によっていくつかのタイプがみられる。入居世帯が強制的に加入するもので共益費の集金等を含め維持管理を主目的に行う組織、供給主体から設立が強く要請されるが共益費の集金等は自治体が行い、その他の地域協働活動や交流を行う組織などである。住民組織に期待される機能の担い手不足により役員への負担が高まっている。

　福島県ではこの他に、原子力災害避難者向けの復興公営住宅とその近隣地域を対象にした生活拠点コミュニティ形成事業がある。福島再生加速化交付金のうち長期避難者生活拠点形成交付金により実施される事業でプロポーザル方式で NPO 法人に委託されている。コミュニティ交流員と呼ばれる支援員が自治会の立ち上げや初動期における入居者間交流イベントの企画・運営等を行い、入居者集団および近隣住民組織に対し新たな社会関係づくりに向けて働きかける。入居後だけでなく、入居前に供給主体が実施する入居者説明会終了後の時間を使い、入居者交流会の中でキーパーソンを見つけ自治会形成のきっかけをつかむ。約 8 割の団地で自治会が設立されているがその活動実態はさまざまである。また、近隣町内会への入会に至る団地自治会は小規模団地など一部に限られている。

3　政策上の課題

　災害公営住宅は被災者の生活基盤を整えたのか。また、自治体における住宅経営は財政を圧迫しないのか。これらについて、次章以降では各県の災害公営住宅の供給過程と集合共同住宅入居者へのアンケート調査結果から検討を加えるが、東日本大震災と原子力災害における災害公営住宅に係る制度、計画および供給実態から指摘できるのは次の点である。

　第一に、被災者の需要を満たす量を早期に入居可能にしたかという点である。交付金事業などによるさまざまな特例措置と入居要件の緩和が自治体と被災者の災害公営住宅需要を促進した結果、供給実態として量の需要は満たしたといえるだろう。一方で、自治体にとってコントロールは非常に困難であったと推察されるものの、諸条件により供給速度は予定より遅れた。この

ため、早期に需要を満たすかたちでの供給は実現しなかった。

　第二に、被災者の生活基盤を整えるために、回避すべきとされてきた課題を克服できたのかという点である。まず、公的あるいは民間の専門サービス機能の入手可能性について本章の検討は十分ではないが、東日本大震災特別会計の各種交付金事業によって入居者の安否確認や交流促進といった事業は手厚く実施された。その一方で、非常時の時限的な財政に支えられた公的サービスは平時への移行過程において、被災者以外との「不公平感」を問題視しがちである。災害公営住宅入居者層には単身高齢者など潜在的に他者の支援を必要とする世帯が多く、特定の社会階層の集中という入居者構成の偏りは避けがたい。災害公営住宅の段階的家賃上昇は東日本大震災の特例から徐々に一般の公営住宅における選別的枠組みへの適応を図るものであるが、この手法をそのまま適用すれば入居者構成の偏りに拍車をかけるだろう。高齢社会という意味では、災害公営住宅は現代日本社会の縮図でもある。既存の平時の公的サービスへの接続とともに、被災者支援の中で得たノウハウを平時の公的サービスの中に再構築し、生活環境を自ら能動的に選択し行動することに困難を伴う社会階層に対し、個別具体的に生活の回復や生活の維持に寄り添う支援が必要とされる。

　次に、コミュニティ機能の実装化についてである。団地・住宅の設計、入居手法、入居後に分けて供給プロセスの実態を検討した結果、各段階個別には前進がみられた。高層高密の大規模団地は少なく、入居者の交流拠点となりうる集会所が設置された。グループ入居やコミュニティ入居の手法が取り入れられ、既存の社会関係を新しい環境に持ち込む条件がつくられた。団地内や立地地域での見守りや交流を促す取り組みが行われている。しかし、供給プロセスの中でこれらの取組みを一貫して実施している自治体は2割に満たず、いまだに住宅というハードへの関心に対策が傾いている[22]。行政内の縦割りを超えた発想が求められる。新しい入居者が集まった団地にもジェンダーなど既存の地域社会の権力構造は再生産されがちである。また、凝集性が高ければ、今後進行する入居者の入れ替わりに排他的になる可能性もある。社会関係を変容して新たな担い手や新たな担い方を創り出す努力を惜しめば、

共助の空間への期待は高すぎる結果になるだろう。入居者、自治体および支援団体は、可能な実践を積み重ねていくしかない。

　第三に、災害公営住宅の大量供給は自治体財政を圧迫しないのかについてである。老朽化した既存公営住宅を廃止し、国の高い補助率のもとで新規に整備した耐用年数の長い災害公営住宅をまず公営住宅入居要件の本来階層に解放することを見込む自治体は多いだろう。他方で、災害公営住宅の供給において、戸数に関する需給のある程度の差を防ぐのは現物の直接供給ではほぼ不可能である。被災者からの需要が示されたとはいえ、管理戸数が膨張し、かつ、人口の大幅な減少が予測される自治体の場合、住宅経営が財政上の重荷となる。地域の実情を踏まえたストックマネジメント計画が欠かせないとともに、入居基準や家賃対策、目的外使用について条例等による事後的なあらゆる創意工夫が必要になるだろう。それが入居者層の多様化や、公的あるいは民間の専門サービスの拠点づくりに結びつけば、新たな住まい方が可能な場所が東日本大震災および原子力災害の被災地に生まれるかもしれない。

注

1　「新たな住宅政策のあり方について（建議）」平成 15 年 9 月 社会資本整備審議会住宅宅地分科会

2　住宅建設研究会編『公営住宅の整備（令和元年度版）』の都道府県別供給実績によれば（2010 年度）、岩手 54 戸、宮城 134 戸、福島 46 戸である。

3　平山 (2012)

4　兵庫県まちづくり部 (2000) および兵庫県 Web サイト「阪神・淡路大震災の被害確定について（平成 18 年 5 月 19 日消防庁確定）」に基づく。

5　塩崎・田中・目黒・堀田 (2007)

6　檜谷 (2005) および復興 10 年委員会 (2005)

7　田中・高橋・上野 (2009)

8　タウンゼント (1974)

9　岩手県「岩手県災害公営住宅設計標準」平成 25 年 1 月、岩手県「災害公営住宅の整備に関する方針」最終改正平成 25 年 9 月、宮城県「宮城県復興住宅計画」平成 24 年 4 月、宮城県「宮城県災害公営住宅整備指針（ガイドライン）」平成 24 年 7 月、福島県「福島県復興公営住宅設計方針」平成 25 年 10 月、福島県「第二次福島県復

興公営住宅整備計画」平成 25 年 12 月

10 西田 (2020)

11 政策目的、整備結果、入居者への影響という一連の流れからいえば、国土交通省の 2011 年住宅局直轄調査で提示された「地域特性を踏まえた復興住宅にふさわしい公営住宅のモデル」や市町村の整備方針を含めて検討する必要がある。

12 また、自治体が災害公営住宅事業を復興整備計画に位置づけることで、農地転用許可に関する特例措置や許可手続きのワンストップ処理により迅速な処理が可能になった。

13 整備事業は家賃収入を有する事業のため、地方負担分については震災復興特別交付税措置の対象とはならず地元負担がある。家賃事業は措置の対象となり、実質地元負担ゼロとなった。

14 政府は 2019 年 12 月に復興・創生期間後における東日本大震災からの復興の基本方針を閣議決定し、災害公営住宅の家賃低廉化・特別家賃低減事業について、支援水準を見直す方針を示した。とくに、家賃を全体的に抑制するために国が自治体を補助する家賃低廉化については、激甚災害と同等に補助率を引き下げるとする答弁が参議院東日本大震災復興特別委員会で行われた。これを受けて気仙沼市は災害公営住宅財政シミュレーションと対応案を公表している (建設部住宅課「災害公営住宅家賃低廉化事業補助水準見直しに係る対応について」2020 年 9 月 4 日)。

15 宮城県土木部住宅課 (2020)

16 宮城県土木部住宅課 (2020)

17 本書の第 II 部で分析する災害公営住宅入居者への大規模アンケート調査実施時点では、富岡町、浪江町、葛尾村および飯舘村の帰還困難区域の住民は家賃等支援事業の対象であったが、2020 年 3 月で応急仮設住宅の供与と家賃助成は終了した。

18 田中・高橋・上野 (2009)

19 檜谷 (2005)

20 西田 (2020)

21 西田・小川・松本 (2014) はいわき市の津波被災地区が市のグループ入居制度を活用した事例の経過を検討し、地区主催の説明会等が制度の活用に効果があったと述べている。

22 西田 (2020)。ただし、これらの取組みが一貫しているのは供給戸数の多い自治体の傾向であった。供給戸数の少ない自治体の中は防災集団移転促進事業による集落にあらかじめ入居者を確定させた災害公営住宅を建設している例があり、新たな社会関係の構築が必要とはいえない場合もある。

第3章　岩手県における災害公営住宅の供給過程

吉野英岐

1　はじめに

　岩手県は沿岸地域を中心に津波・地震による直接死は 1,606 人、行方不明者等 225 人の人的被害に加え、全壊 1 万 5,435 戸、半壊 8 万 2,783 戸の住戸被害が発生した。そこで、岩手県および市町村は、おもに津波被災者向けの災害公営住宅の建設を進めた。本章では、岩手県における災害公営住宅の供給過程と住宅の特徴について検討する。まず、岩手県における災害公営住宅の整備方針とその内容について整理する。次いで、市町村別にみた災害公営住宅の建設・管理戸数の状況を確認したうえで、県内で最多の災害公営住宅が建設された釜石市を事例に、災害公営住宅の管理や住民の生活支援の状況を明らかにする。最後に社会的に関心の高い家賃の上昇への懸念と対応について紹介する。

2　岩手県の整備方針

2-1　「災害公営住宅の整備に関する方針」の策定

　岩手県では、おもに津波被災者向けに、災害公営住宅が供給されている。その他、復興事業によって元の住宅が解体され、その代替住宅として提供している場合や、水害や火災などの突発的な災害による被災者の一時的な居住施設として提供される場合もある。また、岩手県の場合、災害公営住宅の供給主体は岩手県および市町村の両方であり、市町のみの宮城県、原則的に原

発避難者向けは県営、地震・津波被災者向けは市町村営と区分している福島県の場合とは異なっている。

　岩手県復興局は2012年9月10日に災害公営住宅を整備予定の市町村と調整のうえ、東日本大震災の被災者の方々に対する災害公営住宅の基本的な整備方針である「災害公営住宅の整備に関する方針」(以下、「整備方針」)を定め、2013年9月30日に方針の一部を改正した[1]。岩手県は「整備方針」をもとに安全で良質な災害公営住宅の整備を実施していくとともに、さまざまな整備手法の導入を進め、そのスピードを早めることとしている。以下、「整備方針」における検討事項とその結果を紹介する。

2-2　建設戸数と建設場所

　県と市町村の役割分担について、県は被災者を広域的に受け入れる必要があることから、被災地のニーズに応じて、災害公営住宅をより早く、そして十分な戸数を建設することを重視して進める。一方、市町村においては、市町村内或いは限定的な地域内の被災者を対象とした災害公営住宅を建設する必要があることから、漁村集落等に対応した小規模団地の建設など、地域の個別のニーズを重視して進めるとしている。つまり、県は比較的大規模な住宅を供給し、市町村は漁村集落等の被災者向けの住宅(戸建ても含む)を中心に、比較的小規模な住宅の建設を担うこととしている。建設戸数および管理戸数については、約6,100戸の需要が見込まれていることから、約2,900戸を県が建設し、残りを市町村が建設・管理するとしている。また、県が建設する約2,900戸のうち、県が管理するのは約1,500戸で、残りの約1,400戸は市町村が管理することとしている。これは県が建設主体となることで、供給のスピードを上げることを目指したものと考えられる。なお災害公営住宅の市町村毎の建設・管理戸数については、被災者の方々への意向調査等の結果を踏まえて決定するものの、今後の情勢の変化に応じて、戸数は県と市町村で協議の上、柔軟に見直していくとなっている。さらに建設場所については、津波による大きな被害を受けた土地には原則として、災害公営住宅を建設しないとしている。ただ、防潮堤の整備や盛土等の対策により、被害を軽減で

きる可能性のある土地では建設を認めている。さらに利便性を確保する観点から市街地から近い土地に建設することや、市街地や集落の将来的な復興計画にあわせた建設場所の選定を行うとしている。

2-3　住宅の構成

　県営の災害公営住宅の住戸の構成については、高齢者、障がい者や子育て世帯など多様な世帯が入居できるような配慮と、将来の世帯構成の変化に対応するために、さまざまな住戸タイプからなる「住戸タイプ別供給イメージ」を作成している。住宅性能に関しては、「岩手県災害公営住宅設計基準」を用意して、国が定める参酌基準と同等又はそれ以上のものとしている。建築資材や形状については、地場産材を使用した木造住宅や勾配屋根を有する鉄筋コンクリート造など、各地域の特性に応じた多様な形態を用意し、街並みの形成にも配慮することも求めている。さらに、コミュニティの維持や入居者同士の交流に配慮した集会所等の共用スペース、小公園や植栽の整備や、居住支援機能や防災機能を兼ね備え、共用部分のバリアフリー化など高齢者等の生活に配慮した仕様など、これまでの公営住宅の建設にはみられない、さまざまな点に配慮した良質な住宅の供給を目指している。また、自家用車を使う地方の生活に配慮し、建設戸数以上の駐車場及び駐輪場の確保もあげている。

　なお、整備の迅速化にむけて、①住戸タイプ別の標準的な間取りの設定など標準設計等の活用による建設コストの削減や工期の短縮、②市町村、事業者団体、民間事業者と連携した用地確保、③設計・施工の一括発注方式の導入、④敷地提案型買取方式（事業者が敷地の提案と設計・施工を行う方式）の検討が記載された。それでも、建設が著しく進まない場合には、早急化に向けた新たな手法を検討することも記載されている。このように当初から建設の難航が予想されていることをうかがわせるような内容でもあった。

2-4　入居者の募集・維持管理の指針

　「整備方針」では災害公営住宅の入居者の募集と選定、入居後の生活を安

定しておくれるような維持管理面での配慮についても言及している。入居者
の募集・選定に関しては、高齢者、障がい者や子育て世帯など、特に住宅確
保に配慮しなければならない方々についての優先入居（当選の確率を高めるな
どの配慮）、コミュニティ維持のためのグループ入居の募集・選定の検討、県
営住宅入居者の募集・選定時に、市町村内などの限定的なエリアの被災者に
向けた一定割合の確保、漁村等に建設される小規模な市町村営住宅での必要
に応じた公募によらない入居者の選定が記載されている。家賃については、
復興交付金等を活用し、特に低所得の被災者の方々が通常の公営住宅よりも
低廉な家賃で入居できる配慮を行うこととしている。その結果、国の方針に
沿って、政令月収に応じた段階的な家賃低廉化が導入されている。また入居
する際の敷金については負担軽減の観点から最終的に国の方針で免除された。
　住宅の管理体制については、適切な維持管理を図るために、指定管理者制
度の導入や体制の増強が検討され、結果的に県営住宅については指定管理者
による管理体制が導入された。集会所等については、入居者の交流に資する
各種集会のほか、福祉部局等と連携してコミュニティの促進に資する活動を
行えるような配慮によって、多面的な利用を可能とする方針が示された。ま
た、市町村が管理する災害公営住宅で将来的に入居者の希望があった場合に
は適正な価格で払い下げることが検討事項として示され、戸建て住宅につい
ては当初から払い下げが検討されていた。一方、集合住宅の払下げは具体的
に検討された記録はない。

3　災害公営住宅の建設・管理戸数

　岩手県内に整備された災害公営住宅の実態を確認しておきたい。災害公営
住宅は津波で被災した沿岸自治体だけでなく、内陸部の自治体によっても建
設されている。岩手県に建設された災害公営住宅の計画時と実績を立地自治
体別に示したのが**表3-1**と**表3-2**である。
　2013年9月30日時点での計画戸数は6,086戸であったが、これは沿岸自
治体に建設を計画した分のみである。その後、当初の計画にはなかった内陸

表 3-1　岩手県の自治体別災害公営住宅整備計画戸数（2013 年 9 月 30 日時点）

	立地自治体	整備戸数			管理戸数				
		合計	市町村	県	小計	市町村管理			県管理
							うち市町村建設	うち県建設	
沿岸	洋野町	4	4	0	4	4	0	0	0
	久慈市	11	11	0	11	11	0	0	0
	野田村	102	76	26	102	76	26	0	0
	田野畑村	68	68	0	68	68	0	0	0
	岩泉町	51	51	0	51	51	0	0	0
	宮古市	793	422	371	606	422	184	187	
	山田町	831	284	547	558	284	274	273	
	大槌町	980	480	500	730	480	250	250	
	釜石市	1,418	1,220	198	1,292	1,220	72	126	
	大船渡市	828	265	563	548	265	283	280	
	陸前高田市	1,000	300	700	650	300	350	350	
合計		6,086	3,181	2,905	4,620	3,181	1,439	1,466	

出所：「災害公営住宅の整備に関する方針」（2013年9月30日最終改正）で示された戸数
岩手県ＷＥＢページ　https://www.pref.iwate.jp/_res/projects/default_project/_page_/001/010/344/seibihoushin250930.pdf

表 3-2　岩手県の自治体別災害公営住宅建設戸数（2020 年 8 月 31 日時点）

	立地自治体	整備戸数			管理戸数				
		合計	市町村	県	小計	市町村管理			県管理
							うち市町村建設	うち県建設	
沿岸	洋野町	4	4	0	4	4	0	0	0
	久慈市	11	11	0	11	11	0	0	0
	野田村	100	74	26	100	74	26	0	0
	田野畑村	63	63	0	63	63	0	0	0
	岩泉町	51	51	0	51	51	0	0	0
	宮古市	766	417	349	563	417	146	203	
	山田町	640	343	297	409	343	66	231	
	大槌町	876	463	413	656	463	193	220	
	釜石市	1,316	943	373	1,005	943	62	311	
	大船渡市	801	290	511	539	290	249	262	
	陸前高田市	895	269	626	594	269	325	301	
	一関市（沢内）	27	27	0	27	27	0	0	
	沿岸小計	5,550	2,955	2,595	4,022	2,955	1,067	1,528	
内陸	一関市（駒下・構井田）	35	0	35	0	0	0	35	
	盛岡市	149	0	149	99	0	99	50	
	花巻市	30	30	0	30	30	0	0	
	北上市	34	0	34	0	0	0	34	
	遠野市	21	21	0	21	21	0	0	
	奥州市	14	0	14	0	0	0	14	
	内陸小計	283	51	232	150	51	99	133	
合計		5,833	3,006	2,827	4,172	3,006	1,166	1,661	

出所：「災害公営住宅の整備状況について・現在の整備状況（令和2年8月末現在）」で示された戸数
岩手県ＷＥＢページ　https://www.pref.iwate.jp/kurashikankyou/kenchiku/saigai/kouei/1010345.html
山田町で県が建設した297戸の中には町が県に建設を委託した4団地66戸を含む。
一関市の沢内団地については県は沿岸部の災害公営住宅とみなしている。

部の 6 つの自治体に合計で 283 戸（沿岸部の住宅としてカウントされている一関市の沢内住宅 27 戸を含まない）が建設された。沿岸部では意向調査などの結果を勘案し、普代村を除く沿岸 11 自治体で建設が予定された 6,086 戸から 5,523 戸に減少（減少戸数は 683 戸）し、一関市で 27 戸が新たに建設され、最終的には沿岸部で 5,550 戸が建設された。

　この結果、県内に建設された災害公営住宅の合計は 5,833 戸となり、計画よりも 253 戸ほど少なくなっている。また 5,833 戸という建設戸数は、宮城県内に建設された戸数の 4 割程度にとどまっている。県内で最も早く整備され入居を開始したのは盛中央団地（大船渡市盛町・雇用促進住宅だった物件を市が買い取ったもの）で 2012 年 12 月であった。その後、2019 年 10 月の安渡住宅（大槌町安渡）の完成、入居開始で、沿岸部の 5,550 戸すべてが完成した。そして 2020 年 12 月 7 日に県営南青山アパート（盛岡市南青山町・99 戸）が完成し、2021 年 2 月 11 日から入居が開始された。これにより岩手県内ですべての災害公営住宅の建設が終了した[2]。

　沿岸市町村に建設された住宅戸数を見ると、釜石市が最も多く 1,316 戸、次いで、陸前高田市 895 戸、大槌町 876 戸、大船渡市 801 戸、宮古市 766 戸、山田町 640 戸の順で、それ以外の自治体は 100 戸までである。建設した戸数のうち市町村が建設（施工）した戸数は 3,072 戸（山田町で町が県に建設を委託した 66 戸を含む）で全体の 52.7％、県が建設（施工）した戸数は 2,761 戸で 47.3％と、市町村が建設した戸数がやや多いが、県と市町村でほぼ半数ずつ建設している。上記 6 自治体内に建設された住宅のうち市町村が建設（施工）主体になっている割合をみると、割合の高い順に釜石市 71.7％、宮古市 54.4％戸、山田町 53.6％、大槌町 52.9％、大船渡市 36.2％、陸前高田市 30.1％と自治体ごとに大きな差があることがわかる。

　一方、管理戸数の内訳は市町村管理（市町村営住宅）が 4,172 戸（71.5％）、県管理（県営住宅）が 1,661 戸（28.5％）で、市町村管理の割合が 7 割を超えている。市町村管理の戸数が建設戸数を上回っているのは、県が建設した住宅を、その後、市町村が管理する形態が岩手県にあり、県が建設した 2,827 戸のうち、1,166 戸が市町村管理になっているからである。県が建設することで、いち

早く住宅を提供し、被災者が一日でも早く入居できることを目指しているものと思われる。建設戸数の多い沿岸市町村のうち市町村が管理する住宅戸数の割合が高いところは、釜石市 76.4%、大槌町 74.9%、宮古市 73.5% 戸、大船渡市 67.3%、陸前高田市 66.4%、山田町 63.9% の順であった。どの自治体でも市町村が管理する割合のほうが、県が管理する割合よりも高いが、釜石市と山田町では 15 ポイントほどの差がついている。

　建設された団地数は県全体で 217 ヵ所に達した。箇所数が多い自治体としては、釜石市 57 ヵ所、大槌町 45 ヵ所、宮古市 28 ヵ所、大船渡市 27 ヵ所、山田町 18 ヵ所、陸前高田市 11 ヵ所の順である。建設方式は直接建設、買取、敷地提案型買取、設計施工一括選定、UR 建設・譲渡、改修で、市町村が建設する場合はさまざまな方式がとられているが、県が建設する場合は直接建設が多い。構造は木造平屋、木造 2 階、木造 RC（鉄筋コンクリート）造、RC 造、S（鉄骨）造、薄板軽量形鋼造とさまざまな構造で建設されている。

　団地の規模をみると、1 団地で 100 戸を超えている例は、県営栃ヶ沢アパート（RC 造 9 階建て・陸前高田市）301 戸、県営中田アパート（RC 造 8 階建て・陸前高田）197 戸、釜石市営上中島 II 期住宅（S 造 8 階建て 1 棟、5 階建て 1 棟、薄板軽量形鋼造 3 階建て 2 棟）156 戸、県営屋敷前アパート（RC 造 5 階建て・大槌町）151 戸、山田町営山田中央（RC 造 9 階建て）146 戸、県営平田アパート（RC 造 7 階建て・釜石市）126 戸、陸前高田市営下和野住宅（RC 造 7 階建て）120 戸で 7 団地しかなく、うち 4 団地が県営である。

4　釜石市における災害公営住宅の事例

4-1　釜石市での供給状況

　ここでは県内の自治体で自治体内に最も多くの戸数が建設された釜石市を事例に具体的な姿をみていく。釜石市内には 1,316 戸の災害公営住宅が建設されたが、一自治体内で 1,000 戸を超えているのは岩手県では釜石市だけである[3]。団地数は 57 ヶ所、市が建設（施工）主体となった割合は 71.7%、市が管理する割合は 76.4% と、いずれも県内自治体で最多である。また釜石市の

特徴としては市内の中心地である東部地区の市街地の津波復興拠点整備事業を導入した地区に建設を集中させた点があげられる。

　住宅建設のプロセスをみてみると、釜石市は被災者に対して災害公営住宅への入居について 3 回の調査を実施している。2011 年 11 月〜 2012 年 1 月にかけての「住宅再建に関する調査」、2012 年 8 月〜 9 月にかけての「第 1 回住宅再建意向調査」、2013 年 8 月〜 9 月にかけての「第 2 回住宅再建意向調査」で、これらの調査結果を反映する形で、釜石市では建設戸数や住宅の仕様を決めていった[4]。

　さらに、釜石市では災害公営住宅の入居者を決めるルールについて、市民や専門家の意見を聴く場として、釜石市災害復興公営住宅入居者選定方法等検討会を設置した。参加者は団地自治会長、町内会長、民生児童委員、消防団長、社会福祉協議会職員、NPO 職員、PTA 連合会、大学教員である。2012 年 7 月 13 日に第 1 回検討会、2019 年 9 月 2 日に第 23 回検討会が開催され、協議は終了している。第 1 〜第 3 回の事務局は総合政策課、第 4 回〜第 23 回の事務局は都市計画課が担った。年度別開催回数は 2012 年度 5 回、2013 年度 4 回、2014 年度 4 回、2015 年度 2 回、2016 年度 3 回、2017 年度 3 回、2018 年度 1 回、2019 年度 1 回となっている。検討会では 7 年間にわたって、優先入居者の選定方法、グループ入居の実施、公開抽選会の開催方法、ペットの飼育を可能にする場合に条件の設定、追加募集、空き室対策、家賃問題、見回り活動などについて多面的に協議してきた。検討会で協議されたことは、実際の政策に反映され、住民ニーズに沿って住宅の建設戸数と運営方針が決められた[5]。

4-2　団地自治会の設立

　災害公営住宅への入居が決まると、釜石市地域づくり課（現・まちづくり課）が入居者に入居のしおりを渡すとともに 3 回の入居者集会を開いて、団地自治会の形成を進めている。顔合わせから始まり、自己紹介、自治会の役割の説明を経て、3 回目の集会後に自治会の設立を提案し、承諾が得られれば、役員の選出に進む段取りになっている。こうした取り組みの結果、2018

末までに完成した全 47 団地（1,316 戸）の災害公営住宅のうち戸建や漁村部で既存町内会に編入するなどしたケース（20 団地）を除いた 27 団地のうち、23 団地で自治会が結成された。さらに、住宅が直面する課題に団地の枠を超えて取り組むために復興住宅自治会連絡協議会の設立準備が進められ、2019 年 11 月 1 日に初会合が開かれた[6]。

4-3　コミュニティ形成および見守り活動への支援事業

　市では復興交付金を充てた「コミュニティ形成支援事業」を行っている。そのうち「ご近所支えあい復興事業」として、民間団体の協力を得た復興住宅での交流会開催等や自治会組織形成支援、農園を活用した孤立防止・健康づくり、商業施設を活用した居場所づくり・仲間づくりを行っている。「復興住宅自治会活動補助事業」では自治会が実施するイベントなどの活動経費への助成（各自治会へ設立当初 1 回 10 万円）を行い、2019 年度までに 21 団体が実施済みで、2020 年度に 11 団体への配分を予定している。「復興住宅自治会コミュニティ形成研修会等開催事業」も毎年実施してきた。「被災地コミュニティ形成支援事業」ではコミュニティ支援員 4 名（2019 年度までは 5 名）を市内 4 地区の生活応援センター（公民館・出張所機能をもつ市のセンター）に配置し、地域の実情に合わせたコミュニティサロンや交流会等を開催している。次に「心の復興事業」としては、心の復興活動補助として、公営住宅の集会室や公民館で映画の上映会の補助を行っている。また、岩手県社会福祉協議会では「被災者支援相談員配置事業」として、市社会福祉協議会に委託して、仮設住宅を対象に 6 名の相談員を配置してきたが、仮設住宅がほぼ解消されたため仮設住宅（応急仮設住宅とみなし仮設住宅）の見守り活動は終了予定である。「復興住宅入居者訪問支援事業」（2019 年度まで「生活再建移行期被災者支援連絡員事業」）では、釜石市役所が釜石市内の NPO 法人に事業委託し、NPO 法人は住宅入居世帯への戸別訪問による見守り活動を行っている。訪問員は 10 名程度である。このほか、被災者特別検診等補助事業、健康づくりによる復興コミュニティ形成支援事業も行っている。

　こうした支援活動を円滑に進めるため、市は国の交付金対象事業の進捗管

理や情報交換を目的に毎月 1 回、支援のためのプロジェクトチーム連絡会議
を 1 時間程度開催している。2020 年 6 月までに 53 回開催し、メンバーは市
社協、市内の民間支援団体、NPO 法人、釜援隊（釜石復興支援員）と市役所担
当部門で、岩手県沿岸広域振興局がオブザーバー参加している。

5　家賃の上昇への懸念と対応

　災害公営住宅の建設と入居が進む中、2017 年末から 2018 年 2 月にかけて
大きな課題となったのが家賃の上昇問題である。通例の公営住宅は一定の
収入未満（例えば釜石市の場合は政令月収が 15 万 8,001 円未満）の住宅困窮者を対
象とする住宅であるが、災害公営住宅の場合は政令月収が規定額を超えて
も、東日本大震災の被災者（住宅の全壊または大規模半壊）であれば入居が可能
であった。仮に政令月収が規定額以上の場合は、収入基準超過者となり、家
賃は収入に応じて金額が決まり、入居から 3 年が経過した後に家賃が段階的
又は即時に近傍同種家賃（当該住宅の建設費をもとに算定）へと引き上げられる
規則となっている。なお家賃の値上げは政令月収 8,001 円未満の低所得者に
ついても生じるが、入居から 5 年間は国の支援措置により、4 段階の減免家
賃が決められており、値上げもない。しかし入居から 5 年が経過した後は段
階的に家賃が上昇し、11 年目から、政令月収が 8 万 1 円〜 10 万 4,000 円の
世帯と同じ家賃になる。

　釜石市が作成した資料によれば、釜石市内の漁村地域にある市営花露辺復
興公営住宅の 2LDK の住宅の場合、政令月収が 15 万 8,001 円以上〜 18 万 6,001
円未満の場合、家賃は 3 年目までは 3 万 6,500 円であるが、4 年目は 5 万 7,400
円、5 年目は 7 万 8,300 円、6 年目は 9 万 9,200 円、7 年目は 12 万 100 円、8
年目は近傍同種家賃である 14 万 1,000 円となる。政令月収が 21 万 4,001 円以
上〜 25 万 9,001 円未満の場合は、5 年目は 14 万 1,000 円、政令月収が 25 万 9,001
円以上の場合は、3 年目までは 5 万 6,900 円だった金額が 4 年目から一気に
14 万 1,000 円となる。釜石市内に建設された県営片岸アパートの 3DK の住
宅の場合では、政令月収が 15 万 8,001 円以上〜 18 万 6,001 円未満の家賃は、

3 年目までは 3 万 9,700 円であるが、順次引き上げられ、8 年目は近傍同種家賃である 14 万 6,400 円へ上昇する。政令月収が 21 万 4,001 円以上〜 25 万 9,001 円未満の場合は、5 年目に 14 万 6,400 円となり、政令月収が 25 万 9,001 円以上の場合は、3 年目までは 6 万 1,900 円だったものが、4 年目には 14 万 6,400 円となる。

　収入超過者に対する家賃の大幅かつ急激な値上げは、入居者を大いに不安にさせ、この先の生活設計に支障をきたすおそれが高いことが容易に想像できる。こうした不安を軽減するために、被災地の自治体は独自の家賃軽減策を講じているが、その内容は市町村ごとにバラバラであり、入居者の不公平感を増大することにもなりかねない。また同じ自治体内でも災害公営住宅の建設時期の違いで建設コストが大幅に違い、近傍同種家賃が大きく異なっている場合もあり、このことが不公平感に拍車をかけることにもなる。

　こうした事態をうけ、岩手県でも家賃の問題について軽減措置を検討することになった。その結果、県は県内で最も安価な県営平田アパートの 3DK の家賃である 7 万 7,400 円を上限とすることを決め、県内の同タイプの住宅の家賃の最高額を 7 万 7,400 円とした。釜石市では岩手県と折衝を重ね、市内でも検討会を開催し協議を結果、県の方針を受け入れ、市営住宅の場合でも同様の対応をすることとした。このことにより、多くの入居者がこの決定に安堵することになった。しかし、他の自治体では別の方式の減免措置をとる場合もあり、被災者の立場から考えれば居住している市町村や入居している住宅や住宅の完成時期によって、家賃に大きな差が生じていることについては納得のいかない点も残っていると思われる。

6　まとめ

　これまで岩手県の災害公営住宅の供給体制と住宅の特徴について説明してきた。最後に岩手県の災害公営住宅の特徴をまとめておきたい。

　岩手県における災害公営住宅の大きな特徴は、第一の特徴は、岩手県と県内自治体がそれぞれ供給主体になって災害公営住宅を建設および管理した点

である。宮城県では県内すべての災害公営住宅は県内市町によって供給され、宮城県は建設主体にはなっていない。また福島県では市町村が地震・津波被災者向けの災害公営住宅を供給し、県が原発避難者向けの復興公営住宅を供給した。このようにそれぞれの県で供給の実態は大きく異なっている。

　第二の特徴は、基本的には災害公営住宅は被災した沿岸自治体に建設されたが、内陸避難者の生活の継続性に配慮するかたちで、被災地から遠く離れた内陸の盛岡市や花巻市などにも限られた数ではあるが建設された点である。避難生活の長期化に伴い、避難先での生活に慣れた被災者にとって、新しいところで生活を続ける選択肢が用意されたことになる。

　第三の特徴は、釜石市の事例のように、市、市社会福祉協議会、NPO 団体、その他の支援団体が協力して、災害公営住宅のコミュニティ形成および見守り事業に取り組んでいる点である。こうした活動は自治体ごとにさまざまな方式があるが、多くの場合は災害公営住宅が立地する市町村のリーダーシップに委ねられている。

　第四の特徴は、家賃の値上げについて、大幅な上昇が懸念されたことから、岩手県では県庁が上限額を決めて、県営住宅にその金額を適用した。その後、県内の多くの自治体が県の動きに同調し、一定金額までの上昇に抑えた点である。それでも、入居者にとってみればまだまだ高いという意識があり、災害公営住宅の家賃設定については、今後も検討していく必要があろう。

　最後に岩手県内の災害公営住宅にうち市町村営の住宅については、空き室がでていることから一部の住宅で一般化入居が開始された。今後はその範囲が拡大したり、県営の住宅でも一般化が開始されることが予想される。その場合、被災者と一般入居者の間でどのような関係性を築いていくことができるかという点も今後に課題となっている。

注

1　岩手県の「災害公営住宅の整備に関する方針」は岩手県庁の WEB で内容を確認できる。https://www.pref.iwate.jp/_res/projects/default_project/_page_/001/010/344/seibihoushin250930.pdf

2　「岩手日報」2020 年 12 月 8 日付記事

3　釜石市では市営の災害公営住宅を「復興公営住宅」と表記しているが、ここでは災害公営住宅とする。

4　各自治体で実施された災害公営住宅の入居に関する意向調査の実施状況は国土交通省国土技術政策総合研究所に記録されており、釜石市の分もそこで確認できる (国土交通省国土技術政策総合研究所 2015：2-20)。

5　執筆者は釜石市災害復興公営住宅入居者選定方法等検討会に委員として参加して、議論を加わってきた。この部分の記述は委員会で配布された資料に負っている。

6　「毎日新聞」(地方版) 2019 年 11 月 2 日付記事

第4章　宮城県における災害公営住宅の供給過程

内田龍史

1　はじめに

　2011年に発災した東日本大震災において、宮城県では死者10,567名、行方不明者1,218名の人的被害に加え、83,005棟が全壊、155,130棟が半壊するといった甚大な住家被害が生じた[1]。こうした被害からの住まいの再建のために様々な施策が実施されたが、自ら住宅を確保することが困難な人々に対しては、災害公営住宅が整備されてきた。

　宮城県の災害公営住宅は、2019年3月末に全戸完成し、最終的に21市町村、312地区、15,823戸が整備された（**表4-1、4-2**）。

　これら災害公営住宅の整備については、宮城県土木部住宅課が『東日本大震災からの復興　災害公営住宅整備の記録』をまとめている[2]。本章では、この『記録』などを参照しつつ、宮城県において災害公営住宅整備戸数の多かった仙台市（3,179戸）、石巻市（4,456戸）、気仙沼市（2,087戸）の3市ならびに宮城県に対する筆者らによる聞き取り調査[3]などをもとに、宮城県ならびに3市の災害公営住宅整備と供給の特徴を示すことにしたい。

2　宮城県における災害公営住宅整備に向けた経緯

　宮城県は、「宮城県震災復興計画」の策定・推進・進行管理や、復興施策の総合調整などを行うことを目的として、2011年4月22日に「宮城県震災復興本部」を設置、第1回会議を開催し、「宮城県震災復興基本方針（素

表 4-1　災害公営住宅の整備状況 (2019 年 3 月 31 日現在) (宮城県，2019 より作成)

○ 市町別整備状況

市町名	計画戸数	事業着手戸数		うち，工事着手戸数		うち，工事完了戸数	
			進捗率		進捗率		進捗率
01 仙台市	3,179 戸	3,179 戸	100.0%	3,179 戸	100.0%	3,179 戸	100.0%
02 石巻市	4,456 戸	4,456 戸	100.0%	4,456 戸	100.0%	4,456 戸	100.0%
03 塩竈市	390 戸	390 戸	100.0%	390 戸	100.0%	390 戸	100.0%
04 気仙沼市	2,087 戸	2,087 戸	100.0%	2,087 戸	100.0%	2,087 戸	100.0%
05 名取市	655 戸	655 戸	100.0%	655 戸	100.0%	655 戸	100.0%
06 多賀城市	532 戸	532 戸	100.0%	532 戸	100.0%	532 戸	100.0%
07 岩沼市	210 戸	210 戸	100.0%	210 戸	100.0%	210 戸	100.0%
08 登米市	84 戸	84 戸	100.0%	84 戸	100.0%	84 戸	100.0%
09 栗原市	15 戸	15 戸	100.0%	15 戸	100.0%	15 戸	100.0%
10 東松島市	1,101 戸	1,101 戸	100.0%	1,101 戸	100.0%	1,101 戸	100.0%
11 大崎市	170 戸	170 戸	100.0%	170 戸	100.0%	170 戸	100.0%
12 亘理町	477 戸	477 戸	100.0%	477 戸	100.0%	477 戸	100.0%
13 山元町	490 戸	490 戸	100.0%	490 戸	100.0%	490 戸	100.0%
14 松島町	52 戸	52 戸	100.0%	52 戸	100.0%	52 戸	100.0%
15 七ヶ浜町	212 戸	212 戸	100.0%	212 戸	100.0%	212 戸	100.0%
16 利府町	25 戸	25 戸	100.0%	25 戸	100.0%	25 戸	100.0%
17 大郷町	3 戸	3 戸	100.0%	3 戸	100.0%	3 戸	100.0%
18 涌谷町	48 戸	48 戸	100.0%	48 戸	100.0%	48 戸	100.0%
19 美里町	40 戸	40 戸	100.0%	40 戸	100.0%	40 戸	100.0%
20 女川町	859 戸	859 戸	100.0%	859 戸	100.0%	859 戸	100.0%
21 南三陸町	738 戸	738 戸	100.0%	738 戸	100.0%	738 戸	100.0%
計	15,823 戸	15,823 戸	100.0%	15,823 戸	100.0%	15,823 戸	100.0%

※前月末から変更になった戸数等には下線が引いてあります。

○ 整備手法別整備状況

	県受託	UR 買取り	市町建設	民間買取り	民間借上げ
市町数	9 市町	8 市町	15 市町	10 市町	1 市
地区数	27 地区	41 地区	59 地区	192 地区	8 地区
戸数	2,229 戸	3,926 戸	2,764 戸	6,682 戸	222 戸

※一つの地区内で、異なる複数の整備手法により事業を実施している場合は、
　「市町数」及び「地区数」をそれぞれ計上しています。

案)」について議論された。住宅施策を所管する土木部においては、「宮城県震災復興計画」の土木・建築行政分野における部門別計画である「宮城県社会資本再生・復興計画」の策定を主目的として、5 月 1 日に①復興まちづくりチーム、②沿岸防災対策チーム、③復興住まいづくりチームの 3 チームが組織され、以降、「復興住まいづくりチーム」が、被災市町の復興まちづく

表4-2 災害公営住宅入居状況(2020年10月31日現在)(宮城県, 2020b)

	(自治体毎) の内訳		完成		管理戸数	入居	(単位：戸、%)
	自治体名	計画戸数	戸数	進捗率※1	管理戸数	戸数	入居率※2
1	仙台市	3,179	3,179	100.0	3,179	2,994	94.2
2	石巻市	4,456	4,456	100.0	4,445	4,215	94.8
3	塩竈市	390	390	100.0	390	379	97.2
4	気仙沼市	2,087	2,087	100.0	2,087	2,002	95.9
5	名取市	655	655	100.0	655	645	98.5
6	多賀城市	532	532	100.0	532	517	97.2
7	岩沼市	210	210	100.0	210	203	96.7
8	登米市	84	84	100.0	84	77	91.7
9	栗原市	15	15	100.0	15	15	100.0
10	東松島市	1,101	1,101	100.0	1,101	1,073	97.5
11	大崎市	170	170	100.0	170	154	90.6
12	亘理町	477	477	100.0	477	465	97.5
13	山元町	490	490	100.0	490	479	97.8
14	松島町	52	52	100.0	52	50	96.2
15	七ヶ浜町	212	212	100.0	212	199	93.9
16	利府町	25	25	100.0	25	24	96.0
17	大郷町	3	3	100.0	3	3	100.0
18	涌谷町	48	48	100.0	48	47	97.9
19	美里町	40	40	100.0	40	40	100.0
20	女川町	859	859	100.0	851	807	94.8
21	南三陸町	738	738	100.0	738	713	96.6
	計	15,823	15,823	100.0	15,804	15,101	95.6

※1「進捗率」は、「計画戸数」に対する割合になります。
※2「入居率」は、「管理戸数」に対する割合になります。(入居予定を含みます。)

り計画の策定とあわせた住宅供給計画等の検討を進めることとなった。

「復興住まいづくりチーム[4]」は6月2日～17日の間に沿岸15市町を訪問、意見交換を行い、その結果を踏まえ、7月28日に住宅課・復興住宅整備室(2017年度からは住宅課)を事務局とする「復興住宅市町村連絡調整会議」を設置し、災害公営住宅の供給にあたって「2箇月に1回程度の頻度で定期的に行い、情報の共有化を図るなど市町との連携を深めていった」[5]。以降、調整会議では災害公営住宅の整備、入居、管理、後述する民間買い取りのスキームなどについて議論を重ねてきた。

　6 〜 7 月頃には災害公営住宅については、①地域課題への対応として基礎自治体である市町による整備・管理が原則、②県は被災状況等に応じ市町からの要請により災害公営住宅等の建設を支援する、という基本方針を示される。12 月に県土木部住宅課によって策定された「宮城県復興住宅計画」により、2011 〜 2017 年度にかけて約 12,000 〜 15,000 戸（最終 15,823 戸）の災害公営住宅を整備することとなった。整備方針は、先に見たように①市、町による災害公営住宅の整備及び管理を基本、②宮城県全体の災害公営住宅の早期整備に向けて、県は市町営住宅の建設支援を行い、一部は県営住宅として整備、③民間事業者等と連携した災害公営住宅の早期整備、④入居者への家賃の低廉化を図り、良質で低廉な災害公営住宅を供給、の 4 つがあげられており、1,000 戸程度の県営の災害公営住宅を建設する予定もあった[6]が、結果的には県営の災害公営住宅は整備されなかった[7]。

　県の災害公営住宅との関わりについては、公営住宅建設のノウハウがない市町からの要請により、県が設計・工事の発注を代行する県受託による災害公営住宅の建設支援がある。県受託による整備は 2,229 戸[8]（表 4-1）と 2,000 戸を超えている。

　整備手法については、市町、県が災害公営住宅を直接建設し管理する通常の整備手法である①直接建設方式、民間事業者等が建設した住宅を市町が買い取り公営住宅として管理する②買い取り方式、民間事業者等が建設した住宅を市町が一定期間借り上げ、公営住宅として供給する③借り上げの 3 つがあるが[9]、宮城県では民間事業者や都市再生機構（UR）が建設した住宅を市町が買い取る②買い取り方式が民間買い取りだけで 10 市町 192 地区で行われており[10]（表 4-1）、その割合が高くなっている。また、気仙沼市、南三陸町、登米市、石巻市、女川町、東松島市、名取市、亘理町の 8 市町においては、地元の設計者・施工者・材料供給者による災害公営住宅建設を目的とした協議会が設立され、そこからの買い取り（協議会方式）を採用している。

　災害公営住宅におけるコミュニティ再生のためのハード面での整備として、地域・地区の核となる施設が設置されているところがある。特徴的なものとしては、高齢者福祉施設、団地計画としてひらかれたオープンスペース、も

との集落単位での住棟配置、LSA（生活支援員）の配置、高齢者相談室、平面計画、リビングアクセス、コミュニティスペースを作るなどがある。

　災害公営住宅入居者のコミュニティ形成支援については、地域コミュニティ再生支援事業がある。この事業は、県の地域復興支援課が一般社団法人みやぎ連携復興センターに委託して2015年度から実施している。その内容[11]は、災害公営住宅等の入居による新しい地域コミュニティ再生活動について、新しく設立された自治組織や、受け入れ先の自治組織、自治組織活動を支援するNPOなどを対象として補助金を交付するものである。また、地域の課題解決のための地域力再生活動アドバイザー派遣事業や、自治組織のリーダー向けの研修・交流会事業などを実施してきた。

　災害公営住宅の課題については先述した県内21市町からなる「復興住宅市町村連絡調整会議」を開催しており、県は会議を主催し、市町からの情報収集や、その情報の提供を行ってきた。災害公営住宅は市町が管理するので、例えば課題となっている家賃軽減策の方針なども市町に委ねられる（表4-3）。統一的な方針を出せればよいが、石巻より南は平野部、県北は半島部であるなど、被災規模や各市町の状況が異なるために、統一することが難しい。とはいえ、課題に対応するためには市町間での検討が必要であり、2017年度から、沿岸部の東松島市から北・仙台市周辺（仙台市を除く）・名取市以南・内陸部の4ブロックにわけて勉強会が開催されていた。

　次節以降では、供給戸数の多い仙台市、石巻市、気仙沼市の3市の状況を中心に、災害公営住宅整備過程の概略を示しておきたい。

3　仙台市・石巻市・気仙沼市における災害公営住宅整備に向けた経緯

3-1　仙台市における整備の経緯

　国勢調査によれば、2010年の仙台市の人口は1,045,986人、震災後の2015年には1,082,059人と3.46%増加している。仙台市の主な被災状況は、死者923人・行方不明者27人、全壊30,034棟、半壊109,509棟である[12]。

　災害公営住宅[13]は、仙台市東部は防災集団促進事業、既存の市営住宅の

表 4-3　宮城県内の災害公営住宅入居世帯数と家賃軽減

	入居世帯数	低所得		収入超過	
仙台市	3,033	1,832	○	168	×
石巻市	4,201	3,042	◎	456	△
塩竈市	382	239	○	33	△
気仙沼市[14]	1,933	1,348	○	63	○
名取市	574	404	—	40	—
多賀城市	520	334	○	68	×
岩沼市	198	116	○	13	○
登米市	81	67	○	2	×
栗原市	13	9	△	1	×
東松島市	937	638	○	122	△
大崎市	167	93	—	1	×
亘理町	468	297	△	4	△
山元町	480	327	○	4	○
松島町	51	36	—	7	—
七ヶ浜町	204	122	○	17	△
利府町	24	20	—	0	—
大郷町	3	0	×	2	×
涌谷町	48	30	×	0	○
美里町	38	20	×	3	×
女川町	813	566	◎	105	◎
南三陸町	720	502	△	7	△
計	14,888	10,042		1,116	

※入居世帯数と低所得世帯数は 2018 年 12 月末、収入超過者世帯数(見込み)は同年 4 月 1 日時点の県まとめ。市町独自の家賃軽減策は◎が 10 年目以降も継続、○が 10 年目まで据え置き、△がその他の対策、ーが検討中、×は実施予定なし
(「〈災害公営住宅〉宮城県内 14 市町で家賃補助延長　低所得世帯向け、自治体で年数に差」『河北新報』2019 年 3 月 22 日より作成)

　一部転用、既存の住宅の一部を買い取るなどして整備した。2012 年度に既存の市営住宅(北六番丁)の一部を転用することで最初の災害公営住宅が整備され、2016 年度中という比較的早期に計画戸数の全戸が整備された。

　その立地については、既存の市営住宅の立地バランスを念頭に置くとともに、以下の 4 点、①被災者の震災前あるいは仮設住宅等のコミュニティに配

慮すること、②できる限り交通条件、買い物等の生活の利便性を考慮すること、③応急仮設住宅の入居期間が原則 2 年間であることを踏まえ、早期の整備着手、財政負担軽減を図れる公共未利用地を優先しながら、立地条件等が良ければ民有地も検討すること、④管理の容易さや既存地域コミュニティへの影響を考慮し、1 カ所に大規模団地を整備するのではなく、一団地あたり 100 〜 300 戸程度として分散配置すること、が考慮され [15]、結果として、まんべんなく鉄軌道系 (JR・市営地下鉄南北線・東西線) に置くイメージで整備された (図 4-1)。

　戸建てはわずか 92 戸であり、集合住宅が多い理由として、災害公営住宅整備のために確保できた土地面積の制約もあるが、管理の容易さも考慮されている。

　2011 年段階では 2,000 戸の整備を計画したが、被災者の約 4 分の 1 は市外被災者であり、仙台市に住みたいとする被災者への意向調査などの結果を踏まえ、再修正するなどして整備戸数を増やし、最終的に 3,179 戸の整備となっ

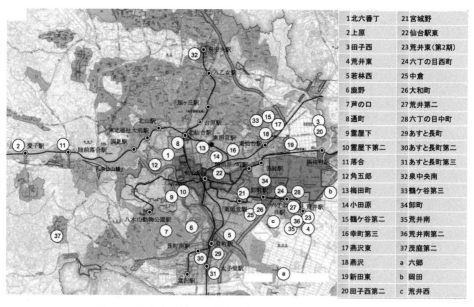

1 北六番丁	21 宮城野
2 上原	22 仙台駅東
3 田子西	23 荒井東 (第2期)
4 荒井東	24 六丁の目西町
5 若林西	25 中倉
6 鹿野	26 大和町
7 芦の口	27 荒井第二
8 通町	28 六丁の目中町
9 霊屋下	29 あすと長町
10 霊屋下第二	30 あすと長町第二
11 落合	31 あすと長町第三
12 角五郎	32 泉中央南
13 梅田町	33 鶴ケ谷第三
14 小田原	34 卸町
15 鶴ケ谷第二	35 荒井南
16 幸町第三	36 荒井南第二
17 燕沢東	37 茂庭第二
18 燕沢	a 六郷
19 新田東	b 岡田
20 田子西第二	c 荒井西

図 4-1　仙台市の復興公営住宅位置図 (仙台市 2016：37)

た。なお、ペット飼育が可能な住宅は 40 ヶ所の災害公営住宅のうち 13 ヶ所である[16]。

　整備手法は、直接整備が 1,512 戸、買い取りが 1,694 戸である[17]。仙台市においても市営住宅の最終整備は 2004 年度で終了しており、公営住宅の建設は新しい挑戦だった。

　市営住宅の管理については指定管理者に委託しており、共有部分の施設管理や住宅の空室修繕などのハード面は東急コミュニティーに、住宅の募集や使用料の収納、入居者からの相談対応などを公益財団法人仙台市建設公社に委託している。

3-2　石巻市における整備の経緯

　国勢調査によれば、2010 年の石巻市の人口は 160,826 人、震災後の 2015 年には 147,214 人と 8.46% 減少している。石巻市の被災状況は、死者 3,553 人・行方不明者 419 人、全壊 20,044 棟、半壊 13,049 棟である[18]。

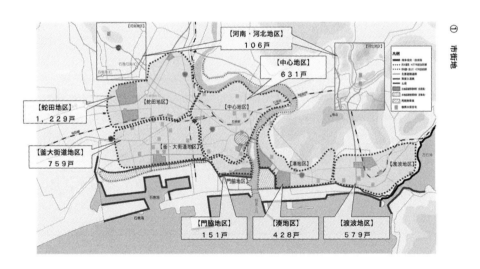

地区名	蛇田	釜大街道	中心	門脇	湊	渡波	河南・河北	市街地合計
計画戸数	1,229戸	759戸	631戸	151戸	428戸	579戸	106戸	3,883戸

図 4-2　石巻市市街地の復興公営住宅位置図（石巻市 2018：11）

　石巻市には市街地部と半島沿岸部がある。災害公営住宅[19]は 4,456 戸整備した。市街地部には 7 地区 3,883 戸(図4-2)、半島沿岸部には 5 地区 573 戸配置した。半島沿岸部はすべて戸建てである。希望があれば、半島沿岸部の被災者を市街地でも受け入れた。

　当初計画は 3,000 戸からはじまって、被災者への意向調査により希望者が増えていった。4,700 戸まで計画整備戸数が増えたが、2018 年 3 月、4,456 戸に確定し、2018 年度内にすべて完成した[20]。整備手法としては半数以上が民間買い取りであり、特に半島部はほぼすべてがそうである[21]。協議会方式により、地元工務店や設計会社などで設立された石巻地元工務店協同組合によって半島部の整備がなされた。

　石巻市民だけでなく、女川市や南三陸町から石巻市にやってくる被災者もおり、震災後当初から受け入れてきた。災害公営住宅への入居は石巻市内の人に優先順位があるが、結果として希望者は皆受け入れた。

　市営住宅の管理については、宮城県住宅供給公社に委託して管理している。

　2003 年度に宮城県北部地震があり、合併前の旧河南町で長屋タイプの災害公営を作った経験があるが、それ以降 10 数年は公営住宅を作っていなかった。

3-3　気仙沼市における整備の経緯

　国勢調査によれば、2010 年の気仙沼市の人口は 73,489 人、震災後の 2015 年には 64,988 人と 11.57% 減少している。気仙沼市の被災状況は、死者 1,218 人、行方不明者 214 人、全壊 8,483 棟、半壊 2,571 棟である[22]。

　市全体で約 2,000 戸の整備を計画し、被災者への意向調査を踏まえ、最終的に 28 地区 35 か所、約 2,087 戸の住宅を整備した(図4-3)。市街地部は主に 3 階建て以上の集合住宅を整備、郊外部は防災集団移転団地と併設し、戸建・長屋の災害公営住宅を整備した。市街地部は、UR6 地区、公募買い取り 5 地区、共同化事業買い取り 3 地区である。郊外部は協議会方式により、地元工務店や建築会社からなる一般社団法人気仙沼地域住宅生産者ネットワークが建設した。気仙沼ではもともと高層住宅を建設した経験がなく、その建設はノウ

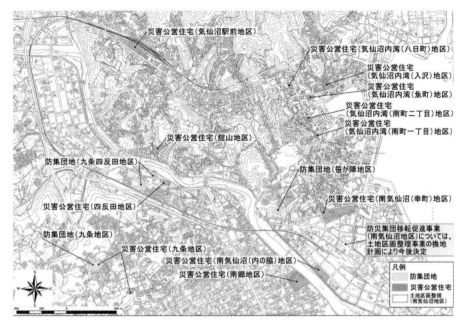

図 4-3　気仙沼市市街地中心部の災害公営住宅位置図（気仙沼市 2015：12）

ハウを持つ UR 都市機構に任せることになった。

　市営住宅の管理については、宮城県住宅供給公社に委託して管理している。災害公営住宅を 2,000 戸以上整備したために、震災前は市営住宅は市が直接管理していたが、震災後、庁内に住宅供給公社の職員に滞在してもらうこととなった。近隣市町が公社に委託しており、災害公営住宅の取り扱いも統一できて情報も共有できることが利点となっている。

4　入居に際しての特徴

　災害公営住宅への入居条件は、被災によって住宅を失ったことが前提となるが、各自治体において募集形態は異なっている。

4-1　仙台市の場合

　入居申し込み締切日時点で仙台市に住民登録のある方、または仙台市内で被災した方を申込可能とした。

　募集形態[23]として、防災集団移転事業対象の世帯(1,540世帯・借家人は除く、13地区の移転先対象)などを無抽選で確実に入居できる「優先入居」として募集、次に70歳以上のみの高齢者世帯、障害のある方がいる世帯、ひとり親世帯を「優先順位」とし、さらには「コミュニティ入居」(5世帯以上、震災前や応急仮設住宅でのコミュニティ単位)、そして「一般抽選」(世帯単位での「個別申込」と「グループ申込」(2〜4世帯))を実施した。抽選では困窮度の高い世帯から入居できるように当選確率を優遇し、優遇項目として「市内被災世帯」などを設けた。

4-2　石巻市の場合

　災害公営住宅を整備する計画の段階で募集の情報を知らせ、事前登録制度を採用した。市全体の安全を最優先し、堤防や盛り土の整備などが早く整備された住宅から優先的に登録した。応急仮設住宅は抽選でバラバラに入居することになったが、被災時の中学校区単位の地域の住宅を優先した。さらに、グループ入居も実施した。入居は住宅単位での申し込みを行い、抽選を実施した。ただし、半島沿岸部は抽選はなかった。

　入居までの流れは、部屋の抽選、説明、入居までに住民となる人の顔合わせの機会を設け、現地見学では、周辺地域の方に来てもらって地域の特徴説明や、行政委員等の紹介を行うというものである。最後に鍵を引き渡し、後述する団地会が発足する、という流れになっている。

4-3　気仙沼市の場合

　特に配慮が必要な世帯として、①防災集団移転協議会に参加している世帯、②震災前に住んでいた小学校区を希望する世帯、③震災後に転校し、同学校区での居住を希望する世帯、④その他身体障害者で車いす利用の単身世帯や身体障害者で全盲の人がいる世帯などを優先した。さらに、障害者または要

介護・要支援者や、未就学・義務教育の子どものいる世帯、単身高齢者や高齢者のみの世帯など、抽選倍率が優遇される世帯を設定し、希望が上回る地区については抽選を実施した。選考過程の透明性を確保するために、災害公営住宅への入居はすべて公開での抽選で行った。

5　入居後の団地生活について

応急仮設住宅などから災害公営住宅への生活の移行を円滑なものとするために、それぞれの自治体において、災害公営住宅に居住する住民の自治組織設立や運営のための支援が行われている。

5-1　仙台市の場合

集会所はほぼ整備された。既存の市営住宅にも原則、集会所はある。仙台市の場合は以前から自治会が集会所を設立することになっており、建設のための補助金を出し、土地を無償で貸与するなど整備に力を入れていた。

入居者の見守りなどのために、全団地で町内会が整備されている。町内会の規模は、100 世帯クラスは単独、20 世帯くらいであれば町内会の班に位置づけるなどした。新たな町内会の設立にあたっては、各区のまちづくり推進課の地域連携職員などがアドバイスした。

各区のまちづくり推進課、社会福祉協議会、周辺地域住民により、地域の受け入れ体制を作った。連合町内会で災害公営住宅の支援者協議会を立ち上げ、ウェルカムパーティなどを開催して歓迎するなどした。

5-2　石巻市の場合

自治組織である団地会の立ち上げを支援した。団地会の役割は、①住みよい住環境のためのルール作り、②敷地内美化、③共益費の集金・管理である。

団地会の立ち上げは、住宅の現地見学での顔合わせを兼ねており、集まった人のなかから班長を決めた。住宅の形態に合わせて班を決め、そのうえで 1 年任期となるその年の班長を決めた。入居者すべてが団地会員となる。

　入居後1〜2月後、班長での会合をひらき、会長・会計などの役割を決める。共益費をそこで検討して決めてもらい、その後、正式に団地会が立ち上がる。既存の市営住宅には団地会がないところも多く、共益費の支払いのために入居者の中から管理人を選んでもらっている程度である。

　入居する部屋が決まったあと、町内会長・民生委員・地域包括ケアの担当者なども来てもらい、近い人と両隣を知るためのイベントを実施した。町内会には、それらの歓迎のためのイベントを開催するための補助金を出した。

　新たに整備した新蛇田地区は1,265世帯の大規模な団地であり、周辺の町内会に入れないので、新しい町内会を作った。5地区のうち4つの町内会が設立した。大きい団地には集会所があるが、団地に集会所がない場合は、地元町内会と共同利用をめざしている。

　町内会運営がうまくいかないところもある。石巻市は、2005年に2市6町が合併したこともあり、町内会自体の考え方が町場と集落で違うなどといった課題がある。

5-3　気仙沼市の場合

　ほとんどの地域で自治会を整備した。新規設立は100戸を一つの目安にした。市全体で200程度自治会があり、既存自治会に組み入れるところもある。集会所は、50戸以上の団地を目安に、地元に集会所がないところは新たに整備した。防災集団移転と併設の場合は防災集団移転事業で整備した。

　入居者には説明会を開催し、地元住民を含めた顔合わせ交流会を実施した。既存の自治会に入る場合は自治会長に来てもらうなどした。

　地域づくり推進課で自治会設立のための準備を支援している。地域支援員が10名おり、2名1チームで担当している。また、生活支援については生活支援員(LSA)制度を導入しており、災害公営住宅の中に事務所を設けている。

6　災害公営住宅の一般化と将来予測について

　災害公営住宅については、空き戸が生じることもあり、一般公募をはじめ

た自治体も多い[24]。将来的には一般的な公営住宅として活用されることになる。

6-1　仙台市の場合

　一般公募は 2017 年 6 月から実施している。一般公営住宅は 9,000 戸近くあり、入居希望者の倍率の一番高いところは 100 倍を超えていた。そのため、国に申し入れて一般化した。2019 年 3 月末時点での被災者以外の延べ入居戸数は 188 戸である[25]。

　災害公営住宅家賃低廉化事業は管理開始から 20 年で終わる。一般の市営住宅となったあとも、建築から 60 年は維持する予定である。20 年間は国から補助があるが、残りの 40 年は市税投入になる。40 年分のコストを考えるとまちがいなく赤字になるが、それを覚悟で災害公営住宅を整備した。低所得者向けの家賃軽減策は 10 年目まで継続予定である（表 4-3）。

6-2　石巻市の場合

　被災者の意向をもとに災害公営住宅を整備したことにより、市が必要とする公営住宅の数をはるかに超えてしまった。将来的に供給過多になるのは確実である。また、震災後の資材の高騰により、もととなる家賃が高い。災害公営住宅に入居した方が家賃が高くなる場合もあり、入りたくても入れないケースもあった。

　入居後、施設に移る、亡くなる、退去するなどにより、空き戸の管理が課題になった。そのため、一般公募は 2019 年 3 月から開始された。一般化以前には災害公営住宅に入る要件を満たせず、行き場がなくて応急仮設住宅にいる人もいた。2019 年 3 月末時点での被災者以外の延べ入居戸数は 28 戸である[26]。今後は老朽化が進む既存市営住宅からの住み替えがはかられている。

　石巻市には被災を免れた民間の住宅が少ないため、震災後、仙台市などへ人口が流出する傾向に拍車がかかった（**図 4-4**）。家賃については低所得者向けは 10 年目以降も継続し、収入超過者についても割り増し賃をかけていない（表 4-3）。収入がある人も被災者には変わりないからではあるが、超過者

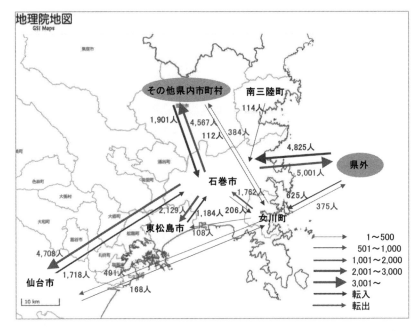

出所）「平成 27 年国勢調査結果」（総務省統計局）及び、国土地理院 web サイト（http://www.gsi.go.jp/）
　　　の白地図（http://maps.gsi.go.jp/development/ichiran.html）により作成。
注 1）　石巻市・女川町における、転出入数が 30 人以上の隣接する沿岸市町村と県庁所在地への移動数を
　　　示した。なお、2010 年と 2015 年における居住地の違いを転出・転入として表記しているため、5
　　　年以内に他地域に移動して元の地域に戻った場合には移動として集計されていない。
注 2）　石巻市と女川町間の転出入は重複するため、女川町から石巻市への移動を転出として整理した。
注 3）　「その他県内市町村」の転入者数の上位 3 市町村は、石巻市は登米市 305 人、大崎市 302 人、気仙
　　　沼市 149 人であり、女川町は多賀城市 15 人、大崎市 13 人、名取市 10 人である。
注 4）　「県外」の転入者数の上位 3 県は、石巻市は東京都 614 人、神奈川県 396 人、岩手県 369 人であ
　　　り、女川町は青森県 129 人、北海道 49 人、岩手県 49 人である。

図 4-4　石巻市・女川町の周辺地域における震災前後の居住地の変化（2010 年→ 2015 年）
　　　（三菱総合研究所 2018：49）

はコミュニティのリーダーになっている人もおり、割り増しにするとそうし
たリーダーも含め、人口が流出する可能性が高くなる。

6-3　気仙沼市の場合

　従前の市営住宅の管理戸数はおよそ 500 戸だったところが、2,000 戸以上
整備したために、およそ 2,600 戸になった。

　一般公募は 2017 年 8 月から行っている。2019 年 3 月末時点での被災者以外の延べ入居戸数は 176 戸である[27]。

　災害公営住宅家賃低廉化事業で補助金を 20 年は確保できるが、大規模修繕、解体の時期がいずれくる。市の一般財源だけではまかなえなくなってくることが予測されるため、国の想定よりも 30 年早い段階で解体することも視野に入れている（「災害住宅解体 30 年前倒し　気仙沼市方針、赤字回避へ独自試算」『河北新報』2020 年 9 月 8 日）。

　低所得者向け、収入超過者向け、いずれも 10 年目まで家賃軽減策を継続予定である（表 4-3）。

7　まとめ

　宮城県の災害公営住宅の最大の特徴は県営住宅がないことである。県営住宅を整備しなかったことについては市町への課題の押しつけであるとの批判もある[28]が、そのメリットとしては、住民との距離が近い当該自治体の既存のコミュニティ政策に、被災住民を組み込むことができることであろう。しかしながら、家賃の設定やその減免の継続などは各自治体の判断となるため、自治体間格差も生じることになり、その平準化が模索されていた。

　また、県営住宅を作らない方針であったことで政令指定都市である仙台市が実質的に県の肩代わりをするような形で各地の被災者を受け入れる役割を果たしており、被害の大きかった地域から仙台市への人口移動にも影響を与えたと考えられる。その意味で、仙台市においては、災害公営住宅の建設は被災者への住宅の供給という側面だけでなく、震災後の都市形成や人口配置のうえでも大きな役割を果たしたと考えられる。特に、2015 年 12 月に開業した地下鉄東西線の東部をはじめとする鉄道路線の活用や、中心市街地・新市街地への人口誘導といった側面もあり、都市計画の一貫としても整備されてきたことがわかる（図 4-1）。

　住宅供給後の課題としては、住民の意向に即した形で災害公営住宅を整備したことにより、いずれの自治体においても大量の公営住宅ストックを抱え、

将来の供給過多が予測されている。収入超過者や低所得者などへの被災者に対する家賃軽減策等の延長（表4-3）は、特に石巻市や気仙沼市など、震災後の人口減少が著しく、民間の住宅供給が不足している地方都市にとってはさらなる人口減少を防ぐためにも求められていることではあるが、災害公営住宅家賃低廉化事業（管理開始から20年間）や東日本大震災特別家賃低減事業（管理開始から10年間）といった国による復興交付金事業補助がなくなった場合、これらのランニングコストを引き受けるのも当該自治体とならざるをえない。

　すでに宮城県においては空き戸に伴って災害公営住宅の一般公募が進んでいるが、人口減少が予測されるほとんどの自治体において、新たに公営住宅を建設することは稀であった。今後は、古い公営住宅からの住み替えがはかられるだろうが、その過程で、既存の公営住宅入居者との住環境における格差が問題視されるようになることも予測される。

　コミュニティ形成支援については、被災から指定避難所生活・応急仮設住宅・あらたな災害公営住宅といったそれぞれの段階で住民組織の解体と再編を余儀なくされてきた住民に対し、それぞれの自治体において、災害公営住宅に居住する住民の自治組織設立や運営のための支援が行われていた。多様な被災者や被災者以外の住民が居住しはじめている実態があるなかで、はたして住民自治は機能しているのかどうか、住民相互の、あるいは近隣住民との良好な社会関係は形成されているのかについては、第Ⅱ部での入居者を対象とした質問紙調査結果から検討を行う。

注

1　宮城県（2020a，2020年11月10日公表）
2　宮城県土木部住宅課（2020）
3　調査内容は、①災害公営住宅の整備過程と現状、②災害公営住宅の供給にあたっての宮城県・国との連携、③被災住民の災害公営住宅への入居方法・過程、④災害公営住宅におけるコミュニティ形成の課題とそれらの課題に対する支援、⑤災害公営住宅における自治会（あるいは管理組合）組織の状況、⑥災害公営住宅の将来的な動向予測などであった。調査実施時期は、2018年9月3日（宮城県・仙台市）、4日（石巻市）、5日（気仙沼市）2019年9月9日（石巻市）、10日（気仙

沼市)、2020 年 9 月 16 日 (気仙沼市)、17 日 (石巻市) である。それぞれ、災害公営住宅を所管する担当者ならびに関係者へのヒアリングや意見交換を行うとともに、主な災害公営住宅を視察した。

4　「復興まちづくりチーム」は、2011 年 7 月 1 日付けで新たに設けられた「復興まちづくり推進室」に移行した (宮城県土木部住宅課 2020:33)。

5　宮城県土木部住宅課 (2020:33)

6　宮城県土木部住宅課 (2011:14)、宮城県土木部住宅課 (2020:44)

7　宮城県土木部住宅課 (2020:33)

8　宮城県 (2019)

9　宮城県土木部住宅課 (2011:18)、宮城県土木部住宅課 (2014)

10　宮城県 (2019)

11　一般社団法人みやぎ連携復興センター (2015)

12　宮城県 (2020a)

13　仙台市では災害公営住宅のことを「復興公営住宅」と呼称して整備している (仙台市、2017:265)。

14　ただし、気仙沼市は『河北新報』の表では低所得、収入超過とも◎だったが、市の担当者によれば○とのことで、ここでは○とした。

15　仙台市 (2017:265)

16　仙台市 (2017:278)

17　仙台市 (2017)

18　宮城県 (2020a)

19　石巻市では災害公営住宅のことを「復興公営住宅」と呼称して整備している。

20　石巻市 (2019)

21　石巻市 (2018:16)

22　宮城県 (2020a)

23　仙台市 (2017:274-275)

24　宮城県では、2019 年 3 月末時点で、登米市、松島町、大郷町を除く 18 市町で一般公募が開始されている (宮城県土木部住宅課, 2020:105)。

25　宮城県土木部住宅課 (2020:105)

26　宮城県土木部住宅課 (2020:105)

27　宮城県土木部住宅課 (2020:105)

28　福島 (2019)

第5章　福島県における災害公営住宅の供給過程

高木竜輔

1　はじめに

　福島県は地震・津波被害に加えて、福島第一原発事故による被害が生じた。地震・津波による直接死は 1,606 人、行方不明者等 225 名の人的被害に加え、全壊 15,435 戸、半壊 82,783 戸の住戸被害が発生した。それに加えて東京電力福島第一原子力発電所事故により周辺自治体には避難指示が出され、約 8 万人以上[1]が避難を強いられた。原発避難者は福島県内にとどまらず、全国各地へ広域に避難した。長期避難のなかでの 2,316 人の震災関連死が避難生活の過酷さを物語っている。

　このような被害状況が、福島県内における災害公営住宅の供給に大きな影響を与えている。福島県内では、地震・津波被災者向けの災害公営住宅に加え、原発避難者向けの災害公営住宅も供給された。後からも確認するが、その場合の特徴は、避難先に大量の原発避難者向けの住宅が供給されたことである。

　福島県における災害公営住宅は、岩手県や宮城県と比較するとどのような特徴を持っているのだろうか。本章では、福島県における災害公営住宅の供給過程と住宅の特徴について検討する。最初に福島県における災害公営住宅の供給体制について整理する。その後、原発避難者向けの災害公営住宅に限定し、その住宅の特徴について紹介してみたい。このような議論を踏まえて、岩手県や宮城県と比較した際の福島県の災害公営住宅の特徴を明らかにしてみたい。

2　福島県における災害公営住宅の概要

　福島県においては、津波だけでなく、原発事故による被害も生じている。そのため、津波による被災者と原発事故による避難者の両方に対して災害公営住宅が供給されている。その他、避難区域に指定されていた地域への帰還者向けの災害公営住宅も建設されている。なお、福島県では原発避難者向けの災害公営住宅を復興公営住宅と呼び、津波被災者向け住宅と区別している。以下、本稿でも福島県の使用法に倣うこととする。

　まずは福島県において整備された災害公営住宅の戸数を確認しておきたい。表 5-1 は福島県における災害公営住宅の建設戸数を建設立地地域別に見たものである。福島県の場合には津波被災者だけでなく、原発事故により避難している人、さらに元の町に戻った帰還者向けと、大きく分けて 3 種類の災害公営住宅が建設されている。これを見ると、多くの地域に災害公営住宅が建設されていることがわかる。津波被災地である浜通りだけでなく、内陸である中通りや会津にも災害公営住宅が建設されている。中通りにも地震で被災した被災者のための住宅が建設されているが、それ以上に目立つのが原発避難者向けの災害公営住宅の数の多さである。中通り・会津にも多くの原発避難者向けの住宅が建設されていることがわかる。

　それぞれの住宅の建設戸数についてその傾向を確認しておこう。津波被災者向けの災害公営住宅については全体で 2,807 戸が建設されている。これらは被災市町村が供給している。他方、原発避難者向けの復興公営住宅は基本的に県が供給主体となっている[2]。当初は全体で約 4,890 戸の建設が計画されたが、本稿執筆時点で 51 戸分が立地未定のまま建設が凍結され、72 戸は敷地が確保された上で建設が凍結されている。それらに帰還者向けの 686 戸を加えると 8,260 戸が建設ならびに建設予定である。

　帰還者向け災害公営住宅のなかには、帰還者だけが入居資格となる住宅に加え、再生賃貸住宅や子育て定住支援賃貸住宅が建設されている。前者は、帰還者だけでなく新規転入者も入居が可能な住宅であり、213 戸の建設が計画され、そのうち 147 戸は入居が始まっている (2020 年 10 月 31 日時点)。また

表5-1　福島県における建設立地自治体別にみた災害公営住宅の建設戸数

	立地自治体	地震・津波被災者向け	原発避難者向け	帰還者向け	再生賃貸住宅・ほか	合計	構成比
浜通り	いわき市	1,513	1,672			3,185	38.5%
	相馬市	398				398	4.8%
	南相馬市	350	927			1,277	15.5%
	広野町	62	58			120	1.5%
	楢葉町	141		17		158	1.9%
	富岡町			154		154	1.9%
	川内村		25		10	35	0.4%
	大熊町			92	40	132	1.6%
	双葉町			30	56	86	1.0%
	浪江町			111	80	191	2.3%
	葛尾村			11		11	0.1%
	飯舘村			38	15	53	0.6%
	新地町	129				129	1.6%
中通り	福島市		475		20	495	6.0%
	郡山市		570			570	6.9%
	白河市	16	40			56	0.7%
	須賀川市	100				100	1.2%
	二本松市		346			346	4.2%
	田村市		18		12	30	0.4%
	本宮市		61			61	0.7%
	桑折町	22	64			86	1.0%
	川俣町		120			120	1.5%
	大玉村		59			59	0.7%
	鏡石町	24				24	0.3%
	矢吹町	52				52	0.6%
	三春町		198			198	2.4%
会津	会津若松市		134			134	1.6%
合計		2,807	4,767	453	233	8,260	100.0%

注）データは2020年11月30日時点のものであり、建設中のものも含まれる。

出典：福島県「災害公営住宅（地震・津波等被災者向け）の進捗状況（平成29年7月31日時点）」、福島県「復興公営住宅（原子力災害による避難者向け）の進捗状況（平成31年2月末時点）」、福島県「災害公営住宅（帰還者向け）の進捗状況（令和2年11月30日時点」

後者は福島市が建設したもので、市外に避難している子育て世帯が市内へと戻るために国の福島定住等緊急支援交付金を活用して建設した住宅である。

　これら災害公営住宅について立地市町村ごとの特徴を見ると、第一にいわき市における建設戸数の多さが目立つ。津波被災者向けの災害公営住宅が 1,513 戸、原発避難者向けの復興公営住宅が 1,672 戸建設されており、合わせて 3,185 戸が建設されている。これは福島県内に建設された災害公営住宅の 38.5% に該当する。そのほか、南相馬市にも合わせて 1,277 戸建設されており、この 2 市に建設された災害公営住宅で全体の 54.0% を占めている。

　第二の特徴は、福島県中通りに原発避難者向けの復興公営住宅が多く建設されていることである。福島県は大まかに浜通り、中通り、会津の三地域に空間的に分けられるが、避難指示区域に指定されなかった中通り、会津にも多くの復興公営住宅が建設されている。その割合は原発避難者向け復興公営住宅全体の 43.7% になる。さらにみると、中通りではいろいろな自治体に建設されていることがわかる。郡山市や福島市のほか、全部で 10 の自治体に建設されている。それほど多くの地域に原発被災者が広域避難し、彼ら／彼女らの意向を踏まえた建設がなされた結果である[3]。

　第三の特徴は、複数の種類の災害公営住宅が立地している自治体が存在することである。いわき市や南相馬市、広野町などでは、地震・津波被災者向けの災害公営住宅と原発避難者向けの復興公営住宅の両方が整備されている。なかには、津波被災者向けと原発避難者向けが道一本を挟んで隣り合わせているところもある。

　以下では、今回の調査対象である原発避難者向けの復興公営住宅の特徴について説明していきたい。

3　復興公営住宅整備に向けた経緯

　復興公営住宅の建設については、2011 年 12 月から県庁内で整備に向けた動きが始まった。その後、2012 年 6 月の県議会で福島県知事は復興公営住宅の整備について答弁している。当初は避難先の市町村営の災害公営住宅と

して整備する方針だったが、避難元自治体からの要請を受けて県が事業主体
となって整備することとなった。そのため、福島県では津波被災者向けの災
害公営住宅を被災市町村が、原発避難者向けの復興公営住宅は県が整備する
こととなった。

　復興公営住宅の建設に際しては、仮の町に関する議論が一定程度影響して
いる。仮の町とは、ばらばらに避難を余儀なくされた原発被災者が避難先で
集まって長期間の避難生活を送るためのものであり、町外コミュニティなど
とも呼ばれる。原発事故直後、被災自治体の首長からその整備を要望する声
が上がった。これらを受けて福島県は2012年9月にその整備を検討するた
めの協議会を設置した（長期避難者等の生活拠点の検討のための協議会）。2013年
6月に2回目の協議会が開催され、その帰結として復興公営住宅の整備を中
心とした整備方針が定められた。一部の住宅団地においては診療所やサポー
トセンターなどが配置されているものもあるが、それは仮の町に関して検討
された結果である。

　整備計画の策定にあたっては、福島県が復興庁と避難元自治体とともに意
向調査を実施し、避難者の意向を踏まえて福島県内の各地の建設計画を立て
ている。立地場所についても県が建設する市町村に照会して確保している。
県は復興公営住宅の建設に際し、国の福島再生加速化交付金における長期避
難者生活拠点形成事業を活用している。

　復興公営住宅の場合には受け入れ市町村の意向も大きく関わってくる。津
波被災地においては被災者用の住宅を自らの自治体内に建設すればいいが、
原発避難者用の住宅は避難先に建設するからである。長期避難者等の生活拠
点の検討のための協議会においては、復興大臣や福島県知事、避難元自治体
の首長のほかに、受け入れ自治体の首長もメンバーとして参加している。ま
た協議会に基づく事務担当者会議の下には受け入れ自治体ごとに個別部会
が設定され、それぞれの単位で住宅地確保に向けた調整が行われている（図
5-1）。部会の構成のされ方が復興公営住宅の立地地域ごとに構成されている
のが大きな特徴である。

　用地交渉にあたっては受け入れ自治体の多様な関係者が関わっている。受

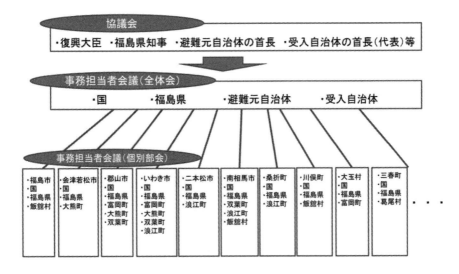

図 5-1　復興公営住宅の用地確保に向けた協議会の構成

出典：福島県 (2018a: 14)

け入れ自治体、避難元自治体に加え、住宅立地地区の代表者 (町内会長や区長 など) や地権者などとの協議が行われている。特に住宅を受け入れるに際し ては、周辺住民に与える影響なども考慮されている。そのほか用地取得に関 わる課税の特例措置も行われている[4]。

　以上、復興公営住宅の供給過程について紹介してきた。西田奈保子は福島 県内における災害公営住宅供給の特徴を 3 点にわたって指摘している[5]。第 一に、原発避難者向け災害公営住宅を整備したこと、第二に供給の責任主体 に占める県の割合が高いこと、第三に供給に時間に時間を要したこと、であ る。第一の点については 2012 年 3 月に施行された福島復興再生特別措置法 を根拠として原発避難者に対して災害公営住宅の供給が可能となった。第二 の点については、宮城県はすべて被災市町村が整備し、岩手県では県も供給 主体となっているが被災市町村分が多い。それに対して福島県では 6 割弱の 災害公営住宅を県が供給することとなった。第三の点については、復興公営 住宅は、津波被災者向けの災害公営住宅と比較して用地確保に時間がかかっ

ている。特にいわき市では災害復興に向けた住宅需要の高まりのなかで、一定規模以上のまとまった用地選定に苦慮している[6]。また、協議会においていわき市内における配分戸数の調整に時間がかかったことも理由としてあげられる[7]。

　復興公営住宅の整備に際しては基本的に県が担っているが、一部例外的な団地もある。例えば桑折町にある復興公営住宅は、避難先の桑折町が整備主体となっている。他方、福島市の飯野町団地に関しては避難元の飯舘村が整備主体となっている。

　2014 年 10 月には最初の復興公営住宅が郡山市内に建設された。福島県内では郡山市や会津若松市での建設・入居が先行し、その後いわき市での入居が開始された。南相馬市での入居が開始されたのは 2016 年と比較的遅い。本稿執筆時点で最後に入居が開始された復興公営住宅はいわき市内の勿来酒井団地と泉本谷団地である。

　復興公営住宅の整備については、2012 年からの 7 年間で 1,838 億円の費用がかかっている[8]。一戸あたり単純計算で 3,814 万円かかっていることになる。

4　復興公営住宅の特徴

　福島県内に整備された復興公営住宅は、集合形式の住戸に加え、戸建てや長屋形式の木造住宅も整備されている。集合住宅が 3,576 戸、木造住宅が 1,191 戸整備され、木造住宅は全体の 25.0% を占めている。また、他の県と同様、多くの集合住宅で高齢者向けの優先住宅が確保されている。主に一階部分に優先住宅が設置されている。

　他県と比較した復興公営住宅の第一の特徴は、比較的低階層の集合住宅が建設されたことである。多くの集合住宅は 3 ～ 5 階建てであり、最高でも 6 階建てとなっている。宮城県では 10 階以上の集合住宅が珍しくないのと比較すると、それは福島県の特徴である。

　第二の特徴は、団地ごとの設置戸数に幅が認められることである。最大団地はいわき市の北好間団地の 323 戸であり、南相馬市の北原団地の 264 戸、

南町団地の 255 戸など大規模な団地がある。他方で、10 戸程度の小規模住宅もある。

第三の特徴は、一部の団地において特定自治体からの避難者に限定した団地が用意されたことである。これも仮の町の議論の一貫であるが、たとえば、ある団地は募集対象を富岡町からの避難者だけとする、という具合にである。具体的には、勿来酒井団地は双葉町からの避難者を対象に募集されている。ただし、5 期までの募集が終了して空き住戸がある場合には、ほかの避難区域からの避難者にも対象が広げられている。

第四の特徴は、一部団地において診療所が併設されていたり、サポートセンターが併設されたことである。これは仮の町の議論に基づいて整備されたものであり、高齢者サポート拠点や診療所スペースを設置した団地がある。ただしそのような施設が併設された団地はごく一部である[9]。そのほか、避難元市町村の意向により、お祭りで使う山車の格納庫が敷地内に整備されたり、飲食店などが整備された団地もある。

5　入居に際しての特徴

復興公営住宅の入居要件について確認しておきたい。「福島県復興公営住宅入居募集のご案内」(第五期)には入居要件について次のように書かれている。①原子力災害により避難指示を受けている居住制限者、②住宅に困窮している方、③県税の滞納がない方、④過去に県営住宅に住んでいた場合、現在家賃の滞納がない方、⑤暴力団員ではない方。

①に関しては、第五期の募集段階においては、避難指示が出ている区域に居住していた方が対象である。具体的には富岡町、大熊町、双葉町、浪江町、飯舘村、南相馬市となっており、南相馬市に関しては避難指示を受けている区域に住んでいた人だけが対象である。②に関しては、復興公営住宅にすでに入居している方、避難先に住宅を所有している人は対象外となっている。そのため財物賠償などを受けて避難先で住宅再建している人は申し込むことはできない。ただし、自宅を所有している場合であっても、勤務先が遠く通

勤が困難である場合など合理的な理由がある場合には復興公営住宅への入居を認めている[10]。

　入居申し込みに際しては、高齢者や障がい者、妊婦を含む子育て世帯等に配慮するとともに、コミュニティ維持を目的としてグループ入居制度が導入されている。その場合、同じ避難元だけでなく、複数の市町村の避難者でもグループを組むことは可能となっている。

　復興公営住宅は避難先に建設されているが、避難者が入居する際には住民票を避難先に異動することは要件とはなっていない。住民票を動かさなくても、入居することは可能である。実際、筆者も関わった2017年に実施された福島県内の復興公営住宅を対象とした二回の質問紙調査では、多くの入居者が避難元の住民票を保持したままであり、動かすつもりはないと回答している[11]。

　上記でも述べた通り、入居対象者は当初富岡町ほか6市町村に限定されていたが、その後12市町村へと拡大している(広野町、楢葉町、川内村、葛尾村、田村市都路地区、川俣町山木屋地区)。さらにその後、自主避難等で県外へと避難している方が福島県内に戻る場合にも入居を認めている。ただし本稿執筆時点で入居対象は、原発事故で避難をしていない人、いわゆる一般住宅困窮者には開かれていない。福島県としては、居住制限区域が残っているなど避難者の帰還できる環境が整わないうちは避難者のために住宅を確保すべきであると考えている[12]。なお、2019年10月の台風19号被害に際して、緊急避難のための措置として、水害被災者へ一時的に復興公営住宅を提供している。

　復興公営住宅への入居に関してもう一つ述べておくべきことがある。それは原発被災者への賠償との関係である。原発被災者のなかで避難区域に指定された区域に土地や住宅などの不動産を所有している人は財物賠償を受けることができる。特に2013年度に設定された住宅確保損害では、避難元と避難先の財物価格の差を東京電力が補填できることになり、多くの避難者の避難先での住宅再建が進んだ[13]。

　このような財物賠償の存在は、多くの被災者が住宅を再建させることに向

かわせる。津波被災地ならば自らの資力のみで住宅を再建させないといけないが、原発事故の被災者の場合には資力がなくても財物賠償により住宅再建が可能となる。もちろん、避難区域に不動産を持っていなければ財物賠償は受けられない。また、世帯分離をした場合(例えば親世代と子世代がばらばらに避難しているような場合)には、どちらかの世帯しか財物賠償を受けられない。

　原発被災者の場合には津波被災者と比較してより多くの人が住宅を自力で再建することが可能となる。そのことは、復興公営住宅に入居する人は財物賠償を用いて自力再建ができなかった人が多く入居する、ということを意味する。もちろん資力があっても、その他の要因(年齢など)により復興公営住宅に入居するケースはあるだろうが、全体としては被災弱者が復興公営住宅に集約される可能性が高まっていると言える。

6　入居後の団地生活について

　入居後の生活に関して確認しておくと、福島県における特徴は三点ある。第一に、被災者見守りについて立地地域によりその態勢に大きな違いがあること、第二に社会福祉協議会による被災者見守りとは別にコミュニティ形成の取り組みが NPO に委託されて全県的に実施されていること、第三に、避難指示が出ている地域からの入居者に対しては家賃賠償がなされていること、である。順に確認していきたい。

6-1　生活支援相談員による見守り事業

　被災者の見守りについては、社会福祉協議会を中心に取り組まれている。福島県においても生活福祉資金貸付事業の枠組みのもとで生活支援相談員が各被災地に配置されている[14]。

　福島県においては原発事故によって広域に被災者が避難したため、その状況に合わせた生活支援相談員の見守り態勢が組まれている。原発避難者に対する見守りに対しては、避難元市町村の社協だけでなく、避難先の社協に対しても相談員が配置されていることである。とはいえ、福島県社会福祉協議

会によれば、原発事故による県内避難者の見守り訪問は原則として避難元の社会福祉協議会が訪問することになっている。自治体により避難者数に違いがあるため、避難先によって避難者の見守り訪問の態勢が異なる。場合によっては、避難元の社協が避難先の社協と協定を結び、避難先と避難元の社協が連繋して見守り訪問をすることもある。

6-2　みんぷくによるコミュニティ形成支援事業

　福島県においては 2015 年度から生活拠点コミュニティ形成事業がおこなわれている。これは、原発避難という状況を踏まえて、復興公営住宅へ入居した避難者のコミュニティづくりが大きな課題とされ、そのために福島県は国のコミュニティ復活交付金を活用した事業をおこなうものである。主な事業仕様として、復興公営住宅 50 戸に 1 人のコミュニティ交流員が配置され、入居者同士の交流や自治会発足支援、さらに団地周辺の住民との交流が目指された。

　福島県はみんぷくという県内の NPO 団体にこの事業を委託している。みんぷくは主に三段階でコミュニティ形成をおこなっている。第一段階は住民同士の関係づくりである。復興公営住宅の集会所にてみんぷくがお茶会などを企画し、住民同士のつながりづくりを促す。第二段階は自治会づくりである。イベントへ参加している入居者のなかから自治会活動に関わってくれそうな人に依頼し、自治会を発足してもらう。みんぷくは総会支援なども含めて自治会活動を支えている。第三段階は団地周辺の自治会とのつながりづくりである。

　ここで重要なのは、それぞれの団地における入居説明会でみんぷくが立ち会い、コミュニティづくり、自治会づくりに向けた動きをその段階から始めていることである。県による入居説明会ののち、みんぷく主催の交流イベントを行い、参加者の交流をおこなう。またそこでの住民のあいさつのなかから自治会長に向いている入居者を見つけ出し、声かけを行っている。

6-3　入居者に対する家賃賠償制度ならびに家賃支援事業

　家賃賠償制度とは、避難指示区域からの避難者が賃貸住宅に入居している場合に家賃を東京電力に請求できる制度であり、2018 年 3 月まで行われた。仮設住宅入居者は家賃がかからず、借り上げ住宅（みなし仮設）に入居している人は福島県から基準に従い家賃補助を受け取ることができる。避難指示区域からの避難者がそれ以外の家賃が発生する住宅に住んでいる場合に、東京電力から家賃が支払われるのが家賃賠償制度である[15]。

　2018 年 4 月からは福島県による家賃支援事業として始まった[16]。これは、避難指示区域からの避難者に対して福島県が家賃（共益費、管理費を含む）の補助を行う制度である。東京電力からの賠償が終了し、借り上げ住宅制度の終期が延長されたことと対応させるために導入された。2018 年度は富岡町、大熊町、浪江町、葛尾村、飯舘村の 6 町村の全域と南相馬市、川俣町、川内村の一部が対象者であり、借り上げ住宅制度と同じく入居者 4 人までが月 6 万円、5 人以上は 9 万円を上限として補助される。2020 年 4 月からは大熊町、双葉町に限り家賃支援がなされている。

　家賃賠償制度ならびに家賃支援事業は、福島県の原発避難者向けの復興公営住宅の入居者に対して家賃賠償ならびに家賃補助がなされることを意味する。岩手県、宮城県における災害公営住宅入居者は入居から一定期間は家賃が減額されるが（家賃低廉化事業）、それ以降は収入に応じて支払う必要がある。それに対して復興公営住宅においては、入居者の住宅地の避難指示区分に応じて家賃負担が少なくて済む。この点で、岩手県や宮城県の災害公営住宅入居者と置かれている状況が異なる。

7　まとめ

　これまで福島県内の災害公営住宅の供給体制と住宅の特徴について説明してきた。他県の特徴を踏まえながら、福島県の災害公営住宅の特徴について、4 点にまとめておきたい。

　福島県における災害公営住宅の大きな特徴は、第一に、原発避難者向けに

避難先に大量の住宅が供給されたことである。原発避難者が広域に避難し、そのことへの対応として被災地から遠く離れた地域に約5,000戸の住宅が供給された。岩手県でも沿岸部の津波被災者を対象とする住宅が、被災地から遠く離れた内陸の盛岡市などに建設されたが、ごく一部にとどまる。

　これに対応するために、第二の特徴として、市町村が地震・津波被災者向けの災害公営住宅を供給し、県が原発避難者向けの復興公営住宅を供給したことである。その背景には、避難先に大量に住宅を供給する時に、福島県には避難元自治体と避難先自治体との調整を行う役割が期待されたからである。原発避難者がいわき市や郡山市などへ避難し、それらの地域には応急仮設住宅などが建設された。加えて避難先で住宅を自力再建する避難者も多くおり、これらの地域では宅地需要が急激に高まった。いわき市や郡山市など避難先自治体で復興公営住宅を建設する上で、県には避難元と避難先の両者の意向を調整する役割が期待されたのである。

　第三の特徴は、見守り事業とは別に、復興公営住宅においてコミュニティ形成に向けた事業が行われていることである。広域避難した被災者が住宅内でコミュニティを形成するために、県が県内のNPOに事業を委託している。イベント開催や自治会形成促進などが、復興庁からの交付金に基づいて実施されているが、これほど大規模なコミュニティ形成支援は他県では行われていない。ただし、この事業はあくまで一時的なものであり、近い将来において終了する。また、多くの避難自治体の役場機能も元の場所へと戻っており、避難先にあるのはせいぜい出先の機能である。社会福祉協議会による見守りも難しくなってきている。将来において復興公営住宅のコミュニティが持続可能な形で維持されるかどうかが問われている。

　第四の特徴は、原発避難者向けの復興公営住宅では、家賃値上げの問題が他の県ほど顕在的になっていないことである。家賃賠償ならびに家賃支援事業の存在が大きい。ただし今後、家賃支援事業が終期を迎えると、他県同様に問題が顕在化する可能性がある。もちろん、福島県内の津波被災地区ではすでにこの問題が顕在化していることを確認しておく。

　本稿執筆時点ではまだ復興公営住宅は一般化されておらず、原発事故によ

る被災者以外に入居することはできない。しかし空き室も目立ち始めており、近い将来において一般化が始まる可能性は高い。その際に、避難者と一般入居者を含めたコミュニティ形成という、新たな課題が出てくることも予想される。

注

1　警戒区域ならびに計画的避難区域からの避難者が約 79,200 人である（関西学院大学災害復興制度研究所ほか 2015: 59）、それに緊急時避難準備区域からの避難者を加えると 10 万人を超えると思われる。

2　後述するように、一部の復興公営住宅は避難先市町村や避難元市町村が建設主体となっている。

3　復興庁は福島県、被災市町村とともに原発被災者に対する住民意向調査をおこない、復興公営住宅のニーズを繰り返し確認している。そのデータを踏まえて長谷川は、復興公営住宅への入居を希望する被災者の希望立地先について、避難先と関連していること、加えて役場機能を置いている自治体が希望される傾向にあること、の二点を指摘している。長谷川（2014: 61）を参照。

4　福島県（2018a: 15）

5　西田（2015: 276）

6　福島県（2018a: 14）

7　西田（2015: 281）

8　福島県（2018a: 13）

9　福島県（2018a: 20）。高齢者サポート拠点が整備されているのは二本松市の根柄山団地と石倉団地、三春町の平沢団地、いわき市の勿来酒井団地である。診療所スペースが整備されているのは、二本松市の石倉団地、いわき市の北好間団地と勿来酒井団地である。

10　2020 年 9 月 3 日　福島県建築住宅課への聞き取りから。

11　高木（2018）

12　2020 年 9 月 3 日　福島県建設住宅課への聞き取りから。

13　住宅賠償については除本（2019）を参照のこと。

14　茨木（2013: 62-3）

15　東京電力（2014）

16　福島県（2018b）

第Ⅱ部　災害公営住宅入居者の生活実態と課題

第6章　災害公営住宅入居者調査の概要

吉野英岐

1　調査の目的と既存研究

1-1　調査の目的

　東日本大震災後の住まいの復興のため、全国の8県でおよそ3万戸の災害公営住宅の整備が進められた。そのほとんどは岩手県、宮城県、福島県の被災3県に建設されたが、被災地域が広範囲にわたることから、被災3県で災害公営住宅が建設された自治体数は合計で66市町村に及んでいる。災害公営住宅は被災3県すべてに建設された地震・津波被災者向けの住宅と、福島県内のみに建設された原発事故の避難者あるいは帰還者向けの住宅に分かれている。地震・津波被災者向けの災害公営住宅は岩手県では県と市町村、宮城県では市町、福島県では市町村によって建設された。福島県内の原発事故の避難者向けの住宅はそのほとんどが県によって建設され、帰還者向けの住宅は市町によって建設された[1]。また建築形態は非木造の集合住宅形式が多くを占めているが、木造の戸建て形式や長屋形式の住宅もある。完成した時期も2012年から2020年にかけての9年間にまたがっており、入居してからの年数は住宅によって異なっている。東日本大震災からの復興にあたっては、このように多様な種類の災害公営住宅が建設された。

　東日本大震災後に供給された災害公営住宅（復興公営住宅）については、150件ほどの研究業績がだされている。その多くは建築学、住宅学、保健・医療・福祉学、都市計画・農村計画、都市政策、地理学分野の研究者による研究で、社会学や行政学分野での研究業績はあまり多くない[2]。また、災害公営住宅

の入居者を対象にした質問紙調査の報告としては、岩手県釜石市での調査（吉野 2017）、岩手県大槌町での調査（野坂・麦倉・浅川 2018）、福島県いわき市の津波被災者向けの災害公営住宅の調査（高木 2017）、福島県の原発避難者向けの災害公営住宅の調査（高木 2018）などがある[3]。これらの調査はいずれも一自治体または同一県内のいくつかの自治体に建設された災害公営住宅入居者を対象としたものであり、被災三県全体を対象とした大規模な調査はこれまで実施されてこなかった。

　そこで本研究プロジェクトでは、岩手県、宮城県、福島県の 3 県に建設された集合住宅形式の災害公営住宅の入居者（世帯主）を対象に、同一の調査票を用い、同一の時期に調査を実施する計画を立てた。調査の目的としては、災害公営住宅の入居者の全体的な状況を把握するとともに、県や立地自治体ごとに結果の分析を行い、データに基づいた状況分析と解決策の提示を行うことを目指した。さらに調査を通じて幅広く入居者の意見をきくことで、研究者・自治体・入居者間で居住をめぐる課題を共有し、その情報を今後の復興の役立てるとともに、将来生じる可能性のある災害からの復興で留意すべき点を明らかにすることを目指した。

2　調査の設計と項目

2-1　設　計

　災害公営住宅での生活や意識に関わる項目としては、設置自治体の政策や生活支援組織の存在、住宅管理方式といった制度的な項目がある。同時に入居者の履歴やソーシャルキャピタルの存在、立地地域の地域コミュニティ、住民リーダーといった地域や入居者の特徴にかかわる項目もある。今回の調査ではこうした項目と入居者の意識との関連性を明らかにすることを目指した。今回の調査では 3 県の建設された災害公営住宅から、どのような基準で調査対象を選定するかが大きなポイントになった。選定の考え方は以下のとおりである。建設された災害公営住宅のうち、復興の過程でさまざまな課題に直面する可能性の高い住宅様式として、都市的生活様式や居住様式をもつ

住宅を想定した。具体的には、市街地や周辺地域に比較的大規模な戸数で建設された非木造（RC造りまたはS造り）の集合形式の住宅である。これらの住宅は、沿岸地域で被災した方々の被災前の居住様式として多くみられる木造で戸建ての住宅の対極に位置する住宅である。被災者からみれば、気密性が高いドアひとつで区切られ、上下左右の隣接する住戸に他人が住んでいる空間構成、一戸建てではほとんどない3階以上での生活、廊下やエレベーターなどの共用部分の日常的な利用や管理など、生活する上で不慣れな点が多いことが予想され、それらがストレスを生む可能性があるのではないかと想定した。また一方、利便性の高い市街地での居住は被災者のこれまでの生活とは異なる意識や行動を生じさせることも想定した。そして最初はほとんど顔も名前も知らないような方々との近隣関係の構築や団地自治会の設立、立地地域である都市部の社会関係への順応などの面でも葛藤やストレスが生じるのではないかという点も想定した。こうした理由から多くの方々が被災後に初めて経験する市街地や周辺部分に建設された集合住宅を対象として、その住宅での生活の実態と課題点を把握することを目指した。

　また結果について統計的処理を行い、県別比較や自治体別比較を行うために一定数の回答者数を確保する必要があった。そこで、回収率を4割程度に見込み、各県での対象世帯数を2,000世帯以上に設定した。以上の要件を念頭に各県で3〜5市を対象に、原則として一団の団地で100戸以上の住戸をもつ団地の入居者（世帯主）の方々を対象にする方向で対象自治体および対象団地の選定作業を進めた。なお岩手県と宮城県では地震・津波により被災した方々のための住宅を対象にし、福島県では最も大きな課題になっている原発事故の避難者の方々のための住宅を選択した。

2-2　対象住宅

　調査対象自治体として、岩手県では津波の被害が大きく一定数の集合住宅が建設された沿岸部の市である宮古市、釜石市、大船渡市、陸前高田市を選定した。宮城県で被災自治体の人口が多い順に仙台市、石巻市、気仙沼市を選定した。福島県では沿岸部の市である南相馬市、いわき市、内陸の市であ

る福島市、二本松市、郡山市を選定した（**図6-1　図6-2　図6-3**）。

　次に各市で100戸以上の団地を探したが、岩手県の場合はリアス海岸と後背地の北上山地に挟まれた狭い区域に市街地があり、安全な場所で新規の住宅建設のために広い建設用地を確保することが困難であった。そのため、100戸を超える団地は釜石市に2団地、陸前高田市に3団地しか存在しない。そこで、市街地内で近接する団地を一団地の団地を見なして100戸以上になるようにグルーピングして対象とした。その結果、宮古市で10ヵ所、325

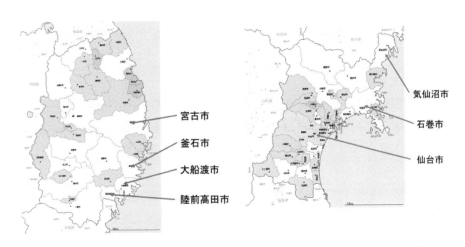

図6-1　岩手県の調査対象自治体　　　　**図6-2　宮城県の調査対象自治体**

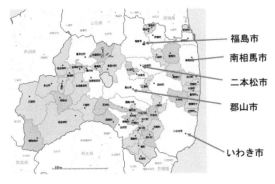

図6-3　福島県の調査対象自治体
https://uub.jp/map/

戸、釜石市で 11 ヵ所 937 戸、大船渡市で 10 ヵ所 410 戸、陸前高田市で 3 ヵ所 530 戸の合計 2,202 戸を対象とした。宮城県では 100 戸を超える団地が比較的多いため、3 自治体の建設戸数に比例して 2,000 戸を割り振り、その戸数を超えるように大規模団地から選定し、気仙沼市で 2 ヵ所 438 戸、石巻市で 6 ヵ所 1,002 戸、仙台市で 4 ヵ所 690 戸の合計 2,130 戸を対象とした。福島県でも 100 戸を超える団地が比較的多いため、大規模団地を中心に南相馬市で 4 ヵ所 746 戸、いわき市で 5 ヵ所 865 戸、内陸部の福島市で 1 ヵ所 134 戸、二本松市で 1 ヵ所 175 戸、郡山市で 2 ヵ所 202 戸、合計で 2,122 戸、3 県 12 市の合計で 6,454 戸を選定した。この数は全整備戸数約 3 万の 5 分の 1 強にあたる数である。

2-3　調査項目

　調査項目は 7 つの群で合計 48 問とした。①対象者の基本的属性：性別、年齢、同居人数、世帯形態、18 歳以下の子どもの同居の有無、居住自治体、最終学歴、同居の家族全体の去年 1 年間の収入、2019 年 11 月現在の就業状況、現在の職業、②現在の住宅と東日本大震災の影響：住宅の階数と住戸の位置、入居してからの期間、現在の住まいの間取り、東日本大震災による地震・津波による自宅の被害、震災当時の自宅のあった場所の状況、災害公営住宅に入居する主なきっかけを尋ねた。

　続いて、被災による入居者に限定した設問群として、③震災当時の生活状況：震災当時の住まいのあった自治体、震災当時の居住形態、震災当時の同居人数、震災当時の世帯形態、震災当時の就業形態、震災の被害状況、世帯分離の有無、復興感の状況、④団地に入居する直前の生活状況：団地に入居する直前の居住形態、団地に入居する直前の住まいのあった自治体、入居の納得感、現在の住宅の希望度合い、入居に当たって最も重視したこと、グループ入居の有無について尋ねた。その後は入居後の生活について尋ねる質問として、⑤近所づきあい（震災前の元の住まいの時と比べた近所づきあい、応急仮設住宅の時と比べた近所づきあい、現在の団地内の近所づきあい、団地周辺の人たちの近所づきあいへの評価、⑥現在の活動状況：住民組織への

加入状況、団地内の清掃活動への参加状況、団地内の交流活動への参加状況、1 階エントランス郵便受けでの名前の掲示状況、入居している団地での生活で困っていること、団地生活満足度、今後の団地居住意向、住居内や団地内の共用部分の使い勝手について尋ねた。

　さらに、入居者の健康状態および入居者を支える存在として、⑦健康状況と支える存在：自分自身または同居人の心身の状況、一緒にいてほっとする相手、生活上の困りごとの時に頼りにできる人、この 1 か月の健康状態について尋ねた。そのほか、団地内の整備や環境で使い勝手が悪い点や不満に思う点、公営住宅入居後の生活で困っていることや不満に思っていること、心配していることについて、自由回答方式で尋ねた。

3　調査の実施

　調査は各地での調整を経て、2019 年 11 月に実施した。調査票の配布は郵便受けに投函するポスティング方式で行った。回収は郵送で行い、調査期間 2019 年 11 月 14 日〜 12 月 16 日であった。全体の回収数は 2,369 世帯、有効回収率は 36.7% であった。県別にみると岩手県で 917 世帯、41.6%、宮城県では 725 世帯、34.0%、宮城県では 727 世帯、34.3% であった。自治体別にみると、岩手県では宮古市が 151 世帯、46.5%、釜石市が 393 世帯、41.9%、大船渡市が 140 世帯、34.1%、陸前高田市が 393 世帯、41.9% だった。宮城県では気仙沼市が 142 世帯、32.4%、石巻市が 360 世帯、35.9%、仙台市が 223 世帯、32.3% であった。福島県では南相馬市が 276 世帯、37.0%、いわき市が 240 世帯、27.7%、福島市が 62 世帯、46.3%、二本松市で 59 世帯、33.7%、郡山市が 87 世帯、43.1% であった。

　なお回答者には東日本大震災による被災者 (津波被災者・原発避難者) のほかに、復興事業の代替住宅・一般公募・台風災害や火災等によって災害公営住宅に入居した方も含まれる。設問によっては、被災者に限定してきいている設問もあり、今後の分析は被災によって入居した方々に絞って行うこととした。なお、入居者全員を対象にした設問については、回答者全体と被災者の

表6-1　自治体ごとの回収率と被災者率

	対象戸数	団地数	団地当り平均戸数	配布数(a)	無効票	全回答者数 有効票(b)	有効回収率 (b/a*100)	被災者数 有効票(c)	被災者率 (c/b*100)
岩手県	2,412	45	53.6	2,202	12	917	41.6%	882	96.2%
宮古市	341	10	34.1	325		151	46.5%	146	96.7%
大船渡市	467	9	51.9	410		140	34.1%	135	96.4%
陸前高田市	619	3	206.3	530	12	233	44.0%	217	93.1%
釜石市	985	23	42.8	937		393	41.9%	384	97.7%
宮城県	2,274	12	189.5	2,130	1	725	34.0%	696	96.0%
仙台市	734	4	183.5	690	1	223	32.3%	213	95.5%
石巻市	1,080	6	180.0	1,002		360	35.9%	352	97.8%
気仙沼市	460	2	230.0	438		142	32.4%	131	92.3%
福島県	2,456	13	188.9	2,122	1	727	34.3%	706	97.1%
福島市	152	1	152.0	134		62	46.3%	62	100.0%
郡山市	220	2	110.0	202		87	43.1%	87	100.0%
いわき市	1,007	5	201.4	865	1	240	27.7%	226	94.2%
二本松市	200	1	200.0	175		59	33.7%	57	96.6%
南相馬市	877	4	219.3	746		276	37.0%	274	99.3%
NA/DK						3		3	
合計	7,142	70	102.0	6,454	14	2,369	36.7%	2,287	96.5%

注　岩手県内の団地数は敷地が隣接しない場合でも同じ住宅名で1号棟・2号棟となっている場合は1団地として数えた。ただし釜石市の大町1号、大町2号、上中島Ⅰ期、上中島Ⅱ期のように、団地名が同じでも敷地が隣接しておらず、号棟の番号としてではなく、独立した住宅の番号を意味している場合はそれぞれを1つの団地として数えた。

みの両方の結果を示す（表6-1）。

　入居者全体を対象にした調査結果の報告については、2020年3月に結果概要を設置自治体に知らせるとともに、マスコミ各社にむけた記者発表を行った。さらに2020年7〜10月にかけて県および設置自治体の担当部署を訪問し、結果を開示し、その背景について意見交換を行った。さらに対象者の方々には結果概要版を作成して、9月〜10月に全世帯にポスティングを行った。

4　回答者の属性

　ここでは被災による入居者の回答結果を示し、全回答者の結果を（　）内で示す（以下、特に断りのない限り同様）。まず回答者の性別をみると、全体では男性が50.4％（50.4％）、女性が49.6％（49.6％）で男女ほぼ同じ数であった。

表 6-2　性　別

		性別		
		男性	女性	合計
岩手県	全回答者	48.0%	52.0%	915
	被災者	47.7%	52.3%	880
宮城県	全回答者	50.4%	49.6%	713
	被災者	50.9%	49.1%	684
福島県	全回答者	53.6%	46.4%	717
	被災者	53.4%	46.6%	699
合計	全回答者	50.4%	49.6%	2,345
	被災者	50.4%	49.6%	2,263

　県別にみると岩手県では男性 47.7％（48.0％）、女性 52.3％（52.0％）とやや女性が多く、宮城県では男性 50.9％（50.4％）、女性 49.1％（49.6％）とほぼ同数、福島県では、男性 53.4％（53.6％）、女性 46.6％（46.4％）と男性のほうが多かった（**表 6-2**）。

　年代別にみると、どの県も最も多いのは被災者、全回答者とも 70 歳代でいずれも 30％以上あった。一般企業や公務員の定年である 60 歳を境目に考えると、60 歳以上の割合は全体では 76.2％（76.2％）、岩手県 75.6％（75.1％）、宮城県 77.4％（76.2％）、福島県 78.0％（77.7％）となり、4 分の 3 は退職世代の高齢者である（**表 6-3**）。

　被災入居者の震災当時の住まいをみると、一戸建ての割合は 64.7％でほぼ 3 分の 2 に達する。福島県は 72.5％と割合が高く、宮城県よりも 20 ポイント高い（**表 6-4**）。

表 6-3　年　代

		年代					
		40 代以下	50 代	60 代	70 代	80 代以上	合計
岩手県	全回答者	11.6%	13.3%	21.5%	30.4%	23.2%	912
	被災者	11.3%	13.1%	21.3%	30.7%	23.6%	877
宮城県	全回答者	12.2%	11.6%	27.1%	33.0%	16.1%	706
	被災者	10.9%	11.7%	27.3%	33.7%	16.4%	677
福島県	全回答者	11.5%	10.8%	25.1%	30.6%	22.0%	713
	被災者	11.2%	10.8%	25.0%	30.8%	22.2%	695
合計	全回答者	11.8%	12.0%	24.3%	31.2%	20.7%	2,331
	被災者	11.2%	12.0%	24.3%	31.6%	21.0%	2,249

表 6-4　震災当時の住まい

| | | 震災当時の住まい | | | | | | |
		一戸建て住宅	分譲マンション	民間賃貸住宅・アパート	公的賃貸・雇用促進	社宅・官舎・寮	その他	合計
岩手県	被災者	68.1%	0.5%	23.0%	7.5%	0.8%	0.1%	857
宮城県	被災者	52.4%	2.1%	39.3%	4.3%	1.3%	0.6%	670
福島県	被災者	72.5%	0.1%	14.5%	11.5%	0.7%	0.6%	684
合計	被災者	64.7%	0.9%	25.3%	7.8%	0.9%	0.4%	2,211

　現在の家族構成をみると、単身世帯の割合は 49.5％（49.1％）でほぼ半数を占めている。なかでも福島県は 54.7％（54.2％）と割合が高く、宮城県よりも10 ポイント程度高い。被災入居者のみで比較してみると現在の単身世帯率は全体で 49.1％、岩手県で 49.0％、宮城県で 44.3％、福島県で 54.2％であったが、震災当時の単身世帯率は全体で 24.7％、岩手県で 24.2％、宮城県で22.8％、福島県で 27.2％であり、震災後に単身世帯率がいずれの県でも大幅に増加していることがわかる。このことから被災による単身化や世帯分離が進んでいることがわかる（**表 6-5、表 6-6**）。

　就業形態をみると正規職員（民間＋公務員）は全体では 11.9％（12.3％）で 1割強にすぎず、無職が 65.6％（64.7％）を占めている。とくに福島県は 76.8％

表 6-5　現在の世帯構成

| | | 現在の世帯構成 | | | | | |
		単身世帯	夫婦のみ	核家族世帯	三世代	その他	合計
岩手県	全回答者	49.0%	22.6%	19.0%	1.1%	8.5%	907
	被災者	49.4%	22.4%	18.3%	1.1%	8.8%	872
宮城県	全回答者	44.3%	24.9%	21.9%	2.4%	6.5%	716
	被災者	44.4%	25.5%	21.4%	2.5%	6.5%	687
福島県	全回答者	54.2%	23.2%	13.7%	1.0%	7.9%	716
	被災者	54.7%	22.8%	13.5%	0.9%	8.1%	698
合計	全回答者	49.1%	23.5%	18.3%	1.5%	7.6%	2,339
	被災者	49.5%	23.3%	17.8%	1.5%	7.6%	2,257

表 6-6　震災当時の世帯構成

| | | 震災当時の世帯構成 | | | | | |
		単身世帯	夫婦のみ	核家族世帯	三世代	その他	合計
岩手県	被災者	24.2%	22.4%	22.5%	11.9%	19.1%	850
宮城県	被災者	22.8%	25.5%	23.9%	10.1%	17.7%	666
福島県	被災者	27.2%	18.0%	18.7%	15.3%	20.8%	668
合計	被災者	24.7%	22.0%	21.7%	12.4%	19.2%	2,184

表 6-7　現在の雇用形態

| | | 現在の雇用形態 | | | | | | | |
		正規職員 (民間)	正規職員 (公務員)	パート・ アルバイト	嘱託・契約・ 派遣等	自営業主・ 会社役員	家族従業員	その他	無職	合計
岩手県	全回答者	13.1%	0.7%	14.9%	5.8%	6.9%	1.0%	0.1%	57.5%	835
	被災者	12.7%	0.6%	15.2%	5.3%	6.8%	1.0%	0.1%	58.3%	873
宮城県	全回答者	12.9%	0.1%	14.2%	6.2%	3.4%	0.6%	0.1%	62.4%	655
	被災者	12.7%	0.1%	13.8%	5.7%	3.6%	0.6%	0.1%	63.4%	669
福島県	全回答者	9.3%	0.4%	6.9%	3.5%	2.8%	1.0%	0.0%	76.1%	684
	被災者	8.7%	0.4%	6.8%	3.4%	2.8%	1.0%	0.0%	76.8%	702
合計	全回答者	11.9%	0.4%	12.2%	5.2%	4.6%	0.9%	0.1%	64.7%	2,174
	被災者	11.5%	0.4%	12.2%	4.8%	4.6%	0.9%	0.1%	65.6%	2,244

表 6-8　現在の世帯収入

| | | 現在の世帯収入 | | | | | |
		100 万円未満	100-200 万円	200-400 万円	400-600 万円	600 万円以上	合計
岩手県	全回答者	26.3%	35.2%	33.1%	4.4%	1.0%	833
	被災者	26.7%	35.7%	32.3%	4.4%	1.0%	799
宮城県	全回答者	24.4%	32.3%	38.1%	4.8%	0.5%	648
	被災者	24.3%	32.0%	38.3%	5.0%	0.3%	621
福島県	全回答者	32.8%	32.8%	29.2%	3.6%	1.7%	638
	被災者	33.5%	33.2%	27.9%	3.7%	1.8%	621
合計	全回答者	27.7%	33.6%	33.5%	4.3%	1.0%	2,119
	被災者	28.0%	33.8%	32.8%	4.4%	1.0%	2,041

（76.1%）と高く、4 人に 3 人は無職である（**表 6-7**）。

　世帯収入については 100 万円未満が全体で 28.0%（27.7%）、200 万円未満では 61.8%（61.3%）に達する。400 万円未満までだと 94.6%（94.8%）に達し、ほとんどの世帯が 400 万円に達していない（**表 6-8**）。

　調査時点での入居してからの期間は「2 〜 4 年」がどの県でも最も多く、全体では 54.5%（53.0%）になっている。ただ住宅が早く整備された宮城県では「4 年以上」が 41.6%（40.0%）と高く、岩手県の 29.8%（29.2%）、福島県の 11.6%（11.3%）を引き離している（**表 6-9**）。

　入居の理由は「地震・津波で被災した」が岩手県で 99.9%（96.1%）、宮城県で 99.9%（95.9%）とほとんどを占めている。福島県では「原発事故で避難した」が 93.9%（91.6%）とほとんどを占めている。しかし空き室解消のために、岩手県と宮城県では被災者に限定しない一般公募（おもに住宅困窮者）の入居を始

表 6-9　居住年数

| | | 居住年数 | | | | | | |
		3 か月未満	3 か月以上 6 か月未満	6 か月以上 1 年未満	1 年以上 2 年未満	2 年以上 4 年未満	4 年以上	合計
岩手県	全回答者	1.9%	2.1%	4.8%	7.4%	54.4%	29.2%	913
	被災者	0.9%	1.6%	3.3%	7.6%	56.7%	29.8%	878
宮城県	全回答者	0.7%	1.6%	1.4%	5.8%	50.5%	40.0%	707
	被災者	0.3%	1.2%	0.9%	4.7%	51.3%	41.6%	678
福島県	全回答者	3.8%	1.5%	4.5%	25.4%	53.5%	11.3%	714
	被災者	1.4%	1.4%	4.6%	26.0%	54.9%	11.6%	696
合計	全回答者	2.1%	1.8%	3.7%	12.4%	53.0%	27.0%	2,334
	被災者	0.9%	1.4%	3.0%	12.4%	54.5%	27.8%	2,252

表 6-10　入居の理由

| | | 入居の理由 | | | |
		地震・津波で被災した	原発事故で避難した	その他	合計
岩手県	全回答者	96.1%	0.1%	3.8%	917
	被災者	99.9%	0.1%	0.0%	882
宮城県	全回答者	95.9%	0.1%	4.0%	725
	被災者	99.9%	0.1%	0.0%	696
福島県	全回答者	5.9%	91.6%	2.5%	727
	被災者	6.1%	93.9%	0.0%	709
合計	全回答者	68.3%	28.2%	3.4%	2,369
	被災者	70.8%	29.2%	0.0%	2,287

めている。また突発的な水害や火災などで一時的に災害公営住宅に入居する
事例は各県にあり、それが「その他」としてカウントされている (**表 6-10**)。

　被災による入居者の震災時の居住自治体については、岩手県と宮城県は現
在の住宅が立地している自治体である割合が仙台市を除いて 9 割を超えてい
る。仙台市は仙台市以外の地域で被災し、仙台市内に建設された応急仮設住
宅に入居している方々も応募できるようにしたため、仙台市以外の出身者が
存在する。福島県の場合は、沿岸自治体から内陸部に避難し、そのままその
自治体に建設された住宅に入居する割合が高い。そのため、福島市と二本松
市の調査対象住宅ではそれぞれ 72.7%、92.9% が浪江町の出身者である。郡
山市では富岡町出身者が、南相馬市では浪江町出身者がそれぞれ 5 割を超え
ている。震災時の住宅形態については、震災当時の住宅が一戸建てだった

表 6-11　　震災当時の居住地

災害公営住宅の所在地	震災当時の居住地の一位	割合	実数
宮古市	宮古市	92.9%	130
大船渡市	大船渡市	93.2%	123
陸前高田市	陸前高田市	97.2%	207
釜石市	釜石市	92.0%	343
仙台市	仙台市	79.2%	163
石巻市	石巻市	98.8%	343
気仙沼市	気仙沼市	100.0%	129
福島市	浪江町	72.7%	40
郡山市	富岡町	51.2%	42
いわき市	富岡町	39.0%	80
二本松市	浪江町	92.9%	52
南相馬市	浪江町	55.0%	143

割合は全体で 64.7％であった。特に福島県では 72.5％、岩手県では 68.1％と高かった。被災入居者の震災時の単身世帯の割合は全体で 24.7％、岩手県で24.2％、宮城県で 22.8％、福島県で 27.2％と、やや福島県で多かったが大きな差はなかった（**表 6-11**）。

　最後に、現在の住宅への入居時の納得感（被災による入居者のみに質問）については、「納得して入居した」が全体で 67.7％となっており、入居者の 3 分の 2 は納得して入居している。県別には宮城県が最も高く、73.1％と 7 割を超えているが、福島県は 59.6％と 6 割に届かず、逡巡した様子がうかがえる（**表 6-12**）。

表 6-12　入居の納得感

		入居の納得感		
		納得して入居した	納得はしていないが入居した	合計
岩手県	被災者	69.9%	30.1%	857
宮城県	被災者	73.1%	26.9%	661
福島県	被災者	59.6%	40.4%	661
合計	被災者	67.7%	32.3%	2,179

5　まとめ

　災害公営住宅の震災による入居者（世帯主）のプロフィールをまとめる。年代別では3県とも最も多いのは70歳代でいずれも30％以上あった。また60歳以上を加えるといずれも4分の3に達しており、高齢率が高い。さらに調査時点での単身世帯の割合は全体で49.1％となり、ほぼ半数を占めている。県別にみると岩手県で49.0％、宮城県で44.3％、福島県で54.2％となっており、福島県における単身者割合が岩手県、宮城県よりも高くなっている。震災当時（被災前）の単身世帯率は全体が24.7％、岩手県24.2％、宮城県22.8％、福島県27.2％で、震災後に単身世帯率がいずれの県でも大幅に増加していることがわかる。このことから被災による単身化や世帯分離が進んでいると思われる。

　被災による入居者の震災当時の住まいは、一戸建てが64.7％でほぼ3分の2に達する。福島県は72.5％、岩手県では68.1％と高く、宮城県は福島県より20ポイントも低い。

　調査時点での入居してからの期間は「2〜4年」がどの県でも最も多く、全体では54.5％になっている。ただ住宅が早く整備された宮城県では「4年以上」が41.6％あり、岩手県の29.8％、福島県の11.6％に比べて、居住期間が長いことが明らかになった。入居者の震災時の居住自治体については、岩手県と宮城県は現在の住宅が立地している自治体である割合が仙台市を除いて9割を超えている。福島県の場合は、沿岸自治体から内陸部に避難し、そのままその自治体に建設された災害公営住宅に入居する割合が高い。

　就業形態をみると正規職員（民間＋公務員）は全体では11.9％で1割強にすぎず、無職が65.6％を占めている。とくに福島県は76.8％と高く、4人に3人は無職である。世帯収入については100万円未満が全体で28.0％、200万円未満では61.8％に達する。400万円未満までに94.6％が入り、ほとんどの世帯の年間収入が400万円に達していない。

　現在の住宅への入居時の納得感については、「納得して入居した」が全体で67.7％となっており、入居者の3分の2は納得して入居している。県別には宮城県が最も高く、73.1％と7割を超えているが、福島県は59.6％と6割

に届かず、逡巡した様子がうかがえる。

　これらのことから、災害公営住宅に入居した被災者の多くは高齢で単身入居しており、世帯収入は 200 万円未満が 6 割強、世帯主の 3 分の 2 が無職という状況であった。近所づきあいの状況や復興感・団地生活満足度およびそれらの関係性については、次章以降で詳述する。

注

1　原発避難者向けの災害公営住宅を整備した市町村は、飯舘村、本宮市、桑折町、川俣町、大玉村（県代行）、葛尾村、川内村である。

　福島県「復興公営住宅（原子力災害による避難者のための住宅）平成 31 年 2 月末時点」https://www.pref.fukushima.lg.jp/uploaded/attachment/315138.pdf

　帰還者向けの災害公営住宅を整備した市町村は、飯舘村、浪江町、富岡町、楢葉町、葛尾村、帰還者向けの再生賃貸住宅を整備した市町村は、田村市、飯舘村、浪江町である。このほか福島市は子育て定住支援賃貸住宅を建設している。

　福島県建築住宅課「災害公営住宅（帰還者向け）の進捗状況（平成 29 年 3 月 31 日時点）」https://www.pref.fukushima.lg.jp/uploaded/attachment/210886.pdf

2　国立情報学研究所（NII）の論文検索データベース・サービス（CiNii）による災害公営住宅または復興公営住宅を検索語にした論文検索結果による（2021 年 1 月 17 日実施）。なお上記の検索以外に、本研究プロジェクト参加者による研究業績としては西田奈保子（2019）、吉野英岐（2018、2019）がある。

3　岩手県釜石市での調査は 2017 年 1 月に釜石市内の 27 団地の入居者に対してポスティング配布、郵送回収形式で実施された。配布数は 676 世帯 1,061 票、回収数は 312 世帯 456 票で、回収率は世帯では 46.2％、個人では 43.0％である。岩手県大槌町での調査は 2016 年 12 月〜 2017 年 1 月に大槌町内の災害公営住宅入居世帯 419 戸に対して個別面接法および郵送回収法の併用で実施された。回収数は 156 票、回収率は 24％である。福島県いわき市の津波被災者向けの災害公営住宅の調査は、2015 年 11 月にいわき市内の 6 団地の入居者に対してポスティング配布、郵送回収形式で実施された。配布数は 458 票、回収数は 282 票、回収率は 61.6％である。福島県の原発避難者向けの災害公営住宅の調査は、2017 年 1 月に福島市、会津若松市、郡山市、いわき市内の 5 自治体 14 団地の災害公営住宅入居者に対してポスティング配布、郵送回収形式で実施された。配布数は 661 票、回収数は 354 票、回収率は 53.6％である。

第7章 災害公営住宅におけるコミュニティ形成と 復興感

高木竜輔・内田龍史

1 はじめに

1-1 災害公営住宅と孤独死

　震災10年の地点から被災地を見ると、土地区画整理事業が進み、災害公営住宅の建設はほぼ完了した。土地区画整理事業地での住宅建設が遅れており、また、当初予定していた地権者がそこに住宅を建設しないなどの問題がある。災害公営住宅については多くの地域で入居が始まり、岩手県、宮城県では一般化、つまり被災者ではない人の入居も始まっている。

　ただし、東日本大震災の被災者が生活再建を遂げるためには、住宅や仕事の再建だけでなく、人間関係の再構築も大きな課題であり、それへの対応も求められている。新たな住宅に入居してもそれで復興が成し遂げられないことは、阪神・淡路大震災の被災地の経験が物語っている。そこでは多くの孤独死が発生し、社会問題化した。応急仮設住宅地内の診療所で被災者を診てきた医師の額田勲は、孤独死を「低所得で、慢性疾患に罹病していて、完全に社会的に孤立した人が、劣悪な住居もしくは周辺領域で、病死および、自死に至る時」と定義した[1]。塩崎賢明は孤独死について、応急仮設住宅や災害公営住宅という住まいがそれを助長していると説く[2]。抽選方式により入居者が決定されるため、指定避難所から応急仮設住宅、さらに災害公営住宅へと移動するたびにコミュニティが崩壊することの問題を指摘している。

　孤独死という社会問題に対して見守りなどの政策的対応が取られるようになり、東日本大震災でも社会福祉協議会やNPO・ボランティアなどによる

見守り活動が行われている。ただし額田は、これらボランティアを中心とする安否確認が孤独死防止に決定的な役割を果たすわけではなく、重要なのは住民相互の持続的な人間関係であることを強調している[3]。

1-2　コミュニティ形成の必要性

　このように、災害公営住宅で発生する孤独死の問題は、コミュニティの喪失が大きな原因だといえる。塩崎はその原因を単線型住宅復興に求めている。つまり、指定避難所、応急仮設住宅、災害公営住宅という住宅復興のなかで、震災前の地域コミュニティが分断され、その結果としてさまざまな問題が生じているという[4]。孤独死はその象徴的な出来事である。

　阪神・淡路大震災からの復興において孤独死の問題が注目されたため、それ以降の災害復興においてコミュニティ形成の重要性が指摘されている。それは、研究者や民間の支援団体だけでなく、行政も指摘している。東日本大震災においても被災者間のコミュニティ形成のためにさまざまな補助メニューが設定されている。

　果たして、東日本大震災後に建設された災害公営住宅において、コミュニティ形成はどれほど進んでいるのだろうか。そこにどのような課題があるのだろうか。

　もう一つ重要なのは、災害公営住宅入居者の復興感である。もう一度、塩崎の単線型住宅復興論に戻ると、災害公営住宅という住宅再建が完了したタイミングにおいてさまざまな課題が出てくることをどのように捉えればいいのか。孤独死などの問題が出てくるということは、少なからず一定の割合で災害公営住宅に入居したことが自らの復興を感じることのできない被災者がいることを意味する。つまり、住まいだけでは被災者は復興しない。果たして、災害公営住宅の入居者がどれくらい自らの復興を感じることができているのだろうか。

　そもそも被災者が復興を感じるためには、住まいや仕事だけでなく、人間関係も重要であることが先行研究から指摘されている[5]。そのように考えると、災害公営住宅においていかにして人間関係を再構築するか、言い換える

とコミュニティづくりが大きな課題であるといえよう。このことは、額田が
孤独死を防ぐために指摘した住民相互の持続的な人間関係の構築の必要性と
一致する。

1-3　本章の課題

　本章では、災害公営住宅入居者のコミュニティ形成と復興感について見て
いく。災害公営住宅における被災者の人間関係はどうなっているのだろうか。
さらに入居者の復興感を考える上で、人間関係がどれだけ重要なのだろうか。
これらの点について、質問紙調査の結果を見ていくことにしたい。2節では
災害公営住宅におけるコミュニティ形成の状態を見る。団地における人間関
係や行事への参加、そもそも震災での人間関係の変化をどのように捉えてい
るのか、など確認したい。3節では団地における居住意向を確認するととも
に、そのことがコミュニティ形成とどのような関係にあるのかを見ていく。
4節では入居者の復興感を確認する。結論からいえば災害公営住宅の入居者
の多くはまだ復興を感じることができていない。どのような入居者が復興を
感じることができていないのか。さらにコミュニティ形成と復興感との関係
についても見ていく。最後の5節では、これらの分析結果を踏まえて、今後
の災害公営住宅のコミュニティ形成において求められることについて考えて
いきたい。

2　災害公営住宅におけるコミュニティ形成

　ここでは、岩手、宮城、福島三県の災害公営住宅入居者の人間関係につい
て、調査結果を紹介していきたい。具体的には、入居者は団地内でどのよう
な人間関係を構築し、団地内のイベントに参加しているのか。また、団地住
民同士の共助の感覚がどれほど持たれているのか。そもそも入居者は震災に
よる人間関係の変化をどのように見ているのか。これらの点について、分析
結果を紹介したい。

2-1　団地内における人間関係

　最初に確認するのは団地内における人間関係である。調査では「あなたは同じ団地の方と、どのようなおつきあいをされていますか」と尋ね、「交流はない」「顔を知っている程度」「たまに立ち話をする程度」「お互いの家を行き来する程度」「一緒に外出する程度」の5段階で回答してもらった。ここでは、「たまに立ち話をする程度」以上のつながりおいて一定の団地内関係ができていると考える。他方で、「交流はない」「顔を知っている程度」は、団地内において人間関係ができていないと考えることができるだろう。**表7-1**はその結果である。

　調査の結果からは、多くの災害公営住宅入居者は一定の人間関係を築けているが、他方で3人に1人は団地内で人間関係を築けておらず、特に福島県においてその割合が高いことが明らかになった。三県全体でみると、63.6%の入居者が「たまに立ち話をする」以上の人間関係を築けていることが明らかとなった。他方で「交流はない」が14.4%、「顔を知っている程度」が21.9%であり、3割強の入居者において人間関係が築けていないことがわかる。県別に見ると、岩手県、宮城県においては人間関係が築けていない割合は3割弱であるが、福島県では42.8%にもなり、他の二県と比較してその割合が高くなっている。

　福島県において人間関係が築けていない背景には、他県と比べて遅れて建設された団地があるためである。福島県においても入居期間が長い入居者では人間関係が築けている傾向にある。原発避難という理由によって人間関係の構築が遅れているわけではなく、ある程度時間が解決してくれるといえるだろう。

　では、どのような入居者において団地内の人間関係が構築できていないのか。これについて調査結果を紹介しておくと、男性ならびに若年層において人間関係が構築できていない傾向が見られる。例えば男性における「交流はない」「顔を知っている程度」の割合は40.9%であり、女性の31.9%と比べると9ポイントも高い。年齢との関係については、50代以下の世代においてその割合は55.2%であり、半数以上が団地内において人間関係を築けていな

表 7–1　三県別にみた団地内のつきあい

		団地内つきあい					
		交流はない	顔を知っている程度	たまに立ち話をする程度	お互いの家を行き来する程度	一緒に外出する程度	n
都道府県	岩手県	11.9%	21.0%	46.4%	16.4%	4.2%	(871)
	宮城県	13.3%	20.9%	45.4%	15.9%	4.4%	(678)
	福島県	18.8%	24.0%	38.6%	12.7%	6.0%	(687)
全体		14.4%	21.9%	43.7%	15.1%	4.8%	(2,236)

い。70 代において 25.3% と最も低く、60 代で 38.4%、80 代以上で 30.0% となっている。阪神・淡路大震災の災害公営住宅においても男性の人間関係構築の難しさが指摘されてきたが、東日本大震災の被災地でも同様の傾向を見て取ることができる。

　世帯構成に関しては、単身者、特に男性単身者において人間関係が築けていない。単純に世帯構成と人間関係だけを見ると、単身者における人間関係が築けていない割合は 35.3% であり、非単身者の 37.4% と比較するとむしろ低くなっている。ただし男性に限定すると、人間関係が築けていない割合は単身者が 46.5% と、非単身者の 37.7% と比べて 9 ポイント近くも高い。

2-2　入居者の団地行事への参加

　次に団地行事への参加について見てみよう。団地内の行事への参加も入居者がコミュニティに関与しているかどうかを見るための一つの指標である。調査では「あなたは、団地におけるお茶会などの交流行事にどの程度参加していますか」と尋ね、「積極的に参加している」「ある程度参加している」「あまり参加していない」「まったく参加していない」に加え、「団地内では交流行事は行われていない」を加えた 5 項目の中から選択してもらった。

　調査結果を見ると（表 7-2）、4 割弱の入居者しか団地行事に参加しておらず、なかでも宮城県における行事参加率が低いことが明らかとなった。具体的に見ると、三県全体では 37.3% の入居者が「積極的に参加」「ある程度参加」

表 7-2　三県別にみた団地内行事への参加の程度

		団地内行事への参加の程度					
		積極的に 参加	ある程度 参加	あまり参 加してい ない	まったく 参加して いない	交流行事 は行われ ていない	n
都道府県	岩手県	13.0%	28.2%	24.7%	31.9%	2.2%	(877)
	宮城県	10.3%	21.8%	22.8%	43.1%	2.1%	(680)
	福島県	8.8%	28.6%	22.4%	39.4%	0.9%	(693)
全体		10.9%	26.4%	23.4%	37.6%	1.7%	(2,250)

と回答している。「まったく参加していない」という回答は 37.6% であり、4
割弱の入居者が団地行事に参加していない。総じて団地行事への参加が低調
であることがわかる。また県別に見ると、「積極的に参加」「ある程度参加」
と回答した割合は岩手県が 41.2% と一番高く、福島県が 37.4%、宮城県が
32.1% と一番低かった。宮城県では「まったく参加していない」という回答が
43.1% と多くなっており、団地行事への参加意欲が低いことがわかる。

　団地行事への参加についてもどのような入居者が参加していないのか、そ
の背景要因を探ってみよう。分析の結果、男性、若年層が団地行事に参加し
ていないことが明らかとなった。「あまり参加していない」「まったく参加し
ていない」を合わせた割合で見ると、女性の 58.2% に対し男性は 63.9% となっ
ている。特に男性単身者の不参加の割合が高く、その割合は 70.2% となって
いる。また年齢との関係でも、50 代以下の不参加の割合は 87.9% であり、60
代の 70.0% と比べても高くなっている。もちろん 50 代以下の入居者の多くは
仕事をしており、そのために団地行事へ参加できないのだと考えられる。こ
れらの世代が定年を迎えると、団地行事への参加の条件が整うかもしれない。

　団地行事への参加に関する調査結果を先ほどの団地内の人間関係と比較す
ると、一つの疑問が浮かぶ。団地内の人間関係については福島県において一
番関係が築けていなかったが、団地行事への参加に関しては宮城県において
参加率が低いのはなぜか。そのことを知る手がかりとして居住年数との関
係を見ておこう。三県全体で 2 年未満の入居者における行事不参加の割合は
68.1% であり、2 〜 4 年の 60.3%、4 年以上の 58.0% と比較すると高い。その

ため居住年数が一定程度解決してくれるとも言えるが、2～4年と4年以上
の不参加の割合に大きな違いはない。他方で居住年数と団地行事参加との関
係を三県別に見ると、異なる側面が見えてくる。福島県においては居住年数
と団地行事への参加との間に明確な関連が見られ、居住年数が長くなるほど
団地行事に参加する傾向が見られる。しかし岩手県、宮城県においては、両
者の間に大きな違いは見られない。つまり、居住年数が長くなるほど団地行
事に参加するという傾向は確認できない。

　これらの調査結果からは、少なくとも近隣関係と団地行事との間にわかり
やすい関係を読み取ることができない。言い換えると、近隣関係が構築され
るほど団地行事に参加するようになる、またはその逆で、団地行事に参加す
るほど近隣関係が構築される、そのように単純には言えなさそうだ。福島県
に関しては、5章6節でも紹介したように、県がNPO団体に委託してコミュ
ニティ形成支援事業を行っている。そのことが、団地内の関係が十分に形成
されていなくとも団地内行事への参加を促しているといえる。逆を言えば、
その支援事業によって比較的多くの入居者が団地行事に参加していても、近
隣関係の構築が他県ほどに高まったとは言えない、ということになる。

2-3　入居者の共助の感覚

　災害公営住宅におけるコミュニティ形成を見る際には、単に人間関係が構
築されたかどうかだけでは不十分である。団地内においてお互いに助け合う
関係が構築できているかも重要となる。いわゆる共助であり、入居者が共助
の感覚をどれくらい持っているのかについて、調査結果を見ていきたい。

　共助の感覚を明らかにするために、調査では「生活上の困りごとがあった
時、どれくらい頼りにできると思いますか」と尋ねた上で、同じ団地の住民
について「頼りになる」「やや頼りになる」「あまり頼りにならない」「頼りにな
らない」の4段階のなかから回答してもらった。

　調査から明らかになったのは、災害公営住宅入居者の多くは共助の感覚を
持っていない、つまり生活上において困った時に同じ団地の住民を頼りにで
きないと感じている、ということである。三県全体出見ると、「頼りになる」「や

表 7-3　三県別にみた団地内住民が頼りになるか

		団地内住民を頼りにできるか				
		頼りになる	やや頼りになる	あまり頼りにならない	頼りにならない	n
都道府県	岩手県	9.6%	31.3%	28.3%	30.7%	(635)
	宮城県	9.0%	23.2%	29.3%	38.5%	(478)
	福島県	11.4%	26.4%	27.7%	34.5%	(516)
全体		10.0%	27.4%	28.4%	34.2%	(1,629)

や頼りになる」を合わせた値は 37.4% であり、4 割に満たない。「あまり頼りにならない」が 28.4%、「頼りにならない」が 34.2% であり、多くの入居者は団地内の人間を頼りにしていない。

　さらに三県別に見ると (表 7-3)、宮城県の災害公営住宅入居者おいて共助の感覚が低いことが明らかになった。「頼りになる」「やや頼りになる」を合わせた値は岩手県で 40.9% と一番高く、福島県は 37.8% であった。それに対して宮城県は 32.2% にとどまり、他県と比較しても低いことがわかる。

　では、どのような入居者が共助の感覚を持ち得ていないのか、データを見ておきたい。調査結果からは、男性、若年者、非単身者において共助の感覚を持っていないことがわかった。「あまり頼りにならない」「頼りにならない」を合わせた値で男性では 68.9% であり、女性の 56.0% より高い。年齢に関しても、50 代以下で 80.3% と 60 代の 68.3% と比較してもその割合は高い。若年者ほど多くの人が共助の感覚を持ち得ていない。非単身者における共助の感覚は 67.9% であり、単身者の 56.0% と比較すると高くなっている。このことはむしろ、単身者において団地内住民を「頼りにしないと生活していけない」という感覚が高まっている、と読み取った方がいいかもしれない。同居家族がいるうちは、特段団地内住民を頼りにしないし、頼りにならなくてもいい、ということなのかもしれない。

　調査結果で興味深いのは、女性単身者で共助の感覚が高いことである。男性においては単身、非単身に違いはないが、女性においては単身者においてその割合が高い（単身者：50.6%、非単身者：34.5%）。女性の場合には、配偶者

表7-4　団地内つきあいの程度別にみた団地内住民を頼りにできるか

		団地内住民を頼りにできるか				n
		頼りになる	やや頼りになる	あまり頼りにならない	頼りにならない	
団地内	交流はない	0.5%	4.1%	29.1%	66.4%	(270)
つきあい	顔を知っている程度	4.2%	14.6%	32.3%	48.9%	(356)
	たまに立ち話をする程度	7.7%	30.2%	32.4%	29.8%	(692)
	お互いの家を行き来する程度	27.8%	49.0%	15.1%	8.1%	(256)
	一緒に外出する程度	25.3%	51.9%	16.5%	6.3%	(79)
全体		10.0%	27.3%	28.3%	34.4%	(1,606)

がいるうちは団地内の住民を頼りにしなくてもいいが、配偶者と死別し単身になった時には団地内の住民を頼りにしないといけない、そのような意識が働いていると読み取ることができるだろう。

　また、入居者の共助意識については、団地内で一定の人間関係が構築されることを前提とする。**表7-4**では団地内つきあいの程度別にみた共助の感覚を示したものである。これを見ると、団地内で交流がない入居者の9割強が団地内住民を頼りにならないと回答している。人間関係が作られるほど共助の感覚は高まり、お互いの家を行き来する程度、一緒に外出する程度の関係を構築できている人の8割弱において共助の感覚を持っていることがわかる。

　このように見ていくと、団地内の人間関係づくりを促すことで、共助の感覚が一定程度作られると思われる。共助の感覚が弱い災害公営住宅入居者の現状を踏まえると、今後も近隣関係づくりに向けた取り組みが求められている。もちろん、単にイベントを開催するだけでは人間関係は作られないし、入居者の特性に応じた工夫が求められている。

2-4　入居者の近所づきあいへの感じ方

　東日本大震災によって被災し、人間関係の再編を余儀なくされた入居者は、震災に伴う近所づきあいの変化をどのように捉えているのだろうか。被災者によっては、震災前のつながりを失ったことを寂しく捉えているかもしれない。他方、団地内での新たな人間関係ができたことを楽しく思っているかも

表7-5　三県別にみた近所づきあいへの感じ方

		近所づきあいへの感じ方					
		とても楽しい	まあまあ楽しい	少しさびしい	とてもさびしい	特に何も感じない	n
都道府県	岩手県	3.4%	23.6%	20.7%	6.8%	45.5%	(870)
	宮城県	3.0%	23.7%	20.6%	6.7%	46.1%	(675)
	福島県	2.6%	17.6%	24.7%	14.1%	41.1%	(689)
合計		3.0%	21.8%	21.9%	9.0%	44.3%	(2,234)

しれない。そもそも、人間関係の変化について何も感じていない人もいるだろう。最後に、被災者が現在の近所づきあいをどのように感じているのか確認しておきたい。調査では「現在の近所づきあいについて、あなたはどのように感じていますか」と尋ね、「とても楽しい」「まあまあ楽しい」「少しさびしい」「とてもさびしい」に加え、「特に何も感じない」の5項目から選択してもらった。表7-5はその結果である。

　調査結果から明らかになったのは、多くの入居者が人間関係について特に何も感じていない、ということである。三県全体でも44.3%の入居者が「特に何も感じない」と回答していた。その回答を除くと、30.9%が寂しいと回答しており、楽しいと回答した24.8%を上回った。少なくとも、多くの被災者が近所づきあいを楽しいとは感じてはいない。

　三県別にみると、福島県において特に何も感じないとの回答が少なく、さびしいと回答する割合が高いことが明らかになった。福島県の入居者で「特に何も感じない」と答えた割合は41.1%と岩手県、宮城県と比較してわずかに少ない。また「少しさびしい」「とてもさびしい」と回答した割合は38.8%と他県と比べて高くなっている。ここからは、広域避難したことの影響を読み取ることができる。

3　今後の団地居住意向

　団地内の人間関係を考える上で重要なのが、今後の団地居住意向である。

今後の団地居住意向が強いほど、つまり団地を終の住処と捉える入居者ほど
コミュニティ形成への意欲は高くなるだろう。逆に団地を出て他地区での住
宅再建を希望する人にとっては、団地内の人間関係への関心は低くなるだろ
う。調査では「あなたは、この団地で今後も暮らしていく予定ですか」と尋ね、
「これからもずっとこの団地で暮らしていく」「別の団地に移る」「迷っている」
「その他」の4項目のなかから選択してもらった。**表 7-6** はその結果である。

　調査から明らかになったのは、三県全体としては多くの入居者が現在住ん
でいる災害公営住宅を終の住処と考えているものの、福島県においてそのよ
うに考えている人が半数程度と少ない、ということである。三県全体で見る
と、70.1% の入居者が「ずっとこの団地で暮らす」と回答し、「別の住宅に移
る」「迷っている」と回答したのは3割弱にとどまる。また、岩手県、宮城県
において「ずっとこの団地で暮らす」と回答したのはそれぞれ 75.2%、77.2%
となっており、8割近くの人がこの団地を終の住処と考えていることがわか
る。それに対して福島県においてその割合は 56.6% にとどまる。「別の住宅
に移る」と回答したのが 13.4%、「迷っている」と回答したのが 29.7% もおり、
多くの人が今後において他地区での住宅再建を検討していることがわかる。

　福島県における団地居住意向の弱さは、原発事故による避難によって説明さ
れるだろう。本調査が対象とする福島県の公営住宅は被災地から遠く離れた場
所に建設されている。その点で、岩手県や宮城県など、被災地内に建設される
災害公営住宅とは基本的に異なる。そして今後予定されている避難指示が解除
されれば元の町に戻ったり、将来の住宅選択を先延ばししている避難者がとり

表 7-6　三県別にみた今後の団地居住意向

		今後の団地居住意向				
		この団地で暮らす	別の住宅に移る予定	迷っている	その他	n
都道府県	岩手県	75.2%	5.9%	18.1%	0.8%	(871)
	宮城県	77.2%	4.0%	18.5%	0.3%	(674)
	福島県	56.6%	13.4%	29.7%	0.3%	(677)
合計		70.1%	7.6%	21.8%	0.5%	(2,222)

表 7-7　今後の団地居住意向別にみた団地内つきあい

		団地内つきあい					
		交流はない	顔を知っている程度	たまに立ち話をする程度	お互いの家を行き来する程度	一緒に外出する程度	n
今後の団地居住意向	この団地で暮らす	12.5%	20.4%	44.3%	17.1%	5.7%	(1525)
	別の住宅に移る予定	17.9%	25.0%	41.7%	13.1%	2.4%	(168)
	迷っている	18.5%	26.1%	43.4%	9.5%	2.5%	(475)
全体		14.3%	22.0%	43.9%	15.1%	4.8%	(2,168)

あえず災害公営住宅に入居し、家族の都合などにより避難先で住宅を再建することを検討する人が福島県の復興公営住宅において多いと思われる。

　では、どのような入居者が別の住宅に移ることを検討したり、迷っているのか。属性を見ると、男性ならびに若年者においてそのように考える割合が高い。また、世帯年収が高くなるほど別の住宅に移ることを検討したり、迷っている割合が高くなる。他地区で住宅を再建できる若い被災者、または収入が一定以上あるために残りたくても出て行かざるを得ない入居者が一定程度いる。そして、その人たちが抜けてしまうと、ますます災害公営住宅には高齢者だけが取り残されることになる。残された高齢者だけでコミュニティを維持できるかが大きな課題となるだろう。

　また、別の住宅に移ることを考えたり、迷っている入居者においては、団地内のつきあいが構築できていない割合が高い。表 7-7 は今後の団地居住意向と団地内つきあいを見たものである。この団地で暮らすと考えている入居者における「交流はない」「顔を知っている程度」を合わせた割合は 32.9%なのに対し、別の住宅に移る入居者、迷っている入居者ではそれぞれ 42.9%、44.6% であった。将来出て行くことを検討している人が現在の住宅において団地内のつきあいに熱心ではない傾向を読み取ることができる。そのことが、団地における現在のコミュニティづくりにとって、少なくない影響を与えているだろう。

4　入居者の復興感

　先行研究において、被災者の生活復興感を支えるものとして、生活再建の7要素（「すまい」「つながり」「まち」「こころとからだ」「そなえ」「くらしむき」「行政とのかかわり」）などが指摘されているが、目に見えて復旧・復興を感じられる指標となるのが、「すまい」、すなわち住環境の復興であろう[6]。

　とはいえ、被災者にとっては「すまい」の確保がなされたからといって、必ずしも生活の回復がなされたとは言えない。では、災害公営住宅に居住する入居者の生活は、震災からおよそ9年を経て、どの程度回復したと言えるのだろうか。さらに言えば、入居者はどのような条件が整えば、回復したと考えるのだろうか。以下ではこれらの問いに答えていきたい。

4-1　災害公営住宅入居者の復興感

　本調査では、「あなたの生活は、震災直後の時点から比べてどのくらい回復していますか。あなたの主観的な判断でかまいません」という問いを用意している。これを「復興感」と名付け、以下、分析を行いたい。

　表7-8は、三県の入居者の復興感を示している。岩手県、宮城県では「ほぼ回復した」「ある程度回復した」を合わせた割合が7割程度だが、福島県では4割強にとどまっている。岩手県、宮城県の被災者は津波被災者がほとんどであるが、福島県の被災者は原発避難者である。原発避難者にとって、生活がまだまだ回復していないと考える人が多いことがわかる。

表7-8　三県別にみた復興感

		復興感				
		ほぼ回復した	ある程度回復した	あまり回復していない	まったく回復していない	n
都道府県	岩手県	28.4%	41.3%	22.0%	8.3%	(845)
	宮城県	27.8%	43.7%	21.0%	7.4%	(661)
	福島県	12.7%	30.2%	35.0%	22.1%	(675)
全体		23.4%	38.6%	25.7%	12.3%	(2,181)

こうした復興感の高さ／低さと関連する要素は何であるのだろうか。分析の結果、①震災前後の生活の変化、②団地生活満足度、③団地における人間関係と今後の生活見通し、の 3 点を指摘することができる。以下、それぞれについてデータを紹介するが、その前に基本的属性との関係を見ておこう。

　復興感に関連する変数として、属性としては年齢が高いこと、世帯収入が低いことなどがあげられる。紙幅の関係で表は示さないが、調査結果を確認しておきたい。

　年齢との関係については、80 代以上では「ほぼ回復した」が 18.5％であるのに対し、若年になるほどその割合は高くなっており、40 代以下では 36.2％と高くなっている。逆に「あまり回復していない」「まったく回復していない」をあわせた割合は、40 代以下では 31.4％であるのに対し、おおむね高齢になるほどその割合は高くなり、80 代以上では 42.3％と高くなっている。高齢層ほど復興感が低くなっていることがわかる。

　また世帯収入との関係についてみると、「100 万円未満」では「ほぼ回復した」が 18.5％であるのに対し、収入が高くなるほどその割合は高くなっており、「400 万円以上」では 47.1％と半数近くを占める。逆に「あまり回復していない」「まったく回復していない」をあわせた割合は、「100 万円未満」では50.2％と過半数を占めるのに対し、収入が高くなるほどその割合は低くなり、「400 万円以上」では 21.6％と相対的に低くなっている。低収入層ほど復興感が低くなっていることがわかる。

4-2　震災・原発事故による生活の変化と復興感

　被災者の復興感は震災による生活の変化とも大きく関係している。住宅を失う、仕事を失う、避難生活により家族が離ればなれになる、近隣関係を失う、などの変化が被災者の復興感にどのような影響を与えるのだろか。**表 7-9** はそれら震災前後の生活の変化と復興感との関係を示したものである。

　調査の結果からは、総じて震災による被害を受けている入居者ほど復興を感じることができていないことがわかる。震災前の居住形態と復興感との関係を見ると、震災前に戸建住宅に住んでいた入居者ほど復興を感じていない

表 7-9　震災前後の変化と復興感との関係

		復興感				
		ほぼ回復した	ある程度回復した	あまり回復していない	全く回復していない	n
震災前の	戸建住宅	20.4%	37.1%	27.7%	14.7%	(1,400)
居住形態	戸建住宅以外	28.9%	41.8%	21.4%	7.9%	(761)
世帯分離	世帯分離中	17.0%	33.9%	28.6%	20.5%	(584)
の状況	世帯分離したが今は同居	29.4%	37.6%	24.7%	8.2%	(85)
	世帯分離していない	26.0%	40.1%	24.6%	9.4%	(1,409)
震災による	仕事を失った	16.0%	35.7%	30.0%	18.3%	(694)
仕事の変化	仕事を失っていない	26.8%	39.9%	23.8%	9.5%	(1,485)
震災後の	増えた	35.3%	39.8%	16.1%	8.8%	(249)
近所関係の	変わらない	31.4%	42.5%	20.0%	6.1%	(576)
変化	減った	17.6%	36.9%	30.1%	15.4%	(1,327)

　ことがわかる。震災前に戸建住宅以外の住宅に住んでいた人で「ほぼ回復した」「ある程度回復した」と回答した割合は 70.7% だったのに対し、戸建住宅ではその値は 57.5% であった。

　震災による同居世帯の分離状況と復興感との関係を見ると、震災前に一緒に暮らしていた人と離ればなれである人ほど復興を感じることができていない。調査結果を見ると、世帯分離していない、世帯分離状況が回復した入居者では、「ほぼ回復した」「ある程度回復した」と回答した割合は 7 割弱であるが、世帯分離したまま入居者では 5 割程度にとどまる。

　また、震災により仕事を喪失した人ほど復興感を得られていない。仕事を失った入居者において「ほぼ回復した」「ある程度回復した」と回答した割合は 51.7% であり、仕事を失っていない入居者の 56.7% と比較するとわずかではあるが低くなっている。

　最後に震災前後での近所づきあいの変化と復興感との関係を見ると、近所づきあいが減った入居者ほど復興を感じていない。近所づきあいが増えた層において「ほぼ回復した」「ある程度回復した」と回答した割合は 75.1%、変わらないと回答した層では 73.9% だったのに対し、減ったと回答した層では 54.5% であった。

　震災前に戸建住宅に住んでいた層にとっては、災害公営住宅に入居したことで復興感を得られていないことが明らかとなった。平山洋介が指摘するように、東日本大震災においては、持家被災が多いことが特徴である[7]。平山は、データから東北地方の被災地において多くの人が持ち家の再建を希望したことを指摘している。このことは、さまざまな事情により持家再建を断念した人が災害公営住宅に入居したことを意味する。震災前に戸建住宅に居住していた層において復興を感じることができないことの背景には、以上のような要因がある。

　また、災害公営住宅への入居を通じて被災者が住宅再建しても、家族や仕事、近隣における人間関係が回復できていなければ、入居者は生活が回復できていないと感じている。平山は東北被災地における持家被災という特性を踏まえた上で、災害公営住宅の供給においては被災者の生活再建を支えるための環境形成の重要性を、具体的には、孤立を防ぐための近隣関係をどう育むかを重要な課題として指摘している[8]。近隣関係を含めた生活再建を念頭に災害公営住宅の入居者をいかに支えていくかが重要であろう。

4-3　団地生活満足度と復興感

　被災者の復興感を規定する大きな要因と考えられるのは、総合的な団地生活満足度である。調査では団地生活満足度を 4 段階で尋ねている[9]。その結果、「満足」が 19.6%、「やや満足」が 48.3%、「やや不満」が 23.7%、「不満」が8.4% であった。全体としては 7 割弱の入居者が満足と回答していたが、岩手県、宮城県において「満足」「やや満足」と回答した割合がほぼ 7 割程度なのに対し、福島県の入居者では 6 割程度と他県と比較して低くなっている。

　表 7-10 は、団地生活満足度と復興感との関係を示したものである。これを見ると、満足度が高くなるほど、「回復した」「やや回復した」と回答する被災者の割合が高くなることがわかる。

　この団地生活満足度は、団地において入居者が生活課題を抱えていることによって影響される。団地における生活課題については次章で詳しく分析するが、ここでは団地生活満足度と団地生活における困りごととの関係につい

表7-10　団地生活満足度別にみた復興感

		ほぼ回復した	ある程度回復した	あまり回復していない	まったく回復していない	n
団地生活満足度	満足している	47.4%	33.4%	14.0%	5.1%	(392)
	やや満足している	22.9%	47.0%	21.5%	8.7%	(1,037)
	あまり満足していない	12.2%	33.2%	38.8%	15.8%	(518)
	満足していない	10.2%	19.9%	33.3%	36.6%	(186)
全体		23.7%	38.8%	25.4%	12.2%	(2,133)

復興感

表7-11　団地生活満足度と生活課題との関連度（相関係数）

	全県		岩手県		宮城県		福島県	
	r	(n)	r	(n)	r	(n)	r	(n)
集合住宅に馴染めない	-0.53	(2,019)	-0.52	(790)	-0.54	(613)	-0.52	(616)
住居内の使い勝手が悪い	-0.38	(1,988)	-0.42	(780)	-0.43	(608)	-0.33	(600)
団地内の人間関係がよくない	-0.38	(1,977)	-0.36	(772)	-0.44	(601)	-0.34	(604)
困りごとを相談する相手がいない	-0.34	(1,997)	-0.34	(781)	-0.32	(609)	-0.36	(607)
生活騒音が気になる	-0.31	(2,013)	-0.34	(789)	-0.30	(613)	-0.29	(611)
買い物などの交通が不便	-0.23	(2,007)	-0.26	(792)	-0.25	(610)	-0.18	(605)
誰が入居者かわからない	-0.21	(2,040)	-0.24	(792)	-0.16	(622)	-0.19	(626)
ゴミの捨て方がよくない	-0.21	(2,005)	-0.25	(783)	-0.21	(618)	-0.17	(604)
買い物の交通手段がない	-0.18	(1,995)	-0.19	(783)	-0.20	(609)	-0.17	(603)
集会所がない／遠い	-0.12	(1,975)	-0.11	(776)	-0.13	(602)	-0.13	(601)

て見てみたい。**表7-11**は団地生活満足度と10の生活課題（困りごと）との関連度の指標である相関係数を示したものである。表中の「r」は相関係数を示している[10]。そして、三県全体の関連度に加え、各県別の関連度も示した。

　調査の結果からは、団地生活において困りごとを抱えている人ほど団地生活満足度が低いことが明らかになった。三県全体でみると、集合住宅に馴染めないが最も関連度が高かった。本調査の対象者は、震災前の居住形態は「一戸建て住宅（持ち家）」が64.7％にのぼっており、そのような被災者において集合住宅という居住形式が団地生活の満足感につながっておらず、結果として被災者が復興を感じられていないのだと考えることができる。そのほか、住宅内の使い勝手が悪い、団地内の人間関係が良くないといった生活課題を抱えているほど、団地生活満足度が低くなる傾向にある。

　三県別に見ると、県によって関連度の順位に大きな違いが見られるわけではないが、多少の違いが見られる。岩手県では、生活騒音が気になる、買い物などの交通が不便、といった項目において団地生活満足度との関連が高くなっている。宮城県では住宅内の使い勝手が悪い、団地内の人間関係がよくないといった項目との間の関連度が他県と比べて高い。福島県においては、困りごとを相談する相手がいないという項目において団地生活満足度との関連が高い傾向が見られた。この点については、広域避難を余儀なくされ、いろいろな地域からの避難者が入居する福島県の団地の課題であると言えそうだ。

4-4　団地内の人間関係、今後の生活の見通しと復興感

　最後に確認するのが、団地内の人間関係や今後の生活の見通しと、復興感との関係である。2節でも指摘したように、災害公営住宅内における人間関係の形成はまだ道半ばであった。また、福島県内の復興公営住宅においては今後の居住意向が弱く、一部住民は他地域での住宅再建を検討したり、迷っていることが示された。そのことが、入居者の復興感とどのような関係にあるのだろうか。

　団地内の人間関係と復興感との関係を見ると、人間関係を築いている入居者ほど復興感が高いことが明らかになった。表7-12はその結果を示したものだが、立ち話をする程度、お互いの家を行き来する程度の関係を構築している人では7割弱程度の人が「ほぼ回復した」「ある程度回復した」と回答し

表7-12　団地内人間関係別にみた復興感

		ほぼ回復した	ある程度回復した	あまり回復していない	全く回復していない	n
団地内の人間関係	交流はない	18.9%	29.6%	30.0%	21.5%	(307)
	顔を知っている程度	22.8%	38.7%	30.0%	8.5%	(473)
	たまに立ち話をする程度	24.3%	40.8%	23.4%	11.5%	(931)
	お互いの家を行き来する程度	27.1%	42.5%	20.6%	9.8%	(325)
	一緒に外出する程度	22.2%	34.3%	29.3%	14.1%	(99)
全体		23.5%	38.7%	25.7%	12.1%	(2,133)

表 7-13　団地居住意向別にみた復興感

		復興感				
		ほぼ回復した	ある程度回復した	あまり回復していない	全く回復していない	n
団地居住意向	ずっとこの団地で暮らす	27.0%	42.1%	21.0%	9.9%	(1483)
	別の住宅に移る予定	18.8%	39.4%	24.4%	17.5%	(160)
	迷っている	15.1%	29.7%	38.6%	16.6%	(471)
全体		23.7%	39.1%	25.2%	12.0%	(2,114)

ていたのに対し、交流がない人では 5 割弱、顔を知っている程度では 6 割程度と低くなっている。

　また、団地居住意向が強い人ほど復興感が高いことが明らかになった（**表 7-13**）。ずっとこの団地で暮らすと回答する層では、「ほぼ回復した」「ある程度回復した」をあわせた割合は 69.1％であるのに対し、別の住宅に移る予定と回答した層では 58.2％、迷っていると回答した層では 44.8％と過半数を占めている。災害公営住宅が終の棲家とは考えていない層では、公営住宅に入居しても生活の復興を感じることができていないことがわかる。

4-5　小　括

　東日本大震災からの復興感の規定要因を整理すると、単に住宅を回復させるだけでなく、家族関係・人間関係・仕事といった、人間が生活するために欠かせない要素もまた被災者の復興感を大きく規定することがわかる。これらを踏まえると、こうした要素を可能な限り失わせないための予防策＝減災の重要性が、改めて今後の震災復興の課題として確認することができる。

　また、団地生活満足度も大きく入居者の復興感を規定している。加えて、団地内の人間関係もまた復興感に関係していた。上記で指摘した家族関係・人間関係・仕事などを取り戻すことは簡単ではないかもしれない。しかし団地内での生活をよりよくしたり、団地での人間関係を構築することが人々の復興感を高めることにつながるならば、住民による主体的な取り組みや、それに対する行政によるサポートを促すことが求められる。

　最後に、災害後の住環境整備のあり方については、とくに集合かつ高層の災害公営住宅が都市型の生活様式を前提とした建築物になっており、そのことが復興まちづくりにおける共同性再構築のための妨げになっているのではないかと考えられる[11]。第8章でも示されるが、実際、「集合住宅に馴染めない」とする割合は、「あてはまる」「ややあてはまる」を合わせた割合はおよそ4割にのぼっており、こうした評価が団地生活満足度を低める要因になっているのである。従前の暮らしや生活様式が、災後の生活にも反映されるような、復興のあり方の再検討が必要なのではなかろうか。

5　まとめ

　本章では、入居者の人間関係や復興感に注目してきた。調査から明らかになったことをまとめると、(1)団地内における人間関係、すなわちコミュニティ形成はまだまだ道半ばであること、(2)福島県の災害公営住宅において居住意向が弱く、そのような入居者は団地内に人間関係を築いていないこと、(3)災害公営住宅に入居した人の6割強しか復興を感じることができておらず、感じることのできていない人は家族関係、仕事、人間関係などにおいて被害が回復していないことが背景にあること、(4)他方でコミュニティづくりを通じて被災者が復興を感じることができること、の4点にまとめることができる。

　以下では、これらの調査結果を踏まえて、今後の災害公営住宅入居者のコミュニティ形成と復興感について考えてみたい。

5-1　災害公営住宅における共同性

　調査結果から明らかになったのは、災害公営住宅におけるコミュニティ形成が道半ばであることである。これについて各県で聞き取り調査を行っているが、さまざまな自治体でコミュニティ形成に向けた行政の取り組みが試みられている。各自治体では行政が団地自治会をつくるように促している。特に福島県においては、復興公営住宅におけるコミュニティ形成事業を行政が

地元NPOに委託している[12]。とはいえ、その福島県においてコミュニティ形成が他県と比較して遅れていることが明らかになってきた。

今回の東日本大震災においてもコミュニティ形成の必然性が指摘されている。ただし、そもそもコミュニティとは何だろうか。マッキーバーによれば、コミュニティが成立する要件は地域性と共同性になる。前者は一定の空間的範域のことを指し、後者はメンバーによる相互行為ならびに共同意識のことを指す。共同性が成立するためには、防犯や農作業など、その空間的範域において人々を結びつける契機が必要となる。

災害公営住宅におけるコミュニティ形成は、同じ住宅における居住者を結びつける必然性を設定しにくい、つまり共同性の契機をつくりづらいところに課題がある。たまたま抽選で当たった団地で生活している人々が、無条件でコミュニティをつくるとは限らないだろう。災害公営住宅の多くに集会所が設置されている。さらに自治会の発足やお祭りなどのイベント開催など、災害公営住宅という一定の空間のなかでコミュニティ形成を促すしかけが設定されている。とはいえ、それが必然性をもって、すべての入居者に受け入れられているわけではない。阪神・淡路大震災以降、被災地では孤独死の問題が発生しているが、全ての入居者にとってコミュニティに関わることが必然であるようなきっかけづくりが必要だろう。

災害公営住宅におけるコミュニティ形成が難しいのは、団地における流動性である。つまり、災害公営住宅居住者のなかには他地域で住宅再建を考えている人が一定程度おり、その人からするとコミュニティ形成に関わる動機はなかなか高まらない。特に福島県においては今後の団地居住意向が弱く、そのことがコミュニティ形成を困難にしていることがデータから読み取ることができた。また、岩手県や宮城県においては現時点で入居者の居住意思は高いものの、既に一般化が始まっているなかでは、立場の異なる入居者同士のコミュニティ形成という課題もある。このように考えると、これからの災害公営住宅におけるコミュニティ形成においては、団地の置かれた状況がめまぐるしく変化するなかで、その都度、共同性を生み出すしくみを設定する必要があるだろう。

5-2　コミュニティづくりをきっかけとした復興

　もう一つ指摘したいのは、コミュニティづくりを契機とした入居者の復興である。東日本大震災の被災者にとって、住宅に入居しただけでは復興を成し遂げていないことが明らかになった。もちろん、家族関係や仕事などを再構築することも求められる。他方で団地のなかでの人間関係づくりが、被災者の復興感を高めていることも示された。入居者が少しでも復興を感じるためにも、コミュニティづくりが求められていることは間違いない。

　ただし、そこにおいてはさまざまな課題がある。代表的なものは、コミュニティの担い手の問題であろう。今回の調査結果からは、被災三県に共通する課題として入居者の多くが高齢者であり、単身者であることが示された。高齢者だけで団地が抱えるさまざまな課題を解決することは難しい。そもそも、団地におけるこのような年齢構成、世帯構成の偏りは、現状の復興政策を進めていけば必然的に生じることである。このような復興政策を推し進めておきながら、他方で災害公営住宅の課題をすべてコミュニティで対応させるのは、無理があると言わざるを得ない。

　そのように考えると、重要なことは、それぞれの団地コミュニティごとに何ができて、何ができないのかを整理すること、さらにできないことについては行政や支援団体を含めた外部からの支援を模索すべきだろう。少なくとも調査結果からは、災害公営住宅に入居し、自治会ができれば復興は完了する、とは言えなさそうである。

　そもそも孤独死については、災害復興の現場に限らず、より普遍的な問題である。黒岩亮子によれば、すでに 1970 年代から孤独死が社会問題化し、その対応が始まっているという[13]。たしかに災害現場で孤独死が問題になる時には復興政策との関連で問題提起される。とはいえ、その解決については災害現場以外の取り組みも参考になることがある。そのため、災害公営住宅が抱える課題については、単に災害事象に限らず、より一般的な文脈のなかで捉えることが必要かもしれない。団地の高齢化やコミュニティ形成という課題は、災害公営住宅に限らずどこでも課題になっており、普遍的な現象で

ある。

　重要なのは、災害公営住宅のコミュニティが置かれている状況をきちんと
分析し、その上でコミュニティに何ができるのかを、なるべく早い段階で整
理しておくことだと思われる。

注

1　額田（1999=2013: 180）

2　塩崎（2014: 10）

3　額田（1999=2013: 277-8）

4　塩崎（2014）、伊藤（2018）

5　たとえば立木（2016）など

6　兵庫県（2006）、林編（2006）、立木（2016）

7　平山（2013: 107-8）

8　平山（2013: 120）

9　調査票では「あなたは、この団地での生活に満足していますか」と尋ねた。それ
　に対して「満足」「やや満足」「やや不満」「不満」の4つの選択肢のなかから回答し
　てもらった。

10　相関係数を算出する上で、10項目の困りごとについては、「あてはまる」=4、「や
　やあてはまる」=3、「ややあてはまらない」=2、「あてはまらない」=1を割り振った。
　生活満足度については、「ほぼ回復した」=1、「ある程度回復した」=2、「あまり
　回復していない」=3、「まったく回復していない」=4を割り振った。

11　佐久間（2018）、内田（2020）

12　みんぷくの活動に関しては、5章6節を参照。

13　黒岩（2012: 155）

第8章　災害公営住宅入居者の生活課題

内田龍史・高木竜輔

1　問題の所在

　岩手・宮城・福島各県の災害公営住宅入居者を対象とした本調査の目的は、災害公営住宅の入居者に、入居後の住環境、生活、近所づきあい等の暮らしの現状を尋ね、これからの生活再建方策を探ることであった。これらの課題のなかでもとりわけ重要と思われるのは、入居者の生活課題がどのようなものであるのかを明らかにすることであろう。第6章の調査回答者の属性でも明らかにされているように、高齢者や単身世帯割合が高く、世帯収入も低い傾向がみられる入居者が、具体的に何に困っているのかを明らかにすることは、今後の入居者への支援や、次の災害からの復興のあり方を考えるうえで、重要な鍵になると考えられる。

　そこで本章では、入居者の生活課題として、入居生活における困りごと(2節)、自身・家族の医療・福祉的課題(3節)、さらには自由記述からみる生活課題(4節)、共用部分の不満(5節)について分析を行い、大規模な災害公営住宅入居者の生活における諸課題を明らかにする。

2　入居生活における困りごと

　まず、災害公営住宅入居者が団地生活においてどのような生活課題に直面しているのかを、入居者調査の結果から確認しておきたい。

2-1　団地生活における困りごと

　今回の質問紙調査では、入居している団地生活での困りごととして、10項目の生活課題を設定し、それぞれに「あてはまる」「ややあてはまる」「あまりあてはまらない」「あてはまらない」のいずれかを選択してもらった。それら10項目の生活課題は、**表8-1** に示したとおり、四つに分類することができる。

　第一は団地の仕様に関するものである。住宅内の使い勝手が悪かったり、隣接する住戸の生活騒音が気になるなど、住宅自体の不具合に対するものである。これに加えて、集会所がなかったり、集会所が遠いということも、ここでいう団地の仕様に関するものに加えていいだろう。

　第二は団地の生活環境に関するものである。買い物や通院・通学などのための交通が不便だったり、そもそも交通手段を持たないことに関する課題である。地域によっては災害公営住宅が僻地など不便な地域に建設されるケースもある。また移動手段を持たない高齢者にとっては、スーパーや病院が近くにないと生活に苦労することになる。

　第三は団地における共同生活に関するものである。ゴミの捨て方がよくない、そもそも集合住宅という形式に馴染めない、といったものである。団地という共同生活の場において、その共同生活を遂行することに対する不満も存在する。

　第四は団地における人間関係に関するものである。具体的な質問としては、団地内の人間関係がよくない、困りごとを相談する相手がいない、誰が団地の入居者かわからない、などである。

　それでは、調査の結果を見てみよう。調査では10項目の生活課題について「あてはまる」から「あてはまらない」まで4項目のなかから回答してもらった。**表8-2** は団地生活における困りごとの回答結果を示したものである。

　この結果を見ると、多くの人が「誰が入居者からわからない」ことを生活上の困りごとと捉えていることが明らかになった。「あてはまる」「ややあてはまる」を合わせた値は69.2%となり、3人2人が困りごとと捉えていた。10項目の中で、この項目が困りごととして一番該当する割合が高かった。次に多いのが団地内に「困りごとを相談する相手がいない」であり、47.0%の

表 8-1　「困りごと」についての項目とその分類

(1) 団地の仕様に関するもの	住居内の使い勝手が悪い 隣や上下の住宅の生活騒音が気になる 集会所がない／集会所が遠い
(2) 団地の生活環境に関わるもの	買い物や通院・通学などの交通が不便 買い物や病院に行くための交通手段がない
(3) 団地における共同生活に関するもの	ゴミの捨て方がよくない 集合住宅という形式に馴染めない
(4) 団地における人間関係に関するもの	団地内の人間関係がよくない 困りごとを相談する相手がいない 誰が団地の入居者かわからない

表 8-2　団地生活における困りごと

	あてはまる	ややあてはまる	ややあてはまらない	あてはまらない	n
誰が入居者かわからない	33.0%	36.2%	18.2%	12.7%	(2,054)
困りごとを相談する相手がいない	24.5%	22.5%	26.1%	26.9%	(2,012)
集合住宅に馴染めない	14.3%	26.3%	31.3%	28.2%	(2,034)
住居内の使い勝手が悪い	11.6%	19.6%	31.5%	37.4%	(1,999)
買い物などの交通が不便	13.0%	16.5%	26.2%	44.3%	(2,021)
生活騒音が気になる	11.2%	18.0%	27.5%	43.3%	(2,026)
ゴミの捨て方がよくない	9.2%	19.0%	27.2%	44.6%	(2,019)
団地内の人間関係がよくない	8.1%	19.5%	39.1%	33.4%	(1,991)
買い物の交通手段がない	9.0%	12.3%	20.8%	58.0%	(2,008)
集会所がない／遠い	3.6%	3.1%	9.8%	83.5%	(2,062)

　入居者が困りごととして捉えていた。三番目に該当する割合が多いのが「集合住宅に馴染めない」である。これについて「あてはまる」「ややあてはまる」を合わせた割合は 40.6% である。以上三項目が困りごととして該当する割合が高い項目であり、四番目以降の項目については、3 割程度しか該当しない。
　以上の調査結果からわかるのは、多くの入居者が困りごととして団地生活における人間関係や共同生活を課題として挙げる割合が高いということである。「誰が入居者からわからない」と「困りごとを相談する相手がいない」は前段で紹介した四分類のなかで団地における人間関係に関する困りごとで

あった。前者については 6 割強、後者については 5 割弱と多くの人が困りごとであると考えている。ただし同じく団地生活における人間関係に関するものである「団地内の人間関係がよくない」については 2 割程度にとどまった。全二者との関係から考えると、団地内においては、人間関係が悪くなる以前のまだ十分に関係が構築されていない段階であると言えよう。

　以下では、「誰が入居者かわからない」「集合住宅になじめない」「買い物などの交通が不便」の三項目に注目する[1]。それぞれの項目について、どのような入居者が課題と認識しているのかを確認していきたい。

2-2　誰が入居者かわからない

　はじめに調査結果を見るのは、10 項目の生活課題のなかでも一番回答頻度が高かった「誰が入居者かわからない」である。「誰が入居者かわからない」に関しては、性別、年齢、世帯構成によって大きな違いは見られなかった。また、居住年数による違いも確認できなかった。このことは、時間の経過によってこの課題が必ずしも解決されるわけではないことを示唆している。

　県別に見ると、福島県において「誰が入居者かわからない」が課題であると考える人が多いことが明らかになった。**表 8-3** は県別にみた誰が入居者かわからない程度を示したものである。「あてはまる」「ややあてはまる」を合わせた割合は、岩手県で 63.9%、宮城県で 71.3%、福島県で 73.5% であった。特に「あてはまる」だけに注目すると、福島県は 41.2% と他県と比較して高くなっている。

　その背景としては、やはり原発避難によって避難元を異にする人々が入居していることが大きいと考えられる。もちろん、宮城県とともに団地の規模が大きいことも要因としてあげられる。

　団地内において交流がない入居者が、「誰が入居者かわからない」ことを生活課題と考えている。**表 8-4** は、団地内のつきあい別にみた誰が入居者かわからない程度を示したものである。交流がない入居者の 86.1% が「誰が入居者かわからない」と回答している。ただし、団地内のつきあいの程度が高まってもその回答割合が劇的に減少するわけではない。この調査結果からは、

表 8-3　三県別にみた「誰が入居者かわからない」

		誰が入居者かわからない				
		あてはまる	ややあてはまる	ややあてはまらない	あてはまらない	n
都道府県	岩手県	26.3%	37.6%	19.4%	16.6%	(797)
	宮城県	33.1%	38.2%	17.6%	11.2%	(626)
	福島県	41.2%	32.3%	17.1%	9.4%	(631)
全体		33.0%	36.2%	18.2%	12.7%	(2,054)

表 8-4　団地内つきあい別にみた「誰が入居者かわからない」

		誰が入居者かわからない				
		あてはまる	ややあてはまる	ややあてはまらない	あてはまらない	n
団地内つきあい	交流はない	64.9%	21.2%	5.9%	8.0%	(288)
	顔を知っている程度	33.3%	37.5%	18.4%	10.7%	(456)
	たまに立ち話をする程度	27.2%	38.5%	20.1%	14.2%	(889)
	お互いの家を行き来する程度	21.8%	40.1%	22.1%	15.9%	(289)
	一緒に外出する程度	20.4%	44.1%	22.6%	12.9%	(93)
全体		32.9%	36.3%	18.1%	12.7%	(2,015)

団地内のつきあいを高めればこの問題が解決されるわけではないことを示している。

　「誰が入居者かわからない」ことを生活課題として挙げる入居者ほど団地における生活満足感が低く、また復興感が低い傾向にあること[2]を考えると、この課題は災害公営住宅入居者にとって解決されるべき問題であると言える。ただし、今回の調査対象団地は被災三県のなかでも大規模な団地であった。その点で、大規模団地では「誰が入居者かわからない」という課題は必然的で構造的な問題であると言える。さらに今後、災害公営住宅の一般化が進み流動性が高まるなかでは、簡単には解決できない課題になるといえよう。

2-3　集合住宅という形式に馴染めない

　次に見るのは「集合住宅に馴染めない」である。東日本大震災では、被災者の多くが震災前に持ち家に住んでいた。今回の調査対象者もその64.7％が震災前に一戸建て住宅に居住していた。仙台市などの都市部ではその割合は4割強にとどまるが、福島県の入居者ではその割合は7割を超える。そのような人たちが大規模な集合住宅に入居したわけだが、そこでの生活に馴染めているのだろうか。

　性別や年齢などの属性との関係を見ると、年齢に関しては80代以上の年代において馴染めないという回答が少し高くなっている（**表8-5**）。とはいえ、年齢による違いはそれほど大きいものではなかった。また、世帯構成による違いも見られなかった。

　県によっても、大きな違いは見られなかった。強いて言えば福島県において「あてはまる」と回答した割合が若干高く、岩手県において若干低い程度である。また居住年数による違いを見ると、入居から3ヶ月未満において該当する割合が高いものの、居住年数が長くなるほど当てはまる割合が大きく低下するわけではない。

　震災当時の住宅形態別にみた「集合住宅に馴染めない」についてみると（**表8-6**）、一戸建て住宅に居住していた人の「あてはまる」と回答した割合は全体から見ても高いわけではない。他方、民間賃貸住宅やアパートに居住していた人の回答割合については、全体と比較して多少低いか、ほとんど同程度で

表 8-5　年齢別にみた「集合住宅に馴染めない」

		あてはまる	ややあては まる	ややあてはま らない	あてはまら ない	n
		集合住宅に馴染めない				
年齢	50代以下	12.2%	25.0%	33.9%	28.9%	(508)
	60代	12.7%	26.4%	32.9%	27.9%	(519)
	70代	15.4%	24.6%	31.5%	28.5%	(629)
	80代以上	17.0%	30.8%	24.5%	27.7%	(347)
全体		14.2%	26.3%	31.3%	28.3%	(2,003)

表 8-6　震災当時の住宅形態別にみた「集合住宅に馴染めない」

| | | 集合住宅に馴染めない | | | | |
		あてはまる	ややあて はまる	ややあては まらない	あてはま らない	n
震災当時の 住宅形態	一戸建て住宅	15.7%	28.0%	31.7%	24.6%	(1,278)
	分譲マンション	0%	31.3%	18.8%	50.0%	(16)
	民間賃貸住宅・アパート	11.4%	24.8%	29.2%	34.6%	(500)
	公的賃貸・雇用促進	13.4%	19.1%	36.3%	31.2%	(157)
	社宅・官舎・寮	0%	23.5%	41.2%	35.3%	(17)
	その他	28.6%	14.3%	42.9%	14.3%	(7)
全体		14.2%	26.4%	31.4%	27.9%	(1,975)

ある。民間の賃貸住宅の多くが 20 戸程度以下の集合住宅であることを考えると、集合という形式ではなく、大規模な集合住宅に慣れていないことが理由として挙げられるだろう。

2-4　買い物などの交通が不便

　最後に見るのは「買い物などの交通が不便」である。これは 10 項目の生活課題のなかでも 5 番目に該当する割合が高いものであり、約 3 割の住民が生活課題と捉えていた。そして表 8-1 で見たとおり、この生活課題は団地の生活環境に関するものと位置づけられる。今回の東日本大震災においても、多くの被災地で事業用地の確保が困難を極めた。そのなかでどうしても不便な場所に災害公営住宅が建設されることも生じた。これは阪神・淡路大震災でも見られたことである。

　それでは、調査結果からどのような人が買い物などの交通が不便であると感じているのか見ていきたい。性別を見ると、男性よりも女性の方が該当する割合が高い。また、年齢が高くなるほど当てはまる割合が高くなる傾向となった。これらの調査結果は、高齢者ほど交通手段を持たない傾向にあることを考えると理解できるだろう。世帯構成による違いはほとんど見られなかった。居住年数による違いも見られず、時間の経過とともに解決される問

表8-7　居住自治体別にみた「買い物などの交通が不便」

		買い物などの交通が不便				
		あてはまる	ややあてはまる	ややあてはまらない	あてはまらない	n
居住自治体	宮古市	13.4%	13.4%	34.6%	38.6%	(127)
	大船渡市	13.4%	21.8%	18.5%	46.2%	(119)
	陸前高田市	15.2%	16.7%	29.8%	38.4%	(198)
	釜石市	12.1%	15.2%	21.4%	51.3%	(355)
	仙台市	16.9%	23.1%	26.7%	33.3%	(195)
	石巻市	10.2%	15.9%	26.1%	47.8%	(314)
	気仙沼市	15.4%	15.4%	27.9%	41.3%	(104)
	福島市	24.5%	28.3%	26.4%	20.8%	(53)
	郡山市	11.4%	10.0%	21.4%	57.1%	(70)
	いわき市	17.8%	15.8%	30.2%	36.1%	(202)
	二本松市	7.1%	14.3%	14.3%	64.3%	(42)
	南相馬市	6.3%	13.4%	28.0%	52.3%	(239)
合計		13.0%	16.5%	26.1%	44.4%	(2,018)

題ではない。

　県による違いも見られなかったが、居住自治体による違いは見られた（**表8-7**）。岩手県では居住自治体による大きな違いは見られないが、「あてはまる」「ややはてまる」を合わせた割合は、宮城県では仙台市が 40.0% と高く、福島県では福島市で 52.8% と高かった。他方、二本松市や南相馬市においてはその割合が低い。これらの地域では総じてスーパーや病院の近くに団地が建設されたことが背景にある。

　事業用地確保が比較的難しかった岩手県ではそれほど困難に感じている人は多くなく、むしろ仙台市や福島市など都市部において該当する割合が高かった。これらの地域では特段高齢者が多く入居しているわけではない。そのように考えると、これらの地域では周辺にスーパーや病院がない住宅が多い可能性があるが、それだけでなく、阪神・淡路大震災の被災地と同様、震災前に比較的便利な場所に居住していたことと比べて「現在は不便」と回答しているのかもしれない。

3　自身・家族の医療・福祉的課題

　災害公営住宅入居者層は高齢者の割合が高いことが想定されたため、本調査においては、調査対象者自身あるいは同居している人で、定期的な通院、高齢者介護サービスの利用、障がいによる介助必要性、ボランティア等の支援といった、医療・福祉的な課題についても尋ねている。

　表 8-8 は、それら自身・家族の医療・福祉的課題について、あてはまると回答した割合を、全体と年齢階層別に示している。全体では「定期的に通院している」が 71.8% と 7 割以上が定期的な通院の必要性があり、高齢者介護サービス利用者が 12.2%、障がいがあるために介助が必要な家族が 7.2% などとなっている。「いずれにも当てはまらない」とするのは 26.5% と 4 分の 1 程度である。

　年齢階層別に見ると、高齢になるほど「いずれにも当てはまらない」とする割合が低くなり、80 代以上では 13.7% にとどまる。逆に「定期的に通院している」が 83.0%、「高齢者介護サービスを利用している」は 26.9% と、これらは高齢になるほどその割合が高くなっている。高齢化率が高い災害公営住宅居住層においては、現状においても通院といった医療的課題や、介護サービスなどの福祉的課題に直面している入居者が多いが、今後も高齢化は進むと考えられる。これらの課題やニーズに今後さらに対応することが求められる。

表 8-8　自身・家族の医療・福祉的課題

		全体	40 代以下	50 代	60 代	70 代	80 代以上
1	定期的に通院している	71.8%	42.9%	61.2%	70.4%	82.1%	83.0%
2	高齢者介護サービスを利用している	12.2%	1.2%	7.5%	9.3%	10.8%	26.9%
3	障がいがあり、介助が必要である	7.2%	5.3%	7.5%	8.0%	7.2%	7.0%
4	ボランティア等の支援を受けている	2.6%	0.4%	1.5%	1.9%	2.2%	6.2%
5	いずれも当てはまらない	26.5%	55.1%	36.9%	27.7%	17.5%	13.7%
6	その他	0.4%	0.4%	0.4%	0.2%	0.4%	0.4%
n		(2,233)	(247)	(268)	(537)	(692)	(454)

4　自由記述からみる入居者の生活課題

　本調査では、「災害（復興）公営住宅入居後の生活で困っていること、不満に思っていること、心配していることがあれば具体的にお書きください」（問48）という自由記述での問いで、災害公営住宅入居後の生活課題や不満、心配ごとを把握した。

　この項目に記入があった票が被災者全体のうちの37.9％であり、県別では岩手県38.9％、宮城県36.8％、福島県37.8％とほとんど違いは見られなかった。

表 8-9　入居者の生活課題・頻出語の出現回数（20 位まで）

順位	全体	出現回数	順位	岩手	出現回数	順位	宮城	出現回数	順位	福島	出現回数
1	家賃	288	1	家賃	135	1	家賃	108	1	思う	87
2	住宅	273	2	住宅	132	2	生活	90	2	住宅	70
3	思う	272	3	思う	114	3	思う	71	3	人	68
4	生活	252	4	人	112	3	住宅	71	4	団地	58
5	人	246	5	生活	107	5	人	66	5	生活	55
6	心配	162	6	入居	74	6	心配	52	6	入居	52
7	入居	161	7	心配	63	7	上がる	44	7	心配	47
8	不安	120	8	年金	58	7	年金	44	8	家賃	45
9	困る	118	9	公営	55	9	出来る	41	9	困る	40
10	年金	112	10	上がる	54	10	多い	37	10	住む	35
11	上がる	109	11	不安	51	11	高い	35	11	不安	34
11	多い	109	12	困る	46	11	入居	35	12	大変	31
13	公営	98	12	自分	46	11	不安	35	12	分かる	31
14	高い	97	14	大変	45	14	居る	33	14	多い	30
15	団地	93	15	高い	43	15	困る	32	15	言う	27
16	住む	92	16	多い	42	15	収入	32	16	自分	25
17	自分	90	17	今	41	17	復興	31	17	出来る	24
17	大変	90	17	住む	41	18	仕事	25	17	前	24
19	今	84	19	部屋	36	19	考える	24	19	公営	23
20	収入	74	20	駐車	35	19	今	24	19	支援	23
20	復興	74	21	仕事	31	21	言う	23	19	部屋	23

　表 8-9 は、災害公営住宅入居者の生活課題についての自由記述のうち、KH コーダー[3] を用いて頻出語の出現回数を全体、岩手、宮城、福島の各県にわけて全体の 20 位まで多い順に示したものである。全体を見ると、「家賃」が 288 回と最も多く、家賃に関する記述が最も多いことがわかる。

　県別の違いに注目すると、岩手県と宮城県では、全体でも最も多かった「家賃」が 1 位であるが、福島県では 8 位となっており、津波被災者がほとんどを占める岩手県、宮城県と、原発避難者から構成される福島県では、最大の生活課題が異なることがわかる。

　調査実施当時、岩手県や宮城県では、減免されていた家賃が上昇する見込みであることが各種メディアで報道されており、実際に家賃が上昇したという記述も岩手県や宮城県では多く見られた。災害公営住宅入居者は高齢者の割合が高く、年金生活者も多いことから、家賃の上昇は生活費の減少に直結する。そのために、家賃上昇に対する不安が多くなっていたと考えられる。

　他方で福島県の復興公営住宅は東京電力からの家賃賠償[4] があったことから、岩手県、宮城県ほどは大きな課題として認識されなかったのだと考えられる。とはいえ、将来的に家賃賠償がなくなれば、岩手県、宮城県と同様に家賃に関する不満・心配がより顕著になるのではないかと考えられる。

　図 8-1 は、これら生活課題の共起ネットワーク[5] を示している。前述したように、家賃が上がることに対する年金や収入の問題など、今後の経済的な生活不安、災害 (復興) 公営住宅に高齢者が多く、現在や今後の生活を憂うといった意見、入居者間の人間関係、震災前にできていたことができなくなっていること、病院への通院の不便さ、駐車場の問題、子供の生活音、自治会役員に関する不満などが課題として浮かび上がる。

　表 8-10 〜 12 は、これらの記述の代表的なものについて、紙幅の都合上、ひとりの調査対象者から多数の課題があげられている記述を、県別に、性別・年代の情報とともに紹介している。

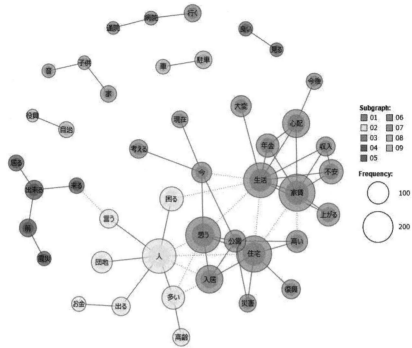

図 8-1　入居者の生活課題の共起ネットワーク（全体）

表 8-10　入居者の生活課題（岩手県）

記述内容	性別	年齢
(1) 自治会に参加したくないが、入居とともに参加せざるをえない。(2) 公営住宅を出たいが、近隣のアパートが高くて出られない。(3) 月 50,000 円から 60,000 円の医療費がかかり生活もギリギリだが、年々家賃は上がっていく。(4) 扶養家族がいる人たちには手当や優遇措置があるが、いない人には税金やらいろいろ引かれるのに何も返ってこない。(5) 基本給が上がっても年金保険料等引かれる方が上がり手取りが減るにもかかわらず、家賃が上がるので困ります。	女性	40 代
(1) 住宅での他の住民の方々との関わり方について、困ったり悩んだりする場面は、自分の体調のこともあって多々あります。集団生活が苦手ですが今はここに暮らすしかないので他の方々に迷惑をかけつつ住んでいます。(2) 団地での生活はアンケート内でも伝えたように、生活する上で大変だったり面倒なデザインもあります。3 階からゴミ捨て、ポストへ行くこと、その逆でたくさん買い物をしたときに持って帰るのもエレベーターが遠く階段しかない。駐車場からエレベーターが遠いなどです。換気も変だったり。(3) 復興団地はこれで終わりなのか、もっと建築されてないのか。(4) 平成 31 年 10 月より家賃が上がったのも不安で不満。	女性	40 代

記述内容	性別	年齢
病気をして収入が減る一方、復興住宅の家賃は上がる一方で、手取り10万弱の収入から、2万の家賃と通院費、薬代で生活が苦しくなっている。息子が来年3月に高校卒業後、地元に就職してくれるが、また家賃が上がり、今後の生活が心配です。自動車免許や車の購入だの親族から借金して返済していくしかない状態。住宅も隣の子供の走る音が響いてすごくストレスを感じる。去年9月よりうつ病治療中です。児童扶養手当が来年からもらえなくなり、医療費助成も受けられないため、病院に行く回数を減らすしかない。	女性	50代
(1) 入居は一人暮らしで高齢者が多く、寝たきりや認知が発生しつつあり、今後どのように対処したらいいのかが課題でもある。(2) 高齢者が多いので、アパート共有部分の掃除や草取りも少なくなりつつある。資金援助があれば外部に頼みたい。(3) 若い人たちはある金額以上になるとアパートにいられなくなるので老人だけのアパートになりそうです。	男性	60代

表8-11　入居者の生活課題（宮城県）

記述内容	性別	年齢
(1) 社会福祉協議会などの職員が何度か来ているが、平日は仕事で留守なので会った事はない。(2) 段階的に家賃が上がっていくが、毎年、来年はいくらになるのか不安。(3) 年収が一定額以上だと退居依頼が来るが、いつ来るのかと思うと不安になる。(4)今後別の住居に移る予定ではあるが、住環境が変わるだけで生活がそれほど変わる訳ではないし、精神的に良くなる訳でもないので、社会福祉協議会やこのような調査から取り残されていくような気がする。(5) 別の住居に移る事になれば、出費が増えるし環境も変わるので、不安だし心配。	女性	50代
(1) 経済的に心配。(2) 団地内での人間関係がうまくいっていない。(3) 挨拶がない。無視。人にかまっていられない状況。(4)団地内の規則、ルール等が無視されている。(5) 役員不足。なってくれる人が居ないし、なりたがらない。(6) 全員一致に協力的でない。(7) 老齢化	男性	70代
(1) 挨拶をしない人がいる。団地なので避けられない時もある。とりあえずすれ違うので挨拶だけでも。(2) 困りごと（隣の人や交流会、お茶会の時など）がある時、個人情報もあるので、どこまで相談するのか。また他にその件が広がらないか心配。(3) 嫌がらせ（パワハラ的な）を受けているので、これからの生活がとても不安。(4) 防災訓練は実施しているが、災害時の避難の仕方が団地内で決まっていない。	男性	90代
(1) 町内会に入っていない人が多いのに入っている人とあまり変わりなく扱っている。町内会費を収めているのに。(2) 入っていない人が幅をきかせている。(3) ペットを飼っている人達も居るが、その人達の多くが町内会に入っていません。その人達こそ入って、ペットの声や汚している事を知ってほしい。(4) 規則を守らない人が多い。自分勝手。	不明	不明

表 8-12 入居者の生活課題（福島県）

記述内容	性別	年齢
(1) 共益費を払っているのに、共用の水道を使用できない。意味が分からない！！ (2) 共益費が高いのに、清掃活動で使う道具もろくにない。(3) 公営住宅に居る事が不満。家を返せ！！	男性	40代
今後、家賃の補助がなくなってしまい家賃も上がっていくことや、医療費の免除もなくなったら困ってしまう。体調が悪く仕事を探すことも困っている。家族の離散、失業、離婚、不登校、体調不良、引きこもり、障害、ステージⅣの病気、家出、現実が受け止められない。一人で考えていると心が落ち着かなくなる。こういう調査アンケートに記入することも本当は辛い。愚痴ってしまいましたがごめんなさい。ありがとうございました。みんなが笑える日が来る事を願っています。	女性	50代
(1) 現在入居している災害復興公営住宅は、同じ町の町民と別の町村民の雑居状態で、東日本大震災原発事故での避難生活では同じだが、「3編成」という壁がある為に、地区、大字で隔たりがある（ひがみ、妬み）。補償額の違い。(2) この公営住宅に入居する前の仮設住宅での「別の仮設」交流やイベントを、前の仮設だとこんな流れでやっていたとか言われて進むが、「一仮設住宅」のみが公営住宅に入居している訳ではないのだからと思う。何ヶ所かの複数の仮設住宅からの入居なので、片寄っての自治会の運営は窮屈に思うし、何にも参加しようとも思わない。(3) 東日本大震災・原発事故で「国」からの避難指示により今現在に至るが、他の地区は避難指示解除され、少し前に進む兆しや気持ちの部分で楽な面があると思うが、8年9ヶ月を過ぎても時間が止まったままの我々にすれば、先行きが見えない「八方塞がり」蚊帳の外状態。これから目鼻がつくように、どう前に進む事が出来るのか、「帰宅困難区域」の道筋を示してほしい。出来るものであれば、生まれ育った懐かしい故郷を取り戻したい。復興、復興と言葉が一人歩きし、世論は進んでいるようだが、まだ取り残され置き去りにされている人間もいることを考えてほしい。(4) 公営住宅（世帯、入居人数）から考えると、集会所は小さく狭すぎる。(5) エアコンの取り付け位置の配管穴、コンセントの位置。災害復興公営住宅の県営住宅管理室に度々頼むが、何の対策もしてくれない。(6) 隣の部屋での食事の用意の臭いが、壁の中を通って部屋の中に充満して臭い。自治会に相談しても、解決する事もなく放置状態。	男性	50代
(1) 3階に住んでいるが、2階の人から足音がうるさいとか、天井の蛍光灯が揺れるほどなどと言われ、歩く時等とても気をつかっている。(2) ゴミ出しの日、どこの部屋から出たか検索している役員の人がいて不快。(3) 階段下の出入り口に老人車に座り、何時間もいて人の出入りをチェックしている人がいる。（どこに行くの？とか何を買ってきたの？などと）	女性	60代

本来災害公営住宅は県営住宅とは違っていると考えています。理由は部屋代のこと！仮設住宅の劣悪な環境から一日も早い脱出をさせる目的は理解していますが、所得に対しての賃料の設定、一定期間（まだ続く避難生活と家そのものが解体、野生動物による汚染、放射能汚染など）の枠を決めて、今後家賃の一般人入居に対する賃料と同条件で引き上げる圧力に対して、不安を抱えているのが現状。家があってもなかなか帰れないことを考えれば、更に年を一年一年と取ることにより、故里への帰還ができない事は明白な事実。故里には公共的インフラが未だに不足、安心して帰れる理由にはならない。特に故里には人がいない、誰もいない、頼れる人もいないの三重苦の中で遠く離れた地域に生活をしていることからして、一般の人々とは違った対応を一生涯生活をみるという覚悟と自覚が必要。私達は国や東京電力に何か悪い事をしましたか。何も知らされることなく放射能の危険から強制的に避難させられたのですから。国も自治体も復興の名目でただ公共事業を推進しているばかり、私は復興よりも元の姿に戻す復旧が大事と考えています。政治家がこの震災、放射能災害から逃げている限り、この困難な状況から脱出することはできません。加害者東電が勝手な賠償基準を作り、あれはダメ、いつまでも平行線であればこの災害から抜けだすことは完全に賠償することが次のステップへの第一歩です。国も政治家も何をやっているのか。	男性	60代

5　自由記述からみる共用部分についての不満

　続いて、集合型の災害公営住宅ならではの共用部分についての不満について、「住居内や団地内の共用部分の仕様について、使い勝手が悪い点、不満に思う点があれば、具体的にお書きください」（問 39）という自由記述での問いに対する回答をとりあげる。記入があった票が被災者全体で 21.5％であり、県別では岩手県 22.8％、宮城県 19.3％、福島県 22.1％と大きな違いは見られなかった。

　表 8-13 は、災害公営住宅の共用部分についての不満の自由記述のうち、全体で 20 位までの頻出語の出現回数を全体、岩手、宮城、福島の各県にわけて多い順に示したものである。全体を見ると、「人」が 85 回と最も多く、続いて「駐車」(74 回)、「部屋」(57 回)、「団地」(45 回)、「エレベーター」(44 回)などに関する記述が多いことがわかる。

　「駐車」に関する記述が多い理由として、地方では自家用車を前提とする

表 8-13　災害公営住宅の共用部分についての不満・頻出語の出現回数（20 位まで）

順位	全体	回数	順位	岩手	回数	順位	宮城	回数	順位	福島	回数
1	人	85	1	駐車	35	1	人	30	1	人	28
2	駐車	74	2	人	27	2	部屋	18	2	団地	24
3	思う	58	3	部屋	25	3	駐車	17	3	駐車	22
4	部屋	57	4	思う	24	4	住宅	16	4	思う	20
5	団地	45	5	エレベーター	21	5	思う	14	5	悪い	17
6	エレベーター	44	6	狭い	19	6	掃除	13	6	集会所	16
7	狭い	43	7	掃除	18	6	無い	13	6	多い	16
8	多い	41	8	大変	17	8	出来る	12	8	狭い	15
9	悪い	37	9	階段	16	9	多い	11	9	使う	14
10	使う	36	10	使う	15	10	エレベーター	10	9	部屋	14
10	住宅	36	10	入居	15	10	玄関	10	9	良い	14
10	掃除	36	12	ベランダ	14	10	通路	10	12	エレベーター	13
11	集会所	34	12	車	14	13	ベランダ	9	13	管理	12
14	スペース	29	12	多い	14	13	悪い	9	13	窓	12
14	階段	29	15	音	13	13	狭い	9	15	スペース	11
14	入居	29	15	水道	13	13	集会所	9	15	車	11
17	ベランダ	28	15	入る	13	13	団地	9	15	出る	11
17	大変	28	18	住宅	12	18	スペース	8	18	清掃	10
19	通路	27	18	団地	12	18	困る／水	8	18	通路	10
20	玄関／車	26	18	不便	12	18	使用／大変	8	18	棟／入居	10

生活習慣が根づいていることがあげられるだろう。従前の生活であれば、人数分の自家用車を保有している世帯も少なくなかったと考えられるが、災害公営住宅の場合は使用できる駐車スペースに限りがある。また、来客などがあった場合には入居者自身の駐車場のほかに来客者用の空きスペースが必要となる。いずれにせよ、自家用車の保有を前提とする生活習慣に照らし合わせると、現状ではスペースが足りず、それが不満としてあらわれている。

　ほか、「部屋」に対する不満は岩手県（3 位）、宮城県（2 位）では多いが、福島県では 9 位とやや少ない。逆に福島県では集会所が 6 位と、岩手県（28 位）、宮城県（13 位）よりも相対的に多くなっていることが特徴としてあげられる。

　図 8-2 は、災害公営住宅の共用部分についての不満の共起ネットワークを

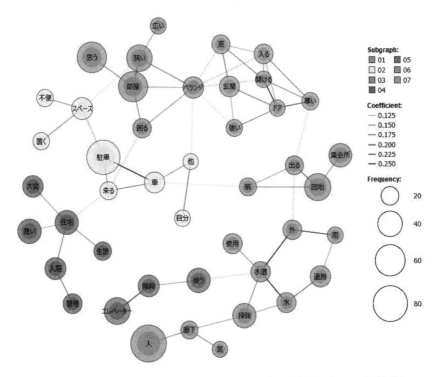

図 8-2　災害公営住宅の共用部分についての不満の共起ネットワーク（全体）

示している。前述したように、駐車スペースが狭くて来客があった場合にも
不便であること、部屋が狭いことなどに加え、集合住宅の共用部分ならでは
の集会所、エレベーター、階段、通路、廊下や、それらを掃除するための水
回り、ベランダ・窓・玄関・ドアの利用などに関して、使い勝手に不満があ
ることが浮かび上がる。

　表 8-14 ～ 16 は、これらの記述の代表的なものについて、紙幅の都合上、
ひとりの調査対象者から多数の課題があげられている記述を、県別に、性別・
年代の情報ともに紹介している。表 8-10 ～ 12 で生活課題の代表的な自由記
述においても見られたが、災害公営住宅ならではの共益費の高さや、その節
約に関する提案なども見られる。

表8-14　災害公営住宅の共用部分についての不満（岩手県）

記述内容	性別	年齢
(1) 3DK でリビングが1番狭い作りになっている。(2) 他の部屋の人がベランダで吸っているタバコの煙が部屋に入ってくるのが不快。副流煙の健康被害が心配。(3) キッチンの水道蛇口が異常に高い場所にある。水はねがひどい。(4) 南向きにして欲しかった。東向きの作り。(5) 冬が寒い。通気孔の作りが単純すぎて開けると寒い。寒冷地向きではないと思う。(6) 24時間換気扇とお風呂の換気扇が同一スイッチの仕様になっているが、別々にして欲しかった。	女性	30代
(1) 1階に猫犬のフンを取らない人がいる。(2) エレベーター入り口の周りにタバコの吸い殻が散乱している。(3) 階段周辺やエレベーター入り口付近に痰やつばが吐き出されている。(4) 駐車場の枠内にまっすぐ停めない人がいる。	男性	50代
(1) 倉庫が小さい。(2) 非常時避難はしごは、高齢者には使えない仕様だと思う。(3) 廊下の照明について。時間設定なのか周りの暗さを感知なのかわからないが、夏期間中は、外がまだ明るいうちから点灯している。夏、冬時間設定とか節電を検討すべき。全団地で考えたら相当の消費電力が節約でき、共益費対策につながると思う。要検討。合わせて倉庫も入室時自動点灯となっているが、点灯時間が長すぎる。スイッチ点灯にするか、自動点灯でも時間を短くできると思う。	男性	60代
(1) お風呂が狭い。(2) 物置が小さい。(3) 長い柄が横にしないといけない。(4) 泥靴などを洗う外の水道がない。(5) 自宅の水道、ガス、電気のメーターが検診の係員しかわからないのは納得できません。	女性	60代
1階に電気のコンセント、水道蛇口など共用で使用できる設備がなく、ラジオ体操、水を使う床掃除などに難儀している。ゴミ集積所に照明がなく、夜間の利用や掃除に困っている。	男性	70代
(1) 風呂の換気扇を動かすとドアの換気口の位置が低いため、冷たい風が通り抜け、ひどく寒い風呂場になる。換気をとめれば良いのですが、常時換気せよと言われた。24時間。(2) 冬の乾燥で建具が開かない、閉まらない、湿気がある。(3) 物置、各部屋ごとにまとめて設置してある、ルームに大雨の時、水が溢れ、排水溝がないために、全体に水浸しで人の手で排水した。	女性	80代以上

表8-15　災害公営住宅の共用部分についての不満（宮城県）

記述内容	性別	年齢
住宅内 (1) 和室のない部屋があっても良かったと思う。畳が傷みやすい。(2) 湿気、結露になりカビが生える。(3) 換気扇の使い勝手が悪く掃除もしにくい。外しにくいので高齢の方は無理だと思う。	男性	30代

記述内容	性別	年齢
エントランスにある郵便受けの前に休憩長椅子があり、郵便を取りに行くと大勢で腰掛けている事があり、取りづらくて戻る時がある。設備配置位置のミスだと思う。エントランス、駐車場、駐輪場など夜中にこれほど照明をつけておく必要があるのか。共益費から料金が出ているのならば、無駄遣いも甚だしいと思う。	男性	50代
(1) 来客者用駐車場について…電話予約のやりとりが面倒。予約に時間がかかる。通話時間。借りたい時にすぐ借りられない。駐車禁止スペースの無断駐車が迷惑。予約の手順が面倒だからなのか？ノート記入式にしては？と感じている。(2) エレベーターの自転車の乗り入れ…自転車置き場に置くルールを守ってほしい。	女性	60代
(1) 集会所の開放がない。(2) 自由に使わせてもらえない。(3) 何の為の集会所か分からない。(4) 住宅住人に開放してもらいたい。	男性	70代
(1) 玄関は北側にあり、ドアを開けるのに重く、風の強い日は開けるのに大変です。(2) 夏場換気扇をかけると、その空気が窓から入ってきて油物の時など大変。(3) 南側のベランダにも出入り出来る様にしてもらいたかった。ベランダから外へは出る事が出来ません。出入り口は一ケ所だけなので非常時の出入り口に作ってほしい。(4) 私達の団地は三階建てですが、南側の前の団地が五階建てで、冬場になると午前中は陽が当たらず寒いです。設計の時、考えてほしかったです。	女性	80代以上

表 8-16　災害公営住宅の共用部分についての不満（福島県）

記述内容	性別	年齢
(1) エレベーターの所が老人の溜まり場になって迷惑している。(2) 隣の住民の子どもの奇声の声、地響きがうるさくて困っている。警察にも相談した事があります。迷惑と認識しない親を遺憾に思っています。	男性	40代
窓、玄関扉の結露→冬になるとガラス窓は2重タイプで結露はなりにくいが、窓枠がアルミ製になるため、窓枠の結露が酷く発生して北側の窓枠の木製部にカビが発生している。また玄関扉も金属製で断熱されていないため、玄関内側の結露が酷い。また1階は高齢者向けのため、玄関がスライド式になっているため気圧が低い時、また風が強い時、また換気扇を強にすると隙間風が入るため「ヒューヒュー」音がしてうるさく生活しづらい。	男性	50代
(1) 駐車場内の車を停めるスペースが狭すぎて、隣の車が当たったり、乗り降りの際に「キズ」を付けられる。(2) 駐車場内の植え込みの部分が多く、車の出し入れに大変。もっと駐車スペースを広くしてほしい。(3) 緊急車両が来ても、階段や歩道の「縁石」が部分的に邪魔になる所がある。※生活行動を第1ではなく、美化の為と安全面だけを考えているようで使いづらく、違った意味で生活しづらく、安全面で疑問に思う。遠回りをして走る率の多い公営住宅。	男性	50代

(1)結露が多い。(2)ウオーターハンマーがきつい。深夜から早朝は特に。しょっちゅう起こる。(3)間取りが悪く無駄なスペースが出来る。(4)コンセントの位置が悪い。(5)部屋との隙間が多く、特に冬はすきま風により寒い。(6)エアコンのスリーブ位置が悪く無駄に冷媒管が長くなっている。(7)柱型や梁型が出ているので、家具がしっくり配置出来ない。またデッドスペースが出来る。	男性	60代
(1)日当たりが良くない。山間に建設されている為、日照時間が通常の50％以下。特に一階は冬寒く、夏暑い。夏の夕陽の日当たりは最高に良い。(2)集会所まで遠い。集会所と棟との間が道路で分断されている。(3)巨大貯水池が二つあり、台風や大雨時、今年は特に、床上浸水等、甚だ不安心。(4)公園が公園の役に立っていない。	男性	70代
(1)煙草の臭いが酷い(隣室からの煙がほぼ100％)。集合住宅は湿気対策のため、換気通風装置が室ごとに設置されており、そこに煙草の煙が侵入してくる。ベランダで吸われると本当に困る。号棟ごとにプレハブ小屋等の喫煙所を設けてほしい。(2)ゴミ集積所が新たに設置されたのに、仮設の集積所が2年経った今も撤去されないまま残っている。当時管理人の私が管理室に相談しても、「壊せない…」の一言。仮設の方に捨てる人が続いていたので、私の判断で入口をロープで縛って、使えなくしました。同じ場所に二つあって、一つは使用しないまま残っているのは目障りです。何か仕組みというか、県の考え方に理解できません。	女性	70代

6　まとめ

　入居後の団地生活での困りごと(2節)としては、「誰が入居者からわからない」(69.2%)、「困りごとを相談する相手がいない」(47.0%)、「集合住宅に馴染めない」(40.6%)をあげる割合が高かった。この結果から、団地生活における人間関係が十分に構築されていないことが課題と認識されていることがわかる。とくに「誰が入居者からわからない」と認識している入居者ほど総合的な生活満足度や復興感が低い傾向にあることから、さまざまな工夫によって解決されるべき問題であると言えよう。

　また、本調査の対象となった大規模な「集合住宅に馴染めない」ことも課題となっており、これら集合型の災害公営住宅の適正規模についても検討の余地を残す結果となっている。

　ほか、「買い物などの交通が不便」については約7割があてはまらないと

回答していた。この背景には、災害公営住宅をスーパーなど商業施設の近くに整備したり、新たな商業施設の整備などがはかられた事例も多かったことがあるが、逆に言えば約3割の住民が課題としてとらえており、そうした整備がままならなかった地域においては特に交通手段を持たない高齢層を中心に課題であり続けている。

　自身・家族の医療・福祉的課題（3節）については、7割以上の世帯で通院の必要性がある、1割以上の世帯で高齢者介護サービスを利用しているなど、何らかの課題がある被災者がおよそ4分の3を占める。とくにその割合は高齢者で高く、今後も高齢化が進むと考えられる災害公営住宅入居者のこれらの課題やニーズに対応すること、例えば、2節で見た交通手段への対応などが求められよう。

　自由記述からみる入居者の生活課題（4節）としては、「家賃」に関する記述が最も多くなっていた。災害公営住宅入居者は高齢者の割合が高く、年金生活者も多いことから、家賃の上昇は生活費の減少に直結する。そのために、家賃上昇に対する不安や心配が多くなっていたと考えられる。他方で福島県の復興公営住宅は東京電力からの家賃賠償があったことから、岩手県、宮城県ほどは大きな課題として認識されなかったのだと考えられる。

　ほか、災害公営住宅に高齢者が多く、震災前と比較して現在や今後の生活を憂うといった意見、入居者間の人間関係、病院への通院の不便さ、駐車場の問題、子供の生活音、自治会役員に関する不満などの記述が見られた。

　災害公営住宅の使い勝手についての不満（5節）については、駐車場に関する記述が多く見られた。従前の自家用車の保有を前提とする生活習慣に照らし合わせると、駐車スペースが狭いこと、来客があった場合のスペースが不十分であることなどが不満としてあげられている。ほか、部屋が狭いことなどに加え、集合住宅の共用部分ならではの集会所、エレベーター、階段、通路、廊下や、それらを掃除するための水回り、ベランダ・窓・玄関・ドアの利用などに関して、使い勝手に不満があるとの記述が見られた。

　以上、災後9年近くが経過し、調査時点において8割以上が災害公営住宅入居後2年以上経過していた本調査対象者においても、災害公営住宅の生活

においてさまざまな生活課題が見られることが明らかとなった。特に家賃の上昇は、災害公営住宅に居住し続ける限りは払い続けなければいけない切実な問題である。また、共用部分に関する共益費がかかるなど、一戸建て住宅にはない集合住宅ならではのランニングコストの負担ものしかかっている。

　さらに、高齢者割合や単身入居者割合の高い災害公営住宅においては、自身や同居している人に定期的に通院している割合も7割以上と、何らかの介護・介助を必要とする人も少なくなく、今後の生活が見通せないとする悲鳴とも言える記述も少なからず見られた。

　自力での住宅再建が難しかった災害公営住宅入居者層においては、高齢者割合が高く、生活を支える安定的な経済的基盤の確立はそもそも困難である。そうした前提からすれば、7章で指摘した顔の見える共助の関係の構築のみならず、福祉的な課題への対応はよりいっそう重視されるべきであろう。

注

1　10項目の生活課題のなかで二番目に回答割合が高かった「困りごとを相談する相手がいない」については、7章2節での分析と重なるため、ここでは考察の対象から外した。

2　生活満足感について「満足」「やや満足」を合わせた割合に注目すると、「誰が入居者かわからない」という回答に対して「あてはまる」人は55.3%、「ややあてはまる」人は68.6%、「ややあてはまらない」人は77.7%、「あてはまらない」人は77.7%だった。同じく復興感について「ほぼ回復」「ある程度回復」を合わせた割合に注目すると、「あてはまる」人は54.0%、「ややあてはまる」人は62.8%、「ややあてはまらない」人は74.1%、「あてはまらない」人は70.0%だった。

3　テキスト型（文章型）データを統計的に分析するためのフリーソフトウェアである。詳しくは、樋口（2020）を参照。

4　家賃賠償の仕組みについては5章6節参照。

5　自由記述内に出現する単語のうち、互いの距離が近いか遠いかを計算し、図示したもの。円の大きさは出現回数を、同じ色の円は距離が近い抽出語同士であることを示している。

第9章 岩手県における災害公営住宅の現状と課題
——宮古市・大船渡市・陸前高田市・釜石市——

吉野英岐

1 分析の対象

　今回の大規模調査では岩手県、宮城県、福島県の3県の12市に建設された災害公営住宅のうち、主に市街地に集合住宅形式で建設された住宅の入居者（世帯主）の生活実態と課題を明らかにした。第6章では東日本大震災での被災による入居者および全回答者のプロフィールを県別に示した。第7章以降では、東日本大震災の被災者の生活実態と意識を明らかにするために、被災による入居者に絞って集計したデータをもとに分析を行っている。

　本章では岩手県全体及び宮古市、大船渡市、陸前高田市、釜石市の4市の調査結果をみていく（市の記載の順序は市町村コードの順）。調査対象団地は4市合計で33団地、1団地の平均戸数は73.1戸である。調査票配布戸数は2,202戸、回収戸数は917戸、有効回収率は41.6％であった。このうち、東日本大震災の被災による入居者の回答数は882戸で、内訳は宮古市146戸、大船渡市135戸、陸前高田市271戸、釜石市384戸である（**表9-1**）。

　結果の分析にあたっては、県および市の関係各課に調査結果を開示するとともに、その要因や背景についてヒアリング調査を実施した。ここではそのやりとりを含めて分析を進める。ヒアリング対象と期日は、岩手県庁建築住宅課（2020年9月30日）、宮古市建築住宅課・都市計画課（同10月16日）、大船渡市住宅公園課・健康推進課・地域包括ケア推進室（同9月16日）、陸前高田市建設課（同10月12日）、釜石市まちづくり課・釜石市社会福祉協議会・NPO法人アットマークリアスNPOサポートセンター（同7月2日・7月14日・

表 9-1　調査票回収率と被災者

	対象戸数	団地数	団地当り平均戸数	配布数(a)	有効回収票(b)	有効回収率(b/a*100)	被災者有効票(c)	被災者率(c/b*100)
岩手県	2,412	45	53.6	2,202	917	41.6%	882	96.2%
宮古市	341	10	34.1	325	151	46.5%	146	96.7%
大船渡市	467	9	51.9	410	140	34.1%	135	96.4%
陸前高田市	619	3	206.3	530	233	44.0%	217	93.1%
釜石市	985	23	42.8	937	393	41.9%	384	97.7%

注1　陸前高田市の回収票のうち筆跡等が同一とみられる 12 票を無効票とした。
注2　岩手県内の団地数は敷地が隣接しない場合でも同じ住宅名で 1 号棟・2 号棟となっている場合は 1 団地として数えた。ただし釜石市の大町 1 号、大町 2 号、上中島Ⅰ期、上中島Ⅱ期のように、団地名が同じでも敷地が隣接しておらず、号棟の番号としてではなく、独立した住宅の番号を意味している場合はそれぞれを 1 つの団地として数えた。

7 月 22 日）である。

　なお、調査結果については自治体ごとに分析を行うが、各自治体の災害公営住宅すべてを対象とした調査ではないことから、この結果が各自治体の災害公営住宅の全体像を必ずしもそのまま示しているものではない点と、各自治体の中で今回の調査対象となった災害公営住宅の入居者の特性がでている可能性がある点に注意が必要である。そのため、結果およびその要因や背景の分析は、今回の研究対象に対して研究グループが行ったものであり、各自治体の災害公営住宅全体の状況については、改めて調査をして明らかにする必要がある点を予めお断りしておきたい。

2　質問紙調査結果

2-1　基本属性

　第 6 章では県別に調査結果の紹介が行われているが、ここでは岩手県の自治体別に基本属性を見ていく。まず年齢階層別にみると、県全体では 70 歳代以上が半数を占めているが、宮古市では 51.7％、大船渡市では 48.9％、陸前高田市では 52.5％、釜石市では 58.1％となっている。最も高い釜石市では 6 割近くに達している（**表 9-2**）。

　現在の世帯構成は、県全体では「単身」世帯が 49.4％とほぼ 5 割を占め

表 9-2　年齢階層

| | 年齢階層 | | | | |
	50代以下	60代	70代	80代以上	合計
宮古市	24.1%	24.1%	31.0%	20.7%	145
大船渡市	26.7%	24.4%	26.7%	22.2%	135
陸前高田市	32.1%	15.3%	35.3%	17.2%	215
釜石市	19.4%	22.5%	29.3%	28.8%	382
合計	24.4%	21.3%	30.7%	23.6%	877

表 9-3　現在の世帯構成

| | 現在の世帯構成 | | | | |
	単身	夫婦二人暮らし	自分たち夫婦と未婚の子	その他	合計
宮古市	46.6%	18.5%	23.3%	11.7%	146
大船渡市	52.3%	20.0%	16.9%	10.8%	130
陸前高田市	52.3%	19.2%	21.5%	7.0%	214
釜石市	47.9%	26.4%	15.2%	10.4%	382
合計	49.4%	22.4%	18.3%	9.7%	872

ており、自治体でも大きな差はない。夫婦二人暮らしは釜石市が最も多く、26.4％だった。宮古市は「自分たち夫婦と未婚の子」(核家族) が 23.3％と他の自治体よりも多い (**表 9-3**)。年齢階層と世帯構成をクロス集計すると、40 代以下では「自分たち夫婦と未婚の子」(核家族) が 48.5％と多数を占めているが、年齢が上がるほど核家族の割合が低下し、「単身世帯」の割合が高くなり、80 代以上では 58.4％と過半数を占める。高齢になると単身世帯の割合が高くなることが確認できる (**表 9-4**)。

　自分自身や家族の通院・介護・介助・支援の必要性については、「あてはまる」と回答しているのは、県全体では 26.9％であるが、陸前高田市では 34.0％と最も高く、福祉の必要性が他の自治体より高いことがうかがえる (**表 9-5**)。

　震災当時の住居形態は、県全体では「一戸建て住宅」が 68.1％と高く、「民間賃貸住宅・アパート」は 23.0％に留まり、「公的賃貸・雇用促進住宅」は 7.5％にすぎない。自治体別にみると、釜石市では「一戸建て住宅」が 70.6％と 4

表 9-4　年齢階層と世帯構成

	現在の世帯構成				
	単身	夫婦二人暮らし	自分たち夫婦と未婚の子	その他	合計
40 代以下	32.3%	10.1%	48.5%	9.1%	99
50 代	44.3%	12.2%	27.0%	16.6%	115
60 代	51.9%	22.5%	11.2%	14.5%	187
70 代	49.2%	28.4%	15.5%	6.9%	264
80 代以上	58.4%	25.7%	9.4%	6.5%	202
合計	49.4%	22.3%	18.5%	10.0%	867

表 9-5　自身・家族の通院・介護・介助・支援の必要性

	あてはまる	あてはまらない	合計
宮古市	22.2%	77.8%	144
大船渡市	28.8%	71.2%	132
陸前高田市	34.0%	66.0%	215
釜石市	24.1%	75.9%	381
合計	26.9%	73.1%	872

表 9-6　震災当時の住居形態

	震災当時の住居形態						
	一戸建て住宅	分譲マンション	民間賃貸住宅・アパート	公的賃貸・雇用促進	社宅・官舎・寮	その他	合計
宮古市	64.1%	0.0%	32.4%	3.5%	0.0%	0.0%	142
大船渡市	64.1%	0.0%	29.8%	4.6%	1.5%	0.0%	131
陸前高田市	69.0%	0.5%	20.5%	8.6%	1.0%	0.5%	210
釜石市	70.6%	0.8%	18.4%	9.4%	0.8%	0.0%	374
合計	68.1%	0.5%	23.0%	7.5%	0.8%	0.1%	857

つの自治体の中で最も高く、「民間賃貸住宅・アパート」が18.4％と最も低い。この傾向は陸前高田市とも共通している。逆に宮古市は「一戸建て住宅」が64.1％と最も低く、「民間賃貸住宅・アパート」が32.4％と最も高い。この傾向は大船渡市とも共通している（表9-6）。

　入居直前の住居形態については、県全体では「仮設住宅」（応急仮設住宅）が76.6％と宮城県の53.0％より高い。「借り上げ住宅」（みなし仮設住宅）は11.6％で、宮城県の33.8％の3分の1程度である。自治体別にみると、「仮設住宅」については陸前高田市が84.0％、釜石市が77.9％と高く、その分、「借り上げ住宅」の割合が低い。一方、宮古市では「仮設住宅」が64.2％と4市の中では低く、「借り上げ住宅」が18.2％であった（表9-7）。

　回答者の現在の雇用形態については、県全体では「無職」が58.3％と多く、次いで「パート・アルバイト」が15.2％、「正規職員（民間）」が12.7％だった。自治体別にみると、宮古市では「無職」が64.3％であった。大船渡市は雇用労働者の割合が高く、なかでも「正規職員（民間）」が16.4％と最も高い。一方で「自営業主・会社役員」の割合も11.2％と最も高く、無職の割合が52.2％と最も低い（表9-8）。

　現在の世帯収入については、県全体では「100〜200万円」が最も割合が高く、35.7％であった。次いで「200〜400万円」が32.3％、「100万円未満」が26.7％だった。自治体に見ると、「100万円未満」は宮古市が28.0％、次いで釜石市が27.9％であった。この2市は無職の割合も高く、世帯収入が低い層が集住している傾向が読み取れる。一方、世帯収入が「600万円以上」は陸前高田市で2％であったが、ほとんどいないのが現状である（表9-9）。

　入居申し込みで重視したことについては、自治体ごとに結果がやや異なっている。県全体では「買物・通院の利便性」が34.8％であり、宮古市41.9％、大船渡市33.6％、釜石市39.4％と3市でも最も高い。一方、陸前高田市では「早く入居できる」が26.9％と最も高かった。また「震災前の居住地に近い」は釜石市では22.5％あったが、宮古市では4.4％と低かった。宮古市では災害公営住宅の入居にあたり、沿岸部の元の居住地から離れたところに入居している割合が高い可能性がある（表9-10）。

表 9-7 入居直前の住居形態

	入居直前の住居形態							
	仮設住宅	借り上げ住宅	公的賃貸・雇用促進	民間賃貸（自費）	親戚・友人宅	社宅・官舎・寮	その他	合計
宮古市	64.2%	18.2%	2.2%	6.6%	5.8%	2.2%	0.7%	137
大船渡市	74.0%	14.5%	6.1%	3.8%	0.8%	0.0%	0.8%	131
陸前高田市	84.0%	5.7%	2.4%	2.4%	4.2%	0.5%	0.9%	212
釜石市	77.9%	11.4%	3.7%	2.7%	2.4%	1.1%	0.8%	376
合計	76.6%	11.6%	3.5%	3.4%	3.2%	0.9%	0.8%	856

表 9-8 現在の雇用形態

	現在の雇用形態								
	正規職員（民間）	正規職員（公務員）	パート・アルバイト	嘱託・契約・派遣等	自営業主・会社役員	家族従業員	その他	無職	合計
宮古市	11.2%	0.7%	11.9%	7.0%	3.5%	1.4%	0.0%	64.3%	143
大船渡市	16.4%	0.0%	13.4%	5.2%	11.2%	0.7%	0.7%	52.2%	134
陸前高田市	16.2%	0.9%	16.2%	5.6%	6.0%	0.9%	0.0%	54.2%	216
釜石市	10.0%	0.5%	16.6%	4.5%	6.8%	1.1%	0.0%	60.5%	380
合計	12.7%	0.6%	15.2%	5.3%	6.8%	1.0%	0.1%	58.3%	873

表 9-9 現在の世帯収入

	現在の世帯収入					
	100 万円未満	100-200 万円	200-400 万円	400-600 万円	600 万円以上	合計
宮古市	28.0%	37.9%	30.3%	3.8%	0.0%	132
大船渡市	26.8%	37.0%	33.1%	2.4%	0.8%	127
陸前高田市	23.6%	41.2%	27.1%	6.0%	2.0%	199
釜石市	27.9%	31.1%	35.8%	4.4%	0.9%	341
合計	26.7%	35.7%	32.3%	4.4%	1.0%	799

表9-10　入居申し込みで重視したこと

	入居申し込みで重視したこと								
	職場の都合	子どもの学校の都合	買物・通院の利便性	別居の家族等の住まいが近い	早く入居できる	震災前居住地に近い	震災後の避難先に近い	住宅形態の都合	合計
宮古市	8.8%	5.1%	41.9%	7.4%	25.0%	4.4%	2.9%	4.4%	136
大船渡市	3.9%	1.6%	33.6%	3.9%	26.6%	18.0%	2.3%	10.2%	128
陸前高田市	10.0%	5.5%	22.4%	8.0%	26.9%	18.9%	2.0%	6.5%	201
釜石市	7.5%	2.8%	39.4%	4.7%	17.2%	22.5%	2.8%	3.1%	360
合計	7.8%	3.6%	34.8%	5.8%	22.3%	17.9%	2.5%	5.2%	825

2-2　住民間の社会関係（意識面）

　震災前と比較した近所づきあいの増減を尋ねたところ、県全体では「かなり減った」が43.6％と最も割合が高い。「少し減った」の13.1％を加えると、「減った」と回答している割合は56.7％と6割近くに達している。「あまり変わらない」が32.2％あり、「とても増えた」と「少し増えた」を合計した「増えた」と回答している割合は11.1％にとどまった。震災とその後の避難生活を経た現在の災害公営住宅での生活において、近所づきあいは県全体で大きく減少したと言わざるをえない。

　自治体別にみると、「減った」割合は宮古市が61.5％、陸前高田市が62.2％と6割を越えており、ともに「かなり減った」が5割前後に達している。入居者の半数は以前のようなつきあいができていない。また、宮古市では「増えた」が7.1％で、調査対象となった住宅では新しい関係の構築が進んでいないようである。一方、陸前高田市では「増えた」が14.0％と宮古市の2倍ほどあり、一部の住民で団地内の交流活動に参加している効果がでているようである（表9-11）。

　災害公営住宅に入居する前と比較した近所づきあいの増減は、県全体では「あまり変わらない」が40.0％であった一方で、「減った」は46.9％に達した。災害公営住宅に入居する前の住宅は、おもに「仮設住宅」と思われることから、つきあいが「仮設住宅」入居時と比べて大きく減少していることがわかる。「仮設住宅」の入居時は、以前あった近所づきあいとは形が変わっているとして

表 9–11　震災前と比較した近所づきあい

| | 震災前と比較した近所づきあい | | | | | |
	とても増えた	少し増えた	あまり変わらない	少し減った	かなり減った	合計
宮古市	0.7%	6.4%	31.4%	12.9%	48.6%	140
大船渡市	3.8%	10.0%	35.4%	13.1%	37.7%	130
陸前高田市	7.0%	7.0%	23.8%	8.9%	53.3%	214
釜石市	2.4%	7.6%	36.1%	15.5%	38.4%	380
合計	3.5%	7.6%	32.2%	13.1%	43.6%	864

表 9–12　災害公営住宅に入居する直前の住宅と比較した近所づきあい

| | 災害公営住宅に入居する直前の住宅と比較した近所づきあい | | | | | |
	とても増えた	少し増えた	あまり変わらない	少し減った	かなり減った	合計
宮古市	1.4%	7.1%	39.7%	14.2%	37.6%	141
大船渡市	3.1%	9.9%	42.7%	13.7%	30.5%	131
陸前高田市	7.5%	8.5%	29.7%	13.2%	41.0%	212
釜石市	3.4%	9.8%	45.0%	12.2%	29.6%	378
合計	4.1%	9.0%	40.0%	13.0%	33.9%	862

も、近所づきあい自体はあったが、災害公営住宅では、つきあい自体がなくなってしまったことを示唆している。

　自治体別にみると、「減った」割合は陸前高田市で 54.2% と最も高く、次いで宮古市が 51.8% であった。陸前高田市は「増えた」が 16.0% と 4 自治体のなか最も高く、この点からも団地の自治会活動の結果が一部の住民の意識に反映されているようである（**表 9–12**）。

2-3　住民間の社会関係（活動面）

　ここでは住民間の社会関係のうち、近所づきあいの程度や自治会活動などの活動面に注目して結果を見ていきたい。団地内の住民とのつきあいの程度については、県全体では「たまに立ち話をする程度」が 46.4% と最も割合が

高く、次いで、「顔を知っている程度」が 21.0％、「お互いの家を行き来する程度」が 16.4％となっている。一方、「交流はない」は 11.9％とほぼ 1 割であった。自治体別にみると、どの自治体でも「たまに立ち話をする程度」が 36％から過半数を占め、次いで、「顔を知っている程度」となっており、比較的あっさりとしたつきあいが多い。宮古市では「交流がない」が 17.9％と比較的高く、親密なつきあいと思われる「お互いの家を行き来する程度」は 11.7％であった。陸前高田市では「交流がない」が 12.0％と大船渡市や釜石市よりはやや多い一方で、「お互いの家を行き来する程度」が 18.4％あった。「一緒に外出する程度」は他の自治体が 3％台にとどまっているのに対して、7.4％あったことから、陸前高田市では入居者によって、つきあいの程度の差が大きいといえる（表9-13）。

　自治会加入状況については、団地自治会を設立したり、団地が立地している地区の既存の町内会に入ることを自治体が積極的に奨励したこともあり、県全体では「加入している」が 75.7％となっており、4 分の 3 は自治会に加入している。自治体別にみると、「加入している」割合は大船渡市が 81.8％、陸前高田市が 84.5％、釜石市が 79.6％といずれも 8 割前後であるのに対して、宮古市では 45.3％と低く、「加入していない」割合が 29.9％とほぼ 3 割であった（表9-14）。

　清掃活動への参加については、県全体では「参加」（「積極的に参加」と「ある程度参加」の合計）が 74.0％とほぼ 4 分の 3 に達している。この数値は自治会の加入率とほぼ同じである。岩手県では県内の多くの自治会が自治体の呼びかけに協力する形で清掃活動を行っていることから、もともと参加していた清掃活動に、災害公営住宅入居後も取り組んでいると思われる。自治体別にみると、大船渡市、陸前高田市、釜石市で 7 割を超えているのに比べて、宮古市では「参加」が 61.3％、「まったく参加していない」が 14.8％であった。大船渡市は「積極的に参加」が 51.5％と 5 割を超えており、「まったく参加していない」は 6.0％と最も低い。陸前高田市は「参加」が 72.2％あるものの、「まったく参加していない」が 13.9％と高く、入居者の間で行動が分かれていることがうかがえる。釜石市は「参加」が 79.1％と 4 市のなかで最も高く、

表 9-13　団地内の住民とのつきあいの状況

	団地内つきあい					
	交流はない	顔を知っている程度	たまに立ち話をする程度	お互いの家を行き来する程度	一緒に外出する程度	合計
宮古市	17.9%	20.7%	46.2%	11.7%	3.4%	145
大船渡市	10.5%	18.0%	49.6%	18.8%	3.0%	133
陸前高田市	12.0%	25.8%	36.4%	18.4%	7.4%	217
釜石市	10.1%	19.4%	51.1%	16.2%	3.2%	376
合計	11.9%	21.0%	46.4%	16.4%	4.2%	871

表 9-14　自治会加入状況

	自治会の有無				
	加入している	加入していない	未発足だが、発足すれば加入	未発足だが、発足しても入らない	合計
宮古市	45.3%	29.9%	15.3%	9.5%	137
大船渡市	81.8%	9.8%	3.0%	5.3%	132
陸前高田市	84.5%	13.6%	0.5%	1.4%	213
釜石市	79.6%	12.2%	4.8%	3.4%	378
合計	75.7%	15.0%	5.1%	4.2%	860

表 9-15　清掃活動への参加の程度

	清掃活動への参加の程度					
	積極的に参加	ある程度参加	あまり参加していない	まったく参加していない	清掃活動は行われていない	合計
宮古市	28.9%	32.4%	14.1%	14.8%	9.9%	142
大船渡市	51.5%	23.9%	13.4%	6.0%	5.2%	134
陸前高田市	35.2%	37.0%	12.0%	13.9%	1.9%	216
釜石市	41.4%	37.7%	7.7%	9.2%	4.0%	379
合計	39.4%	34.6%	10.7%	10.8%	4.6%	871

表 9-16　団地内行事への参加の程度

| | 団地内行事への参加の程度 | | | | | |
	積極的に参加	ある程度参加	あまり参加していない	まったく参加していない	交流行事は行われていない	合計
宮古市	9.7%	23.4%	24.1%	37.9%	4.8%	145
大船渡市	12.0%	25.6%	23.3%	33.8%	5.3%	133
陸前高田市	10.6%	30.4%	25.3%	33.2%	0.5%	217
釜石市	16.0%	29.6%	25.1%	28.3%	1.0%	382
合計	13.0%	28.2%	24.7%	31.9%	2.2%	877

住宅間あるいは住民間で大きな隔たりはないようである（**表 9-15**）。

　団地内行事への参加の程度については、県全体では「まったく参加していない」が 31.9％と最も高かったが、その割合は宮城県の 43.1％と比べると 1 割ほど低い。以下、「ある程度参加」が 28.2％「あまり参加していない」が 24.7％、「積極的に参加」が 13.0％と全体に宮城県よりは行事への参加度合いは高い。自治体別にみると、宮古市では「積極的に参加」が 9.7％、「まったく参加していない」が 37.9％であった。釜石市は「積極的に参加」が 16.0％と最も高く、「まったく参加していない」が 28.3％と最も低く、参加の割合が高い（**表 9-16**）。

　本研究では住民どうしの社会関係の構築につながる手がかりとして、集合住宅の 1 階エントランス付近に設置されている郵便受けに注目した。郵便受けには名前を表示できるようになっている場合が多いが、表示は入居者それぞれの意向に委ねられている。一般に、一戸建て住宅の場合、玄関や門に表札を掲げることが多く、今回の被災地でもそれはあてはまる。そして災害公営住宅に入居している居住者のおよそ 3 分の 2 は一戸建てに住んでいたことから被災前は表札を出していることが予想される。一方、都市や市街地には集合住宅が数多くあるが、郵便受けに名前を表示することはそれほど行われていない。そのなかで、災害公営住宅ではどのような状況になるかを確認したのが今回の設問である。名前が表示されているからといって、そこに良好な社会関係が構築されているとまでは言い難いが、少なくとも入居者は同じ

号棟の入居者の住戸と名前を確認することができる。また自治体によっては
釜石市のように入居説明会の時に、コミュニティ形成のために表示を推奨し
ているケースもある。こうしたことから、郵便受けへの表示が住民間の社会
関係の構築や親密度と関係があるのではないだろうかと研究チームでは考え
た。

　では郵便受けへの名前の表示状況はどうだったであろうか。県全体では
「表示」(「自分の考えで表示」と「行政から勧められた」の合計) が61.7％であり、宮
城県の20.0％、福島県の21.7％に比べてかなり高いことがわかる。自治体別
にみると、釜石市では「表示」が81.7％と8割を超えている。宮古市は48.3％、
大船渡市は34.6％、陸前高田市は51.9％なので、釜石市が突出して高いこと
がわかる。釜石市では「自分の考えで表示」が68.3％で、「行政から勧められた」
の13.4％を大きく上回っていることから、自治体の勧めでやむを得ず表示と
いうわけでもないようである。表示の背景はさらに分析が必要だが、自治体
や住宅ごとで表示率に差があることから、なんらかの働きかけとそれを受け
入れる基盤があるようである (**表9-17**)。

2-4　近所づきあいへの感じ方と生活上の困りごと

　近所づきあいへの感じ方については、県全体では「特に何も感じない」が
45.5％と宮城県の46.1％とほぼ同じ割合で最も高い。一方、「とても寂しい」
は6.8％とそれほど高くない。自治体別にみると、宮古市では「とても楽しい」

表9-17　郵便受けへの名前の表示

	郵便受けへの名前の表示				
	自分の考えで掲示	行政から勧められたから掲示	理由はないが非掲示	掲示したくないから非掲示	合計
宮古市	40.6%	7.7%	28.7%	23.1%	143
大船渡市	30.1%	4.5%	40.6%	24.8%	133
陸前高田市	44.4%	7.5%	32.2%	15.9%	214
釜石市	68.3%	13.4%	10.2%	8.1%	382
合計	52.1%	9.6%	23.3%	15.0%	872

は 1.4 ％、「まあまあ楽しい」が 12.5 ％で、両方とあわせた、「楽しい」と感じ
ている割合は 13.9 ％だった。一方、「少し寂しい」は 27.1 ％だった。大船渡
市は「とても楽しい」が 1.5 ％と宮古市と並んで低いが、「まあまあ楽しい」が
23.9 ％と宮古市と比べて 2 倍程度ある。陸前高田市は「楽しい」が 29.6 ％ある
一方、「寂しい」が 31.0 ％と高く、ここでも意識の分断がみられる。釜石市は「楽
しい」が 31.1 ％と最も高く、「寂しい」が 23.0 ％と最も低く、近所づきあいに
ついては肯定的な意識がみられる (表 9–18)。

　団地内住民が頼りになるかどうかという設問については、県全体では「や
や頼りになる」が 31.3 ％、「頼りにならない」が 30.7 ％とほぼ同じ割合であっ
た。「頼りにならない」(「頼りにならない」と「あまり頼りにならない」の合計) は
59.0 ％とほぼ 6 割だった。自治体別にみると、宮古市では「頼りにならない」
が 41.7 ％、大船渡市、陸前高田市、釜石市は 30 ％弱であった (表 9–19)。

　生活上の「困りごと」のなかで、「団地内の人間関係がよくない」があては
まるかどうかを尋ねた。県全体では「ややあてはまらない」が 38.7 ％と最
も割合が高く、続いて「あてはまらない」が 34.8 ％となっており、あわせて
73.5 ％が「団地内の人間関係がよくない」とは感じている。「団地内の人間関
係がよくない」(「あてはまる」と「ややあてはまる」の合計) と感じている割合を
自治体別にみると、宮古市 32.5 ％、大船渡市 23.7 ％、陸前高田市 29.6 ％、釜
石市 24.0 ％であった (表 9–20)。

　生活上の「困りごと」のなかで、「買い物などの交通が不便」があてはまる
かどうかを尋ねた。県全体では「あてはまらない」が 45.3 ％と最も割合が高
く、続いて「ややあてはまらない」が 25.2 ％となっており、あわせて 7 割が「買
い物などの交通が不便」と感じていないと回答している。自治体別にみると、
釜石市では中心市街地に多くの災害公営住宅を建設したため、「あてはまら
ない」が 51.3 ％と唯一 5 割を超えている (表 9–21)。

　生活上の「困りごと」のなかで、「誰が入居者かわからない」があてはまる
かどうかを尋ねた。この設問の回答は生活上の「困りごと」のなかで「あて
はまる」という回答の割合が最も高くなった。県全体では「あてはまる」が
26.3 ％、「ややあてはまる」が 36.3 ％で、あわせて 6 割強が「あてはまる」と

表9-18　近所づきあいへの感じ方

	とても楽しい	まあまあ楽しい	少し寂しい	とても寂しい	特に何も感じない	合計
宮古市	1.4%	12.5%	27.1%	6.3%	52.8%	144
大船渡市	1.5%	23.9%	20.9%	7.5%	46.3%	134
陸前高田市	4.7%	24.9%	23.0%	8.0%	39.4%	213
釜石市	4.2%	26.9%	16.9%	6.1%	45.9%	379
合計	3.4%	23.6%	20.7%	6.8%	45.5%	870

近所づきあいへの感じ方

表9-19　団地内住民が頼りになるかどうか

【頼りにできる相手】団地内住民

	頼りになる	やや頼りになる	あまり頼りにならない	頼りにならない	合計
宮古市	9.7%	19.4%	29.1%	41.7%	103
大船渡市	7.9%	25.7%	37.6%	28.7%	101
陸前高田市	9.9%	35.8%	25.3%	29.0%	162
釜石市	10.0%	35.3%	26.4%	28.3%	269
合計	9.6%	31.3%	28.3%	30.7%	635

表9-20　「困りごと」のなかで、「団地内の人間関係がよくない」

【困りごと】団地内の人間関係がよくない

	あてはまる	ややあてはまる	ややあてはまらない	あてはまらない	合計
宮古市	11.4%	21.1%	41.5%	26.0%	123
大船渡市	8.8%	14.9%	35.1%	41.2%	114
陸前高田市	5.6%	23.1%	39.5%	31.8%	195
釜石市	7.5%	16.5%	38.4%	37.6%	346
合計	7.8%	18.6%	38.7%	34.8%	778

表 9-21　買い物などの交通の便についての評価

	【困りごと】買い物などの交通が不便				
	あてはまる	ややあてはまる	ややあてはまらない	あてはまらない	合計
宮古市	13.4%	13.4%	34.6%	38.6%	127
大船渡市	13.4%	21.8%	18.5%	46.2%	119
陸前高田市	15.2%	16.7%	29.8%	38.4%	198
釜石市	12.1%	15.2%	21.4%	51.3%	355
合計	13.3%	16.3%	25.2%	45.3%	799

表 9-22　誰が入居者かわからない

	【困りごと】誰が入居者かわからない				
	あてはまる	ややあてはまる	ややあてはまらない	あてはまらない	合計
宮古市	30.2%	43.7%	15.1%	11.1%	126
大船渡市	24.6%	37.3%	16.9%	21.2%	118
陸前高田市	32.0%	37.6%	17.3%	13.2%	197
釜石市	22.5%	35.7%	23.0%	18.8%	356
合計	26.3%	37.6%	19.4%	16.6%	797

表 9-23　集合住宅に馴染めているか

	【困りごと】集合住宅に馴染めない				
	あてはまる	ややあてはまる	ややあてはまらない	あてはまらない	合計
宮古市	13.1%	31.5%	26.2%	29.2%	130
大船渡市	11.3%	18.3%	29.6%	40.9%	115
陸前高田市	9.6%	28.8%	35.4%	26.3%	198
釜石市	11.0%	26.8%	31.9%	30.2%	354
合計	11.0%	26.9%	31.5%	30.6%	797

回答している。自治体別にみると、「あてはまる」の合計は、宮古市で73.9%、大船渡市で61.9%、陸前高田市で69.6%、釜石市で58.2%となっており、宮古市と団地の規模の大きい陸前高田市でその割合が高かった（**表9-22**）。

　集合住宅に馴染めているかを尋ねたところ、県全体では「ややあてはまらない」が31.5%と最も割合が高く、続いて「あてはまらない」が30.6%で、あわせて6割が「あてはまらない」と回答している。自治体別にみると、宮古市では「あてはまる」が13.1%、「ややあてはまる」が31.5%で、「あてはまる」の合計は44.6%であった。大船渡市は「あてはまらない」が40.9%と最も高く、「ややあてはまらない」の29.6%とあわせて、「あてはまらない」が7割を超えていた（**表9-23**）。

2-5　今後の団地居住意向・復興感・団地生活満足度

　最後に、今後の団地居住意向、団地生活満足度、復興感などの生活意識を見る。今後の団地居住意向については、県全体では「ずっとこの団地で暮らす」が75.2%と宮城県の77.2%と同様に最も割合が高いが、「迷っている」も18.1%と2割弱を占めている。自治体別にみると、陸前高田市では「ずっとこの団地で暮らす」が68.8%と最も低く、「別の住宅に移る予定」が9.8%、「迷っている」が20.5%といずれも最も高く、今後の移転を考えている割合が高いことがうかがえる（**表9-24**）。

　団地生活満足度については、県全体では「やや満足している」が49.1%と半数を占め、「満足している」(20.9%)をあわせると7割が「満足している」と回答している。自治体別にみると、宮古市では「満足している」が15.9%であったが、「満足していない」は3.4%と少なかった。大船渡市は「満足している」が26.3%と最も高いが、「満足していない」も11.3%と最も高い。これは入居している住宅の状況が影響していると思われる（**表9-25**）。

　最後に、復興感については、県全体では「ある程度回復した」が41.3%、「ほぼ回復した」が28.4%となっており、これらをあわせると約7割が「回復した」と感じている。自治体別にみると、大船渡市で「回復した」の合計が73.7%と最も高い。陸前高田市は「回復した」の合計が64.3%と最も低く、「まった

表 9-24　今後の団地居住意向

| | 今後の団地居住意向 | | | | |
	ずっとこの団地で暮らす	別の住宅に移る予定	迷っている	その他	合計
宮古市	76.7%	2.1%	19.9%	1.4%	146
大船渡市	75.4%	4.5%	18.7%	1.5%	134
陸前高田市	68.8%	9.8%	20.5%	0.9%	215
釜石市	78.2%	5.6%	16.0%	0.3%	376
合計	75.2%	5.9%	18.1%	0.8%	871

表 9-25　団地生活満足度

| | 団地生活満足度 | | | | |
	満足している	やや満足している	あまり満足していない	満足していない	合計
宮古市	15.9%	50.3%	30.3%	3.4%	145
大船渡市	26.3%	44.4%	18.0%	11.3%	133
陸前高田市	22.2%	50.0%	19.9%	7.9%	216
釜石市	20.3%	49.7%	21.8%	8.2%	380
合計	20.9%	49.1%	22.2%	7.8%	874

表 9-26　復興感

| | 復興感 | | | | |
	ほぼ回復した	ある程度回復した	あまり回復していない	まったく回復していない	合計
宮古市	20.9%	45.5%	26.1%	7.5%	134
大船渡市	31.8%	41.9%	17.8%	8.5%	129
陸前高田市	27.1%	37.2%	23.7%	12.1%	207
釜石市	30.7%	41.9%	21.1%	6.4%	375
合計	28.4%	41.3%	22.0%	8.3%	845

く回復していない」が 12.1％ と最も高かった（**表 9-26**）。

3　地域ごとの分析

3-1　宮古市

　宮古市では世帯主の年齢で最も多いのは 70 歳代で、ほぼ半数の 49.2％ が単身世帯である。そして、無職の割合と世帯収入が 100 万円未満の割合が高い。被災前に民間の賃貸住宅やアパートに住んでいた割合も最も高い。

　入居申し込みで重視したことをみると、「買い物・通院の利便性」が 41.9％ と高い一方、「震災前の居住地に近い」は 4.4％ であった。

　今後の居住意向をみると、「ずっとこの団地で暮らす」が 76.7％ と 4 分の 3 以上を占め、「別の団地に移る予定」は 2.1％ と少なかった。「迷っている」という回答は 19.9％ とほぼ 2 割で他の自治体と変わらない比率であった。団地生活満足度は「満足している」が 15.9％、「やや満足している」が 50.3％ で、これらを合計した「満足」は 66.2％ で、それほど高くはない。また「あまり満足していない」が 30.3％ であったが、「満足していない」は 3.3％ と少なく、「満足している」と「満足していない」の中間の割合が高いのが特徴である。この傾向は、復興感でも同様である。回答をみると「ほぼ回復した」が 20.9％、「ある程度回復した」が 45.5％ で、これらを合計した「回復した」は 66.4％ で、それほど高くはない。一方で、「まったく回復していない」は 7.5％ と低く、こちらも「回復した」と「回復していない」の中間の割合が高い。

　また、宮古市では災害公営住宅のコミュニティ活動（清掃活動や団地行事への参加）がやや低調であった。特に団地行事へ全く参加していない割合は 37.9％ で最も高く、団地内の住民と交流が「ない」という割合が 17.9％ であった。また自治会の加入率は 45.3％ と低い割合であった。生活上の困りごととしては、「集合住宅に馴染めない」が 44.6％ と半数近くに達した。

3-2　大船渡市

　大船渡市では世帯主の年齢は 50 代以下が陸前高田市に次いで多く、60 代

は 4 市のなかで最も多いことから、比較的年齢層が低い傾向がみられる。一方、単身世帯の割合は 52.3％とこちらも陸前高田市と並んで高い。就業状況をみると、正規職員（民間＋公務）の割合が 16.4％あり、パート・アルバイトの 13.4％、嘱託・契約・派遣の 5.2％を加えると、雇用労働者として就労している割合が 35.0％に達する。また自営業・会社役員が 11.2％と 4 市で最も高く、他の自治体に比べて就業率が高く、無職の割合が低い（52.2％）点が特徴である。そして、復興感では最上位の「ほぼ回復した」が高く（31.8％）、団地生活満足度でも最上位の「満足している」割合が高い（26.3％）のが特徴である。

　大船渡市では中心市街地（商業地区）である大船渡地区が被災したことから、土地区画整理事業を導入し、新しい商業エリアを建設した。災害公営住宅もその周囲に建設されたことから、もともと雇用労働に従事していた方々や退職者層が入居していると思われる。また、「漁業センサス」によれば、大船渡市の 2008 年の経営体数は 877 で宮古市についで多かったが、2013 年の継続経営体数は 558 で、継続率は 63.6％で県内最高であった。このことから被災を乗り越えて、沿岸部で漁業を継続していることがうかがえ、漁業従事者が市街地の災害公営住宅に入居する割合は高くないことが予想される[1]。一方、大船渡市の 2010 年の水産加工品の製造品出荷額等は 12,846 百万円（宮古市に次いで第 2 位）だったが、2016 年は 20,377 百万円と 159％も増加している。事業所数は 2010 年の 34 件から、2012 年には 24 件に減少し、2016 年では 35 件に回復している。従業員も 2010 年の 710 人から 2016 年には 917 人に増加し、水産加工業が復興し、従事する人数も 200 人以上増えている[2]。大船渡市では漁業と水産業の復興が進み、高齢者でも仕事をする機会が回復していると思われる。

　大船渡市における近隣関係の形成については、震災前と比較した近所づきあいが「減った」割合が高くない（50.8％）のが特徴である。災害公営住宅のコミュニティ活動については清掃活動に「積極的に参加」が 51.5％で最高、団地内行事への参加も「積極的に参加」が 12.0％で釜石市についで高かった。自治会の加入率は 81.8％と 8 割を超えている。これらに関連して、「集合住

宅に馴染めない」割合も 29.6％と最も低い。大船渡市の復興感の高さはこのように、もともと都市的な生活環境や就業環境のもとで生活していたことと、仕事を継続しながらコミュニティ形成にも取り組んでいることによってもたらされていると思われる。

3-3　陸前高田市

陸前高田市では世帯主の年齢は 50 代以下が 32.1％、60 代が 24.4％と 4 つの自治体のなかで最も高い一方で、80 代も 22.2％と高く、年齢層の二極化がみられる。単身世帯の割合は 52.3％と大船渡市と並んで高く、「通院・介護・介助・支援の必要」な成員がいる世帯の割合は 34.0％と 4 つの自治体のなかで最も高い。就業状況をみると、正規職員（民間＋公務）の割合が 17.1％で、パート・アルバイトが 16.2％、嘱託・契約・派遣が 5.6％で、雇用労働者の割合は 38.9％で 4 つの市の中で最高である。無職の割合は大船渡市についで 2 番目に低く（54.2％）、就業者の割合が高い。なお、陸前高田市の場合、漁業経営体数は 2008 年の時点で 489 と、宮古市の半分ほどと少ない。2013 年の継続経営体数は 237 で継続率は 48.5％とほぼ半減した。ただ陸前高田市の漁業の中心は中心市街地ではなく、広田湾が中心であることから、今回の調査対象となった災害公営住宅の入居者のなかで漁業従事者は少ないと思われる。また、世帯収入が 100 万円未満の割合は 23.6％と 4 つの自治体のなかで最も低いが、100-200 万円のところは 41.2％で最も高い。一方、400 万円以上も 8.0％で他の自治体よりも高い。

復興感では最上位の「ほぼ回復した」が 27.1％ある一方で、「まったく回復していない」が 12.1％と最も高かった。団地生活満足度は最上位の「満足している」割合が 22.2％で大船渡市に次いで高く、「満足していない」は 7.9％にとどまっている。

陸前高田市における近隣関係の形成については、震災前と比較した近所づきあいが「減った」割合が高く（62.2％）、入居直前の住宅と比較した近所づきあいも「減った」割合が高かった（54.2％）。団地内の住民と交流が「ない」という割合は 12.0％で、宮古市についで高いが、「お互い家を行き来する」と「一

緒外出する」の合計が 25.8％と他の自治体よりもかなり高く、ここでも二極化がみられた。災害公営住宅のコミュニティ活動については清掃活動に「参加」が 72.2％であまり高くなく、「全く参加していない」が 13.9％と宮古市に次いで高い。「団地内行事への参加」については「参加」が 41.0％で釜石市についで高いが、「全く参加していない」が 33.2％と一定数いる。自治会の加入率は 84.5％で最高であるが、「集合住宅に馴染めない」割合も 38.4％と宮古市に次いで高い。また今後の団地居住意向は「ずっとこの団地で暮らす」が 68.8％も最も低い。

　陸前高田市の復興感の相対的な低さは、入居世帯の二極化により、入居者全員が参加するようなコミュニティ活動が難しくなっている面が影響を与えているようである。今回の調査対象になった陸前高田市の住宅はいずれも大規模な団地であるが、自治会が設立されている。しかし、年齢や就業状況が多様な入居者に対して、きめ細かい対応が十分に取れていない面や、災害公営住宅の近辺の区画整理事業用地で空き地が目立つことや、災害公営住宅の空き家率も高いことから、生活環境面での不安感が影響を及ぼしている可能性がある。

3-4　釜石市

　釜石市の場合は世帯主の年齢が 50 代以下の割合が 19.4％と他の自治体に比べてかなり低く、80 代以上が 28.8％と最も高いことから、高齢入居者の割合が高い。釜石市は震災前から岩手県内の市のなかで高齢者の割合が最も高く、高齢者の割合が震災後に急増したわけではない。単身世帯の割合は 47.9％と半分までにはいってないが、「夫婦二人暮らし」が 26.4％と高く、1 ～ 2 人の小規模な家族構成が主体である。震災までの住居形態は「一戸建住宅」が 70.6％と 7 割を超えており、集合住宅の生活を初めて経験する被災者が多い。就業状況をみると、正規職員（民間＋公務）の割合が 10.5％で最も低く、パート・アルバイトは 16.6％で最も高いが、嘱託・契約・派遣の 4.5％を加えた雇用労働者の割合は 31.6％で宮古市についで低い。一方で無職の割合は 60.5％と宮古市についで 2 番目に高い。

　釜石市の場合は、復興の方針として被災者をもとの居住地区内に戻すことを前提に、それぞれの地区内で集団移転事業や土地区画整理事業を展開した。今回の調査の対象になった釜石東部地区（中心市街地および周辺地区）と鵜住居地区に建設された災害公営住宅の入居者はもともとそれぞれ地区に居住していた方々が多い。そのため、今回の調査対象住宅の入居者には釜石製鉄所や関連企業の退職者層の割合が多く、漁業従事者の割合は少ないことが想定される。この点は宮古市と状況が異なっている。なお、世帯収入が100万円未満の割合は27.9％で、宮古市（28.0％）とほぼ同じである。また200-400万円の割合は35.8％で最も高く、一定の収入がある世帯も入居していることがうかがえる。

　復興感については最上位の「ほぼ回復した」が30.7％で大船渡市についで高い。また、「まったく回復していない」が6.4％にとどまり、最も低かった。団地生活の満足度はほぼ県全体の平均値と同じであった。

　近隣関係の形成については、震災前と比較した近所づきあいが「減った」割合が53.9％と低く、入居直前の住宅と比較した近所づきあいが「減った」割合も41.8％と低かった。団地内の住民と交流が「ない」という割合は10.1％で、最も低いが、「たまに立ち話をする程度」が51.1％と最も高いとから、薄く広いつきあいを行っていると考えられる。災害公営住宅のコミュニティ活動については清掃活動に「参加」が79.1％と最も高く、「全く参加していない」は9.2％で大船渡市の次に低い。「団地内行事への参加」については「参加」が45.6％で高く、「積極的に参加」が16.0％と最も高い。「全く参加していない」は28.3％と最も低いが、それでも3割程度は何も参加していないのが現実である。自治会の加入率は79.6％でほぼ8割である。なお釜石市の特徴として、「郵便受けへの名前の表示」の割合が81.7％と他の自治体に比べて大幅に高い。そして「自分の考えで掲示」が68.3％と3分の2を超えている。一方、「集合住宅に馴染めない」割合も37.8％と比較的高いものの、今後の団地居住意向は「ずっとこの団地で暮らす」が78.2％と最も高い。

　釜石市の復興感の相対的な高さは、高齢率が高いなかで団地でのコミュニティ活動を活発に行ってきたことによるものであろう。釜石市役所等でのヒ

アリングでも市役所、支援団体(NPOや支援組織)、市社協の3者で役割分担をしながら、コミュニティ活動を支えてきたことがわかり、さまざまな支援の継続が復興感を向上させる効果をもたらすと考えられる[3]。

4　まとめ

　岩手県の4つの自治体の災害公営住宅の入居者の属性、近隣関係、コミュニティ活動そして、復興感や団地生活満足度について、それぞれの実態と背景を述べてきた。災害公営住宅に入居する住民層は、自力での住宅再建が困難な層が中心であるが、それぞれの職業的背景や被災規模はさまざまである。しかし、震災時のそれぞれの自治体の住民の特性が災害公営住宅の入居者に一定の傾向を与えていることと、その傾向が住宅での社会関係の形成に影響を与えていることは、これまで見てきたとおりである。都市地域のように自治体が異なっていても、勤労者層が中心の地域であれば、それに応じた一般的な対応も考えられるが、岩手県の被災地の場合は、自治体ごとあるいは地域ごとに入居者の状況は大きく異なっている。したがって、被災者の職業履歴や生活履歴に応じたきめ細かい住宅の運営やコミュニティ活動の場の提供を行っていく必要がある。

　団地内の近隣関係の構築には住民自身の考え方も反映されることもあるが、自治体がどのような舵取りをするかによって、大きく左右される。近隣関係は自然とできあがるものではなく、かといって行政が強力に介入して形成するものでもない。近所づきあいが震災前と比べて大きく減少している点はどの地域でも共有しているが、それを苦にしない住民層も確かに存在する。しかし、被災によって同居家族を失ったり、住宅を流されたり、あるいは職業を失ったことで大きな喪失感を胸にいだきながら生活している入居者にとってみれば、頑丈なドアの内側で、だれともしゃべらない日々が続く生活は、以前の生活とは大きくかけ離れた生活になっているのではないだろうか。住宅そのものの性能や構造には満足がいっても、生活の復興感が十分に実感できるところまでにはなかなか到達できないもどかしさもあるだろう。

　今回の調査で、岩手県のなかでは宮古市の災害公営住宅の入居者のコミュニティ活動（清掃活動や団地行事への参加）が他の自治体に比べて低調であったことや、自治会の加入率が他の自治体に比べてかなり低かったこと、「集合住宅に馴染めない」割合が半数近くに達していたこと、そして、復興感や団地生活満足度が相対的に低かったことは、互いに関連性があると思われる。今後は入居者の特性に配慮した近隣関係の構築への取り組みが必要である。

　大船渡市では災害公営住宅に現役の勤労者層も入居している。このことにより、コミュニティ活動の担い手を確保することはやりやすいと思われるが、仕事で忙しかったり、地域活動に興味をもたない層も一定程度存在することも予想される。また勤労者世帯にとっては将来的な問題として、家賃の値上げへの対処が必要になってこよう。

　陸前高田市では地域活動に積極的な住民層と消極的な住民層の二極化がみられた。陸前高田市で調査対象になった住宅には県内最大の住宅も含まれるなど、大規模な住宅が中心である。大規模であるだけにすべての住民と親交をかわすことは難しい点と、空き室が出た場合、それが結構な規模になってしまう点も懸念される。将来的には空き室問題はコミュニティ活動にとって大きな障壁になっていく恐れがあり、市役所は一般入居を開始したり、公営住宅の枠を外すみなし特別公共賃貸住宅（特公賃）化を図ったり、さまざまに工夫しているが、今後はますますこの問題は顕在化していくであろう。

　釜石市の場合は人口の高齢化率がもともと高いところに震災が起こり、被災者の高齢化率も高く、必然的に災害公営住宅の高齢化率も高くなっている。高い高齢化率のなかで、入居者自身が地域活動を行っていくことは容易ではない。今後もますます入居者の高齢化は進行し、見守りの必要性も高くなるであろう。市社協、NPO団体および民間の支援団体の協力を得て、釜石市では見守り活動やリクリエーション活動に積極的に取り組んできている。災害公営住宅の郵便受けに名前を表示する割合がかなり高いのも特徴である。これらの取り組みにより、入居者の復興感が大船渡市に次いで高く、「まったく回復していない」が6.4%と最も低い結果をもたらしていると考えられる。このように行政の取組みで復興感や団地生活満足感を一定程度引き上げ

ることができるのではないか。

　今後は各自治体が災害公営住宅というインフラを適切に管理運営していくことで、被災者と被災者あるいは被災者と非被災者の間に良好で綿密な関係性を築き、そうした関係を通じて、復興を実感できる割合を一層高めていくことが必要である。

注

1　農林水産省大臣官房統計部（2014：3）
2　米山正樹・籠島彰宏・山里直志・三上信夫（2019：97）
3　2020 年 7 月 2 日・7 月 14 日・7 月 22 日に実施した釜石市まちづくり課・釜石市社会福祉協議会・NPO 法人アットマークリアス NPO サポートセンターへのヒアリング調査に基づく。

第 10 章　宮城県における大規模災害公営住宅の現状と課題

——仙台市・石巻市・気仙沼市——

内田龍史

はじめに

　2011 年に発災した東日本大震災後の復興政策として、被害の大きかった宮城県においても、住まいの再建のために、自ら住宅を確保することが困難な人々に対しては災害公営住宅が整備されてきた。

　第 4 章で詳述しているように、宮城県の災害公営住宅は 2019 年 3 月末に全戸完成し、21 市町村、312 地区、15,823 戸が整備されたが、災害公営住宅の建設・運営・維持にあたってはさまざまな課題がある。そこで本章では、宮城県において災害公営住宅整備戸数の多かった仙台市 (整備戸数 3,179 戸)、石巻市 (整備戸数 4,456 戸)、気仙沼市 (整備戸数 2,087 戸) の 3 市の災害公営住宅入居者に対する質問紙調査結果から、3 市を比較しつつ、災害公営住宅の現状と課題を明らかにし、今後の取り組みへ示唆を得ることを目的とする。

1　調査方法とデータ

　本章では、2019 年 11 月に実施した東日本大震災の被災三県の災害 (復興) 公営住宅入居者に対する質問紙調査のうち、回答票のなかから宮城県 (仙台市・石巻市・気仙沼市) のサンプルを取り出し、分析を行う。

　第 6 章でも示されているが、災害公営住宅の選定については、特に住民自治の課題が集積していると考えられる大規模な団地に焦点を当てたため、自治体の建設戸数に比例して 2,000 戸を 3 市に割り振り、その戸数を超えるよ

う大規模な団地から順に選定した。宮城サンプルの対象団地は 12 団地、1 団地の平均戸数は 189.5 戸である。調査票配付数は 3 市あわせて 2,130 戸、有効回収率は 34.0 %（725 票）であった。災害公営住宅はすでに一部一般化されるなど、東日本大震災の被災者以外の人も居住しているが、今回の分析は、東日本大震災での「被災者」である 696 票のみを対象として分析を行う（**表 10-1**）。

表 10-1　調査票回収率と被災者

	対象戸数	配付数 (a)	無効票	有効票 (b)	有効回収率 (b/a)	被災者数 (c)	被災者率 (c/b)
宮城県	2,274	2,130	1	725	34.0%	696	96.0%
仙台市	734	690	1	223	32.3%	213	95.5%
石巻市	1,080	1,002		360	35.9%	352	97.8%
気仙沼市	460	438		142	32.4%	131	92.3%

2　質問紙調査結果

　本章においては、質問紙調査結果をもとに宮城県内 3 市の比較を比較しつつ災害公営住宅の課題を明らかにしていくが、その際、(1) 基本属性、(2) 住民間の社会関係についての活動面、(3) 住民間の社会関係についての意識面、(4) 困りごと、(5) 生活意識の順に調査結果を紹介する。

　結論を先取りして言えば、気仙沼市で最も災害公営住宅入居者間の関係形成が進んでおり、石巻市では相対的に関係形成が進んでおらず、仙台市はその中間に位置する。ただし、3 自治体において、総合的な団地生活満足度や復興感については大きな違いが見られない。詳しくは 3 節で分析を行うが、そもそもの住宅確保への住民ニーズが、団地生活満足度や復興感に影響を与えていることが示唆される。

2-1　基本属性

　第 6 章においても基本的な調査結果の紹介が行われているが、ここでもま

表10-2　年齢階層

	50代以下	60代	70代	80代以上	n
仙台市	22.7%	23.7%	38.6%	15.0%	(207)
石巻市	24.7%	32.0%	29.4%	14.0%	(344)
気仙沼市	16.7%	20.6%	37.3%	25.4%	(126)
全体	22.6%	27.3%	33.7%	16.4%	(677)

ずは基本属性を見ていこう。**表10-2**は年齢階層を示している。全体では70歳代以上が半数を占めているが、石巻市ではその割合は43.4%とやや割合が低く、逆に気仙沼市では62.7%と6割を越えており、仙台市はその中間に位置する。気仙沼市において、最も高齢者割合が高くなっている。

なお、宮城県では災害公営住宅入居者を対象に毎年「健康調査」が行われている[1]。この調査は個人を対象とした調査であり、世帯主を対象としている本調査と単純に比較することはできないが、参考までに2019年度に実施された調査によると、80歳以上が16.5%、70歳代が27.5%、60歳代が20.6%となっているので、本調査における石巻市の結果とほぼ同様の結果である。「健康調査」によれば、65歳以上の高齢者の割合は56.2%、2019年3月末の宮城県の65歳以上人口は27.5%であることから、災害公営住宅入居者の高齢化率は極めて高くなっている。世帯主調査であるとはいえ本調査結果からも高齢化率が高いことが示唆されており、災害公営住宅団地のまちの持続可能性が問われていることは間違いないだろう。

表10-3は世帯構成を示している。全体では「単身世帯」が44.4%を占めており、最も割合が高い。石巻市ではその割合は48.9%とやや割合が高く、気

表10-3　世帯構成

	単身世帯	夫婦のみ	核家族世帯	三世代	その他	n
仙台市	39.4%	30.3%	24.5%	4.3%	1.4%	(208)
石巻市	48.9%	19.7%	27.7%	2.9%	0.9%	(350)
気仙沼市	40.3%	31.8%	25.6%	2.3%	0.0%	(129)
全体	44.4%	25.2%	26.3%	3.2%	0.9%	(687)

仙沼市・仙台市がおよそ 4 割となっている。

　こちらも先に紹介した「健康調査」と比較すると、「健康調査」では単身世帯が 50.5％と過半数を占めており、本調査における石巻市の結果と近い。

　続いて表 10-4 はこれら年齢階層と世帯構成のクロス集計結果を示している。40 代以下では「核家族世帯」が 64.4％と多数を占めているものの、おおむね年齢が上がるほど「単身世帯」の割合が高くなり、80 代以上では 52.3％と過半数を占める。高齢の単身世帯が災害公営住宅団地に集積していることが、本調査結果からも確認できる。

表 10-4　年齢階層と世帯構成のクロス集計

	単身世帯	夫婦のみ	核家族世帯	三世代	その他	n
40 代以下	20.5%	5.5%	64.4%	9.6%	-	(73)
50 代	40.5%	10.1%	43.0%	5.1%	1.3%	(79)
60 代	47.6%	24.3%	24.9%	2.2%	1.1%	(185)
70 代	46.5%	34.6%	14.9%	2.6%	1.3%	(228)
80 代以上	52.3%	33.0%	13.8%	0.9%	-	(109)
全体	44.2%	25.5%	26.1%	3.3%	0.9%	(674)

　高齢の単身世帯が多い現状は、福祉の課題が集積していることを示唆する。表 10-5 は自身・家族の通院・介護・介助・支援の必要性を示したものである。これらについては 24.5％とおよそ 4 分の 1 が「あてはまる」と回答しており、その比率は 3 市で大きくは変わらない。

　続いて、表 10-6 は、震災当時の住居形態を示している。全体では「一戸建て住宅」が 52.4％と過半数を占めており、続いて「民間賃貸住宅・アパート」が 39.3％とこれらで 9 割以上を占める。「公的賃貸・雇用促進住宅」といった公営住宅等に居住していた層は全体の 4.3％にすぎない。

　住居形態は 3 市で大きく異なっており、気仙沼市では「一戸建て住宅」が 69.5％と 7 割近くを占めるのに対し、仙台市ではその割合が 42.2％と、「民間賃貸住宅・アパート」の 46.1％を下回っている。石巻市は、気仙沼市と石巻市の中間に位置する。

表 10-5　自身・家族の通院・介護・介助・支援の必要性

	あてはまらない	あてはまる	n
仙台市	77.7%	22.3%	(211)
石巻市	74.3%	25.7%	(339)
気仙沼市	74.8%	25.2%	(123)
全体	75.5%	24.5%	(673)

表 10-6　震災当時の住居形態

	一戸建て住宅	分譲マンション	民間賃貸住宅・アパート	公的賃貸・雇用促進	社宅・官舎・寮	その他	n
仙台市	42.2%	5.8%	46.1%	3.4%	1.9%	0.5%	(205)
石巻市	52.1%	0.6%	40.2%	6.0%	0.9%	0.3%	(326)
気仙沼市	69.5%	-	25.8%	1.6%	1.6%	1.6%	(124)
全体	52.4%	2.1%	39.3%	4.3%	1.3%	0.6%	(655)

表 10-7　入居申し込みで重視したこと

	職場の都合	子どもの学校の都合	買物・通院の利便性	別居の家族等の住まいが近い	早く入居できる	震災前居住地に近い	震災後の避難先に近い	住宅形態の都合	n
仙台市	5.8%	4.7%	19.9%	10.5%	33.5%	13.6%	2.6%	9.4%	(191)
石巻市	3.1%	4.6%	37.0%	8.0%	23.5%	8.0%	2.1%	13.8%	(327)
気仙沼市	5.7%	4.1%	26.2%	6.6%	16.4%	37.7%	-	3.3%	(122)
全体	4.4%	4.5%	29.8%	8.4%	25.2%	15.3%	1.9%	10.5%	(640)

　本項の最後に、入居申し込みで重視したことを示しておきたい。**表 10-7**はその結果であるが、3市で大きく異なることがわかる。それぞれ最も割合が高いのは、仙台市では「早く入居できる」(33.5％)、石巻市では「買物・通院の利便性」(37.0％)、気仙沼市では「震災前居住地に近い」(37.7％)と三者三様となっており、団地の地域特性が見られる。

2-2　住民間の社会関係（活動面）

　ここでは住民間の社会関係のうち、近所づきあいや自治会活動などの活動面に注目して調査結果を見ていきたい。

　表 10-8 は、団地内の住民とのつきあいの状況を示している。全体では「たまに立ち話をする程度」が 45.4％ と最も割合が高く、「お互いの家を行き来する程度」が 15.9％、「一緒に外出する程度」が 4.4％ と、一定の人間関係が築けていることがわかる。

　3 市を比較すると、気仙沼市では「お互いの家を行き来する程度」が 23.6％ と他の 2 市と比較して割合がやや高くなっており、孤立傾向にある人が少ないといった特徴が見られる。

　表 10-9 は、震災前と比較した近所づきあいの増減を示している。全体では「かなり減った」が 43.8％ と最も割合が高く、「少し減った」（12.7％）をあわせると、過半数が「減った」と回答している。他方で「とても増えた」（4.9％）、「少し増えた」（9.6％）という人も少ないながら見られる。

表 10-8　団地内の住民とのつきあいの状況

	交流はない	顔を知っている程度	たまに立ち話をする程度	お互いの家を行き来する程度	一緒に外出する程度	n
仙台市	11.7%	23.3%	45.6%	15.0%	4.4%	(206)
石巻市	15.9%	20.9%	45.5%	13.6%	4.1%	(345)
気仙沼市	8.7%	17.3%	44.9%	23.6%	5.5%	(127)
全体	13.3%	20.9%	45.4%	15.9%	4.4%	(678)

表 10-9　震災前と比較した近所づきあいの増減

	とても増えた	少し増えた	あまり変わらない	少し減った	かなり減った	n
仙台市	5.5%	15.6%	29.6%	12.1%	37.2%	(199)
石巻市	3.8%	7.5%	29.8%	13.0%	46.0%	(346)
気仙沼市	7.3%	5.6%	25.8%	12.9%	48.4%	(124)
全体	4.9%	9.6%	29.0%	12.7%	43.8%	(669)

　3市を比較すると、「減った」とする割合は気仙沼市で6割を越えるなどや
や多く、逆に仙台市では「増えた」が2割を越えており、他の2市と比較し
て割合が高くなっている。おそらく、震災前からもともとの近所づきあいが
盛んであった気仙沼市と比較して、相対的に近所づきあいが少なかった仙台
市においては、第4章で示したように、災害公営住宅における住民活動参加
へのさまざまな仕掛けが用意されていたことによって、住民づきあいが増え
たと感じる人が増えたのかもしれない。
　表10-10は、災害公営住宅に入居する前の直前の住宅と比較した近所づき
あいの増減を示している。回答傾向は震災前と比較した近所づきあいの増減
の傾向とおおむね変わらないが、それと比較すると、若干「増えた」とする
割合がそれぞれ高く、「減った」とする割合がやや低くなっている。
　表10-11は、入居直前の住居形態を示している。全体では「仮設住宅」が
53.0％と最も割合が高く、続いて「借り上げ住宅」が33.8％とこれらで9割近
くを占める。

表10-10　直前住宅と比較した近所づきあいの増減

	とても増えた	少し増えた	あまり変わらない	少し減った	かなり減った	n
仙台市	6.1%	19.2%	37.4%	8.6%	28.8%	(198)
石巻市	4.1%	8.7%	39.5%	9.9%	37.8%	(344)
気仙沼市	8.1%	9.7%	31.5%	14.5%	36.3%	(124)
全体	5.4%	12.0%	37.4%	10.4%	34.8%	(666)

表10-11　入居直前の住居形態

	仮設住宅	借り上げ住宅	公的賃貸・雇用促進	民間賃貸（自費）	親戚・友人宅	社宅・官舎・寮	その他	n
仙台市	19.0%	61.5%	2.0%	13.0%	3.0%	1.5%	-	(200)
石巻市	66.1%	24.0%	2.0%	3.8%	2.6%	0.3%	1.2%	(342)
気仙沼市	71.4%	16.7%	3.2%	4.8%	2.4%	0.8%	0.8%	(126)
全体	53.0%	33.8%	2.2%	6.7%	2.7%	0.7%	0.7%	(668)

　3市を比較すると、気仙沼市や石巻市では「仮設住宅」が7割前後を占めるのに対し、仙台市では「仮設住宅」が19.0％と2割にも満たず、「借り上げ住宅」が61.5％と過半数を占める。「借り上げ住宅」という制度を利用できるだけの、仙台市における民間の住宅ストックの多さを反映する結果だと言えよう。

　表10-12は、自治会加入状況を示している。第4章で紹介したように、いずれの自治体においても自治会の整備に積極的であったが、全体では「加入している」が72.4％と最も割合が高く、「加入していない」は22.6％となっている。

　3市を比較すると、気仙沼市で「加入している」が84.8％と最も割合が高く、石巻市ではその割合は65.6％と低く、仙台市では76.3％とその中間に位置する。

　表10-13は、団地内行事への参加の頻度を示している。全体では「まったく参加していない」が43.1％と最も割合が高く、以下、「あまり参加していない」が22.8％、「ある程度参加」が21.8％、「積極的に参加」が10.3％となっている。

　3市を比較すると、気仙沼市では「積極的に参加」が18.1％、「ある程度参

表10-12　自治会加入

	加入している	加入していない	未発足だが、発足すれば加入	未発足だが、発足しても入らない	n
仙台市	76.3%	20.8%	0.5%	2.4%	(207)
石巻市	65.6%	27.7%	1.7%	4.9%	(346)
気仙沼市	84.8%	11.2%	0.8%	3.2%	(125)
全体	72.4%	22.6%	1.2%	3.8%	(678)

表10-13　団地内行事への参加の頻度

	積極的に参加	ある程度参加	あまり参加していない	まったく参加していない	交流行事は行われていない	n
仙台市	7.2%	23.7%	24.6%	43.5%	1.0%	(207)
石巻市	9.2%	15.6%	23.1%	48.6%	3.5%	(346)
気仙沼市	18.1%	35.4%	18.9%	27.6%	-	(125)
合計	10.3%	21.8%	22.8%	43.1%	2.1%	(678)

加」が 35.4％と他の自治体よりも顕著に高く、行事に参加している割合が高い。最も参加の頻度が低いのが石巻市であり、仙台市がその中間に位置するが、気仙沼市と比較すると参加の頻度は低い。

2-3　住民間の社会関係（意識面）

　ここでは住民間の社会関係のうち、近所づきあいへの感じ方や、住民間の関係性の評価などといった意識面に注目して結果を見ていきたい。

　表 10-14 は、近所づきあいへの感じ方を示している。全体では「特に何も感じない」が 46.1％と最も割合が高く、それを除けば、「とても楽しい」(3.0％)と「まあまあ楽しい」(23.7％)をあわせて 3 割弱、「少しさびしい」(20.6％)と「とてもさびしい」(6.7％)をあわせて 3 割弱と、楽しいと感じている割合とさびしいと感じている割合が拮抗している。

　3 市を比較すると、気仙沼市では「とても楽しい」(4.8％)と「まあまあ楽しい」(29.6％)をあわせてが 3 分の 1 程度が「楽しい」と感じており、続いて仙台市でその割合が 3 割強、石巻市では 2 割強と、石巻市で割合が低い。また、石巻市では「特に何も感じない」が 51.0％と過半数を占めており、気仙沼市ではその割合が 35.2％と最も低く、仙台市はその中間に位置する。

　なお、近所づきあいへの感じ方は、年齢階層別に顕著な違いが見られる。**表 10-15** は、年齢階層別に見た近所づきあいへの感じ方を示している。50 代以下では「特に何も感じない」が 7 割を越えており、年齢が上昇するにつれてその割合は低くなっている。逆に、40 代以下を除けば、50 代以上では

表 10-14　近所づきあいへの感じ方

	とても楽しい	まあまあ楽しい	少しさびしい	とてもさびしい	特に何も感じない	n
仙台市	2.4%	28.3%	19.5%	5.4%	44.4%	(205)
石巻市	2.6%	18.8%	20.3%	7.2%	51.0%	(345)
気仙沼市	4.8%	29.6%	23.2%	7.2%	35.2%	(125)
全体	3.0%	23.7%	20.6%	6.7%	46.1%	(675)

表 10-15　年齢階層別近所づきあいへの感じ方

	とても楽しい	まあまあ楽しい	少しさびしい	とてもさびしい	特に何も感じない	n
40 代以下	-	15.1%	9.6%	2.7%	72.6%	(73)
50 代	-	10.4%	14.3%	2.6%	72.7%	(77)
60 代	2.2%	18.7%	26.4%	9.9%	42.9%	(182)
70 代	2.7%	30.2%	22.1%	5.4%	39.6%	(222)
80 代以上	8.7%	35.9%	21.4%	8.7%	25.2%	(103)
全体	2.9%	23.9%	20.9%	6.5%	45.8%	(657)

表 10-16　団地内の人間関係がよくない

	あてはまる	ややあてはまる	ややあてはまらない	あてはまらない	n
仙台市	8.8%	25.4%	34.2%	31.6%	(193)
石巻市	9.4%	21.4%	36.9%	32.4%	(309)
気仙沼市	4.9%	9.7%	43.7%	41.7%	(103)
全体	8.4%	20.7%	37.2%	33.7%	(605)

年齢が上昇するにつれて「とても楽しい」「まあまあ楽しい」をあわせた割合が高くなっている。災害公営住宅団地においては自治会などの「共助」を担う自治組織の整備が求められてきたが、この結果から、稼働者が多い相対的若年層においてはさほど「共助」の基盤となる近所づきあいそのものが求められていないと言えるかもしれない。

　表 10-16 は、「団地内の人間関係がよくない」と評価しているかどうかを示している。全体では「ややあてはまらない」が 37.2％と最も割合が高く、続いて「あてはまらない」が 33.7％となっており、あわせて全体の 7 割程度が「あてはまらない」と回答している。

　3 市を比較すると、気仙沼市では「ややあてはまらない」(43.7％)と「あてはまらない」(41.7％)の割合が他の 2 市と比較して顕著に高く、良好な人間関係が示唆される結果となっている。

　表 10-17 は、団地内住民が頼りになるかどうかについての回答を示している。全体では「頼りにならない」が 38.5％と最も割合が高く、続いて「あまり

表 10-17　団地内住民が頼りになる

	頼りになる	やや頼りになる	あまり頼りにならない	頼りにならない	n
仙台市	12.3%	20.1%	31.8%	35.7%	(154)
石巻市	7.6%	19.2%	31.2%	42.0%	(250)
気仙沼市	6.8%	43.2%	17.6%	32.4%	(74)
全体	9.0%	23.2%	29.3%	38.5%	(478)

頼りにならない」が 29.3％となっており、あわせて全体の 7 割弱が「頼りにならない」と回答している。

　3 市を比較すると、気仙沼市では「やや頼りになる」が 43.2％と最も割合が高く、「頼りになる」（6.8％）をあわせるとちょうど半数が「頼りになる」と回答しており、他の 2 市と比較して顕著にその割合が高く、「頼りになる」関係が構築されている様子が窺える。他方で石巻市ではその割合が 4 分の 1 程度であり、仙台市においても 3 分の 1 程度にとどまっている。

2-4　困りごと

　ここでは困りごとのうち、買い物などの交通の便、住居内の使い勝手、集合住宅に馴染めるかどうかといった点について紹介したい。

　表 10-18 は、買い物などの交通の便についての評価を示している。全体では「あてはまらない」が 42.1％と最も割合が高く、続いて「ややあてはまらない」が 26.6％となっており、あわせて 7 割弱が「あてはまらない」と回答しているが、逆に言えば 3 割強が交通の便が悪いと回答していることになる。

　3 市を比較すると、石巻市では「あてはまらない」（47.8％）と「ややあてはまらない」（26.1％）をあわせて 4 分の 3 程度が「あてはまらない」と評価しており、3 市の中でもっとも評価が高い。続いて気仙沼市でその割合が 7 割弱、仙台市では 6 割と最も割合が低く、「あてはまる」（16.9％）、「ややあてはまる」（23.1％）をあわせた割合も 4 割程度と最も高い。

表10-18　買い物などの交通が不便

	あてはまる	ややあてはまる	ややあてはまらない	あてはまらない	n
仙台市	16.9%	23.1%	26.7%	33.3%	(195)
石巻市	10.2%	15.9%	26.1%	47.8%	(314)
気仙沼市	15.4%	15.4%	27.9%	41.3%	(104)
全体	13.2%	18.1%	26.6%	42.1%	(613)

表10-19　住居内の使い勝手が悪い

	あてはまる	ややあてはまる	ややあてはまらない	あてはまらない	n
仙台市	23.0%	19.9%	30.1%	27.0%	(196)
石巻市	9.3%	21.5%	31.4%	37.8%	(312)
気仙沼市	3.9%	20.4%	28.2%	47.6%	(103)
全体	12.8%	20.8%	30.4%	36.0%	(611)

　表10-19は、住居内の使い勝手についての評価を示している。全体では「あてはまらない」が36.0％と最も割合が高く、続いて「ややあてはまらない」が30.4％となっており、あわせて3分の2程度が「あてはまらない」と回答しているが、逆に言えば3分の1が使い勝手が悪いと回答していることになる。

　3市を比較すると、気仙沼市では「あてはまらない」(47.6％)と「ややあてはまらない」(28.2％)をあわせて4分の3以上が「あてはまらない」と評価しており、3市の中でもっとも評価が高い。続いて石巻市でその割合が7割弱、仙台市では6割弱と最も割合が低く、「あてはまる」とする割合も23.0％と最も高い。

　表10-20は、集合住宅に馴染めているかいないか、その評価の結果を示している。全体では「ややあてはまらない」が30.1％と最も割合が高く、続いて「あてはまらない」が28.7％となっており、あわせて6割弱が「あてはまらない」と回答しているが、逆に言えば4割強が集合住宅に馴染めていないと回答していることになる。

　3市を比較すると、気仙沼市では「あてはまらない」(32.4％)と「ややあてはまらない」(35.2％)をあわせて3分の2程度が「あてはまらない」と評価して

表 10-20 集合住宅に馴染めない

	あてはまる	ややあてはまる	ややあてはまらない	あてはまらない	n
仙台市	14.1%	26.6%	28.1%	31.2%	(199)
石巻市	17.9%	26.5%	29.7%	25.9%	(313)
気仙沼市	8.6%	23.8%	35.2%	32.4%	(105)
全体	15.1%	26.1%	30.1%	28.7%	(617)

おり、3市の中でもっとも評価が高い。続いて仙台市でその割合が6割程度、石巻市では6割弱と最も割合が低く、「あてはまる」(17.9%)、「ややあてはまる」(26.5%)をあわせた割合も4割を越えるなど最も高い。

　これら困りごとに関する結果はやや意外なものであった。政令市である仙台市においては、買い物などの交通の便が良く、震災前に「一戸建て住宅」居住が多かった気仙沼市(表10-6)においては住居内の使い勝手が悪く、「馴染めない」割合が高いことを予想していたからである。ところが、結果はその予想を裏切るものとなった。

　この背景を考察すると、交通の便に関しては、そもそも石巻市では入居の際に交通の便を重視する人が多かったことから、交通の便の良い団地に入居できていること、気仙沼市においても立地の良いところに集合型の災害公営住宅を整備したことなど、災害公営住宅整備に行政側の意図があったことを読み取れる。また、災害公営住宅整備はおおむね仙台市で最も早く着手され、続いて石巻市、気仙沼市の順に整備されることとなった。気仙沼市はそれだけ整備のための準備をしたということであり、住民のニーズを反映できたことが、集合住宅であっても相対的に使い勝手が悪くなく、馴染めない人が少ないことの要因となっている可能性がある[2]。

2-5 生活意識

　最後に、今後の団地居住意向、団地生活満足度、復興感など、生活意識について紹介したい。

　表 10-21 は、今後の団地居住意向を示している。全体では「ずっとこの団

表10-21　今後の団地居住意向

	ずっとこの団地で暮らす	別の住宅に移る予定	迷っている	その他	n
仙台市	83.9%	3.3%	12.8%	-	(211)
石巻市	74.0%	3.8%	21.5%	0.6%	(339)
気仙沼市	74.2%	5.6%	20.2%	-	(124)
全体	77.2%	4.0%	18.5%	0.3%	(674)

表10-22　団地生活満足度

	満足している	やや満足している	あまり満足していない	満足していない	n
仙台市	22.5%	49.3%	20.1%	8.1%	(209)
石巻市	19.2%	47.2%	24.5%	9.0%	(343)
気仙沼市	16.9%	59.7%	17.7%	5.6%	(124)
合計	19.8%	50.1%	21.9%	8.1%	(676)

地で暮らす」が77.2％と最も割合が高いが、「迷っている」も18.5％と2割弱を占めている。

　3市を比較すると、仙台市で「ずっとこの団地で暮らす」が83.9％となっており、3市の中でもっとも住み続けたいとする意識を持つ人の割合が高くなっている。

　表10-22は、団地生活満足度を示している。全体では「やや満足している」が50.1％と半数を占め、「満足している」(19.8％)をあわせると7割程度が「満足している」と回答している。

　3市を比較すると、気仙沼市で「やや満足している」(59.7％)と「満足している」(16.9％)をあわせると、4分の3以上が「満足している」と回答しており、続いてその割合は仙台市が7割強、石巻市が7割弱となっているが、「満足している」とする割合は仙台市(22.5％)で最も割合が高く、気仙沼市(16.9％)で最も割合が低くなっていることから、顕著な差異は見られない。

　最後に、**表10-23**は、復興感を示している。全体では「ある程度回復した」が43.7％、「ほぼ回復した」が27.8％となっており、これらをあわせると7割

表 10-23　復興感

	ほぼ回復した	ある程度回復した	あまり回復していない	まったく回復していない	n
仙台市	35.4%	34.3%	21.7%	8.6%	(198)
石巻市	25.1%	47.3%	19.2%	8.3%	(338)
気仙沼市	23.2%	48.8%	24.8%	3.2%	(125)
合計	27.8%	43.7%	21.0%	7.4%	(661)

強が「回復した」と感じているが、逆に言えば 3 割弱は「回復していない」と感じていることになる。

　3 市を比較すると、仙台市で「ほぼ回復した」が 35.4% と他の 2 市と比較して高くなっているが、「ほぼ回復した」と「ある程度回復した」をあわせた割合は 3 市でほとんど変わらない。

3　分　析

　以上、仙台市、石巻市、気仙沼市の 3 市を比較しつつ、特徴的な調査結果を紹介してきた。本節では、(1) 住民間の関係形成、(2) 復興感・生活満足度の 2 点に関する分析を行う。

3-1　住民間の関係形成に関する分析

　第 4 章で述べたが、各自治体は災害公営住宅団地における自治会など「共助」を担う自治組織の整備を進め、住民間の関係形成を促してきた。実際、ほとんどの地域で自治会が形成されており、7 割以上が自治会に加入しており (表 10-12)、「たまに立ち話をする程度」以上の関係が 3 分の 2 の住民にみられる (表 10-8) など、一定の関係が構築されていた。これらの住民間の関係形成の観点から 3 市を比較すると、自治体加入率や団地内行事への参加の程度 (表 10-13)、団地内の人間関係 (表 10-16) や頼りにできる相手としての団地内住民 (表 10-17) などを見ると、気仙沼市で最も災害公営住宅入居者間の関係形成が進んでおり、石巻市では相対的に関係形成が進んでおらず、仙台市

はその中間に位置することを読み取れる。

　気仙沼市での住民間の関係形成の進展の背景には、もともと自治会等従来型の関係を求める地域性があったのではないかと考えられる。気仙沼市では、相対的に年齢が高く（表 10-2）、自治会活動に参加することが一般的な「一戸建て住宅」に震災前に居住している割合が高かった（表 10-6）。さらには入居申し込みで重視したことで最も割合が高かったのは「震災前居住地に近い」ことであり（表 10-7）、他の 2 市よりも顕著に高かった。これは、震災前の人間関係を重視していたことの反映であるとも言えよう。

　石巻市での相対的な関係形成の遅れは、若年層の割合がやや高いことに加え（表 10-2）、調査実施時期においては対象となった団地が大規模開発による自治会整備の途上だったことがその一要因[3]であると考えられ、今後、関係形成が進展する可能性もある。

　仙台市においては、震災前と比較した近所づきあい（表 10-9）や、直前住宅と比較した近所づきあい（表 10-10）が、他の 2 市と比較して増えている傾向がある。これは、もともと自治会活動に参加することが「一戸建て住宅」居住層よりは一般的ではない「民間賃貸住宅・アパート」に震災前に居住している割合が高かった（表 10-6）ことや、「借り上げ住宅」の割合が他の 2 市と比較して顕著に高かった（61.5％）こともあり、自治会整備などの災害公営住宅団地での「共助」を促す試みがある程度成功したと言える結果になっているのではないかと考えられる。

3-2　団地生活満足度・復興感に関する分析

　第 7 章で詳しく分析したように、復興感に影響を与えているのは総合的な団地生活満足度であると考えられる。復興感を高めるためにも団地生活満足度を高めることが求められるが、仙台市、石巻市、気仙沼市の 3 市において、3-1 で指摘したような住民間の関係形成や、2-4 で示した困りごと、2-5 で示した今後の団地居住意向などで差異が見られるものの、団地生活満足度（表 10-22）や復興感（表 10-23）については大きな違いは見られなかった。

　おそらくその背景には、住民ニーズと災害公営住宅のマッチングがあるの

ではないかと考えられる。というのも、表10-7に示したように、仙台市では早い住宅確保、石巻市では利便性、気仙沼市では「震災前居住地に近い」こと、すなわち従前の人間関係を求めていた人が多かったのであり、すべての人がそうであったとは決して言えないものの、実際にこれら住民の希望がおおむねかなえられる形での住宅供給が、三市における団地生活満足度や復興感を変わらないものにした要因になっているのではないかと推測される。言い換えれば、災害公営住宅への入居前の住民ニーズとのマッチングによって団地生活満足度・復興感が規定されているのではないかと考えられる。

4　知見と今後への示唆

　以上、質問紙調査結果ならびに補足的に行政に対するインタビュー調査結果から、宮城県の3市を比較しつつ、災害公営住宅の現状と課題を明らかにしてきた。以下では知見をまとめ、今後への示唆を示したい。

4-1　知見のまとめ

　県の「健康調査」でも確認されていることではあるが、災害公営住宅住民の年齢は高く（表10-2）、単身世帯割合も高い（表10-4）。さらに、4分の1の住民が、自身・家族に通院・介護・介助・支援の必要があると回答していた（表10-5）。災害公営住宅は自ら住宅を確保することが困難な人々に対して供給されるものであり、当初から予測されていたことではあるが、特に単身高齢世帯、さらには支援の必要がある住民の暮らしをどのように支えていくのかは大きな課題であり続けている。

　住民間の社会関係については、行政の支援もあって、ほとんどの地域で自治会が形成されており、自治会加入率が7割を越え（表10-12）、「たまに立ち話をする程度」以上の関係が3分の2の住民にみられる（表10-8）など、一定の関係が構築されていたが、団地内行事への参加率は高いとは言えず（表10-13）、団地内の人間関係がよくないとする割合が3割弱（表10-16）、団地内住民が頼りにならないとする割合は7割弱（表10-17）と、「共助」を形成するには

至っていないという課題も見られる。

　困りごとについては、交通の便や住宅内の使い勝手が悪い、集合住宅に馴染めないとする層が 3 〜 4 割程度見られる（表 10-18 〜 20）。とはいえ、総合的な団地生活満足度は 7 割以上が満足していると評価（表 10-22）、復興感も 7 割以上が回復している（表 10-23）と回答しており、一定の復興を示すものとなっている。ただし、逆に言えば、災後 9 年が経過していても 3 割が生活が回復していないと回答しているのであり、大きな課題であり続けていると言えよう。

4-2　今後への示唆

　第 7 章で示したように、復興感を規定する要因として団地生活満足度があげられるが、集合住宅であるがゆえのハード面での生活のしづらさや、ソフト面での良好ではない人間関係などが団地生活満足度の低さにつながっている。このことから、団地生活満足度を上げていくためのハード面の改善や、良好な、さらには団地内での頼りにできる人間関係形成など、ソフト面の働きかけが今後も求められる。

　とくにソフト面の課題については、それぞれの自治体の働きかけもあって、団地の自治会はほぼ整備されているが、団地内での入居者間の関係形成は依然として課題であった。災害公営住宅入居者の高齢者割合が高さを考慮すれば、互いを支え合う共助の関係としての住民組織の持続可能性とともに、そうした組織に変わる支援のあり方も問われるだろう。

　最後に、今後の災害に備える視点として、住民ニーズを把握することの重要性をあらためて指摘しておきたい。今回の調査対象者において、仙台市では早い住宅確保、石巻市では利便性、気仙沼市では「震災前居住地に近い」ことが住宅確保のニーズとしてあげられており、実際にこれら住民の希望がおおむねかなえられる形での住宅供給ができていたことが、総合的な団地生活満足度の高さにつながっていったのではないかと考えられる。いずれの自治体においても災害公営住宅整備にあたってどのくらいの人が災害公営住宅への入居を希望しているのかを把握するための住民の意向調査が行われてい

たが、災後の混乱期においては住民のニーズを正確に把握することは困難ではある。とは言え、本調査結果は、地域特性に応じた被災者に対する丁寧な住民ニーズの把握と、それに対応するかたちでの住宅供給の必要性をあらためて示唆していると言えるだろう。

注

1　最新のものは、宮城県保健福祉部健康推進課 (2020)。宮城県及び 7 市町 (仙台市，石巻市，塩竈市，気仙沼市，岩沼市，東松島市，南三陸町) の共同実施。調査時期は 2019 年 11 月〜 2020 年 2 月にかけてであり、7 市町村が管理する災害公営住宅の入居者 10,482 世帯に配布、5,769 世帯から回収、回収率は 55.0 ％、有効回答人数は 8,926 人である。

2　気仙沼市役所建設部住宅課担当者へのインタビュー (2020 年 9 月 16 日)。気仙沼市民は海とともに暮らしを営んできた人々が多いために、災害公営住宅ではあっても漁村の習俗としての神棚を備えることが可能なスペースを用意したり、住民間でカツオのやりとりができるようにカツオが入るサイズのシンクを用意するなどの工夫がなされたという。担当者が地元の方であり、気仙沼の風土を理解していたということも、こうした住宅を用意できた要因のひとつであると考えられる。

3　石巻市役所建設部住宅課担当者へのインタビュー (2020 年 9 月 17 日)。

第 11 章　福島県内における復興公営住宅入居者の居住地選択とコミュニティ形成

高木竜輔

1　問題の所在

1-1　福島県における復興公営住宅の課題

　本章では、福島県内の原発避難者向けの復興公営住宅について、その立地によるコミュニティ形成の違いとその規定要因について検討する[1]。後から紹介するように、福島県内の復興公営住宅においては立地によってコミュニティ形成の状態に違いが見られる。もちろん、入居期間の長さによってコミュニティの成熟度に違いが見られるが、それだけでは説明できないように思われる。

　被災者／入居者から見たとき、福島県内の復興公営住宅は、岩手県や宮城県の災害公営住宅とは異なる特徴がある。第一に、復興公営住宅の建設が被災自治体の外部に建設されたことである。福島県内の各地に復興公営住宅が建設されたが、中には 100 キロ以上も離れた場所に建設された住宅もある。

　第二に、県内に建設された多数の復興公営住宅団地について、基本的にそのすべてが選択肢であった、ということである。5 章で確認したように、復興公営住宅は福島市、会津若松市、郡山市、いわき市、二本松市、南相馬市など、県内各地に建設された。被災者は、自らの置かれた状況を踏まえて立地地域・団地を選択する。もちろん、団地ごとに仕様が多少異なるし、一部団地では入居者を一部市町村に限って募集している[2]。とはいえ、いくつかの団地のなかから自分の好みの団地を選択して申し込む。もちろん抽選になる可能性もあるし、抽選ではずれれば別の団地を選ばざるを得ない。とはいえ、7 割近くの入居者が第一希望の団地に入居できている。

　このような特徴が、福島県内の復興公営住宅のコミュニティ形成にどのような影響を与えるのだろうか。この点をデータから明らかにしてみたい。

1-2　分析方針

　本章では、原発避難者向けの復興公営住宅入居者に関して、立地選択とその影響を明らかにする。今回の調査では福島市、郡山市、いわき市、二本松市、南相馬市の5地点の団地を調査対象としている。ここでは福島市、郡山市、二本松市の団地を「中通り」と1つのカテゴリーに統合し、いわき市、南相馬市を含めた3つのカテゴリーによる分析を試みる。ただし、中通りというカテゴリーを構成する立地地域で共通する傾向もあれば、異なることもあるため、異なる傾向が見られる場合にはそのことも併せて確認しておきたい。

　表11-1は今回の分析対象団地についてその概要を示したものである。こ

表11-1　福島県における立地三区分と対象団地

	立地自治体	団地名	戸数	入居開始時期	備考
中通り	郡山市	八山田団地1〜3号棟	100	2014年11月	2号棟は2015年9月から入居開始
					3号棟は2016年3月から入居開始
		富田団地1〜3号棟	120	2015年2月	2号棟3号棟は同年10月入居開始
	二本松市	石倉団地	200	2016年11月	5号棟は2017年1月から入居開始
					6号棟は2017年9月から入居開始
	福島市	北沢又団地	152	2017年2月	5号棟は同年4月から入居開始
					6号棟は同年5月から入居開始
いわき	いわき市	下神白団地	200	2015年2月	3〜6号棟は同年4月から入居開始
		北好間団地	323	2018年1月	
		泉本谷団地	196	2018年2月	
		四ツ倉団地	150	2017年10月	
		中原団地	138	2017年4月	6号棟は同年6月から入居開始
					7号棟は同年8月から入居開始
南相馬	南相馬市	北原団地	264	2016年9月	
		牛越団地	176	2017年3月	4・5号棟は同年8月から入居開始
					3・6号棟は同年12月から入居開始
		上町団地	182	2016年12月	
		南町団地	255	2016年12月	

出典：福島県「復興公営住宅（原子力災害による避難者のための住宅）地区ごとの行程表と進捗状況」
2019年2月

こからわかる今回の対象団地の立地別の特徴を確認しておきたい。中通りの団地は比較的早いタイミングで入居開始が始まったところが多い。それに対していわき市では、北好間など比較的大規模な団地がある。また、入居開始については、下神白団地を除いて比較的遅い。南相馬市の復興公営住宅も比較的大規模な団地が多く、また入居開始も比較的遅い。

　以下、まず 2 節では福島県内の復興公営住宅の立地ごとの課題を確認する。その上で 3 節では、立地地域による課題の違いの背景に何があるのかを検討する。そこにおける大きな要因は居住意向である。この居住意向がコミュニティ形成にどのような影響を与えているのかを 4 節で確認する。しかし、この居住意向自体が避難者の属性によって規定されている。この点を 5 節で確認する。最後の 6 節では、以上の分析結果を踏まえて、福島県内における復興公営住宅に求められることについて検討してみたい。

2　立地地域ごとにみた復興公営住宅の課題

　まずは調査データから、福島県内の復興公営住宅が立地によって抱えている課題に違いが生じていることを確認したい。ここでは、年齢や世帯構成などの属性、さらにコミュニティ形成の状況などについて、データを見ていきたい。

2-1　立地別にみた入居者の属性

　まずは住宅の立地別にみた入居者の年齢や世帯の違いを確認しておきたい。表 11-2 は立地別にみた年齢構成を見たものだが、中通りでは 80 代以上の割合が 28.0% と他地区と比べて多く、70 代を加えた値は 56.5% になる。いわき市では 80 代以上の割合は 18.8% にとどまるが、70 代以上の割合となると 54.2% となり、ほぼ中通りと同程度となる。南相馬市では 80 代以上が 20.6% といわき市と同程度に少なく、70 代以上を含めた割合は 49.3% であり、中通りやいわき市と比べてその割合は低くなる。平均年齢で見ると、中通りが 69.2 歳、いわき市が 66.7 歳、南相馬市では 68.1 歳とそれほど大きな違いは

表11-2　立地地域別にみた年齢構成

		年代				n	平均年齢
		50代以下	60代	70代	80代以上		
立地地域	中通り	20.0%	23.5%	28.5%	28.0%	(200)	69.2 ± 14.8
	いわき	24.2%	21.5%	35.4%	18.8%	(223)	66.7 ± 15.7
	南相馬	21.7%	29.0%	28.7%	20.6%	(272)	68.1 ± 14.0
全体		22.0%	25.0%	30.8%	22.2%	(695)	68.0 ± 14.8

表11-3　立地地域別にみた世帯構成

		現在の世帯構成			n
		単身	夫婦のみ	その他	
立地地域	中通り	58.4%	20.8%	20.8%	(202)
	いわき	49.3%	27.4%	23.3%	(223)
	南相馬	56.4%	20.5%	23.1%	(273)
全体		54.7%	22.8%	22.5%	(698)

ないが、年齢構成において立地による違いが見られる。

　表11-3は立地地域別にみた世帯構成である。中通りにおける単身世帯の割合は58.4%と他地区と比べて多い。ただし南相馬市も56.4%と同程度であり、いわき市が49.3%と一番低くなっている。

　以上の結果から立地による違いを見ると、中通りにおいて年齢構成が多少高く、単身割合も多少高いことがわかる。南相馬市は中通りと似たような傾向にあるが、80代以上の割合において異なる。いわき市は他地区と比較して年齢構成が低く、単身比率も低いことがわかる。

2-2　立地別にみた団地内のコミュニティ形成の状態

　次に確認するのは団地内のつながりについてである。調査では同じ団地内の方とどのようなお付き合いをしているのか、5段階で回答してもらった[3]。**表11-4**はその結果である。「交流はない」「顔を知っている程度」を合わせた割合を見ると、中通りが33.8%、いわき市が39.0%であるのに対し南相馬市

表 11-4　立地地域別にみた団地内のつきあい

		団地内つきあい					
		交流はない	顔を知っている程度	たまに立ち話をする程度	お互いの家を行き来する程度	一緒に外出する程度	n
立地地域	中通り	14.6%	19.2%	48.0%	12.1%	6.1%	(194)
	いわき	15.6%	23.4%	38.5%	15.1%	7.3%	(218)
	南相馬	24.3%	28.4%	31.3%	11.2%	4.9%	(260)
全体		19.8%	24.4%	37.6%	12.4%	5.8%	(672)

では 52.7% となっており、南相馬市の団地において団地内のつながりが希薄であることがわかる。特に南相馬市においては「交流はない」という回答が 4 分の 1 を占めていることも大きな特徴であろう。

　次に見るのは、生活上の困りごとがあった時に団地内の住民を頼りにできるかどうか、についてである。7 章でも確認したように、コミュニティが成立するためには人びとの間のつながりだけでなく、共助の感覚を持つことも必要である。このことを踏まえると、同じ団地の住民を頼りにできるかどうかもコミュニティ形成における重要な指標といえる。**表 11-5** はその結果である。

　全体では入居者の 38.0% が頼りになると回答しており、62.0% は頼りにな

表 11-5　立地地域別にみた団地内住民は頼りになるか

		団地内住民は頼りになるか				
		頼りになる	やや頼りになる	あまり頼りにならない	頼りにならない	n
立地地域	中通り	15.7%	28.9%	22.6%	32.7%	(159)
	いわき	11.0%	31.2%	29.5%	28.3%	(173)
	南相馬	8.3%	19.9%	29.8%	42.0%	(181)
全体		11.5%	26.5%	27.5%	34.5%	(513)

らないと回答している。福島県全体では6割もの入居者が同じ団地の住民を頼りにできないと回答しており、共助の感覚をいかにして高めるかが大きな課題となっている。7章でも確認したように、福島県における入居者の共助の感覚は他県と比較して低いわけではない。

　立地別にみた調査結果からは、立地によって団地内住民を頼りにできる程度に違いがあることが明らかになった。中通り、いわき市の団地において「頼りになる」「やや頼りになる」と回答した割合はそれぞれ44.6%、42.2%であるのに対し、南相馬市では28.2%であり、南相馬市の団地において共助の感覚が他地域と比較して形成されていないことがわかる。

　最後にみるのは、今後の団地居住意向である。**表11-6**はその結果である。中通りの団地に入居する避難者の65.3%が「ずっとこの団地で暮らす」と回答しており、ほかの立地地域の団地と比較して比較的高くなっている。それに対していわき市と南相馬市の団地入居者において「ずっとこの団地で暮らす」と回答した割合は5割程度にとどまる。「別の住宅に移る予定」との回答割合はそれほど変わらない。他方、いわき市と南相馬市の団地では「迷っている」という回答が中通りと比較して多くなっている。この結果からは、いわき市や南相馬市に入居している避難者の一部において、将来的な避難元への帰還や、他所で住宅再建することを考えていることがわかる。

　もちろん、すでに7章でも見たように、今後の団地居住意向とコミュニティ形成には関連がある。他地区で住宅再建を考えていたり、迷っている居住す

表11-6　立地地域別にみた今後の団地居住意向

		今後の団地居住意向			
		ずっとこの団地で暮らす	別の住宅に移る予定	迷っている	n
立地地域	中通り	65.3%	11.2%	23.5%	(196)
	いわき	52.8%	13.9%	33.3%	(216)
	南相馬	53.1%	15.0%	31.9%	(260)
全体		56.5%	13.5%	29.9%	(672)

るほど団地内で人間関係を構築できていない傾向が確認されている。

2-3　小　括

　これまでの調査結果を立地ごとに整理しておきたい（**表11-7**）。中通りの復興公営住宅ではある程度人間関係ができており、かつずっとこの団地で暮らすと考えている人が多い。ただし他地区と比較して平均年齢がやや高く、特に80代の割合が高い。さらに単身世帯も多いことが特徴である。

　いわき市の復興公営住宅では、平均年齢は一番低いものの、70代の割合が高かった。また、将来的に団地を出て行くことを検討している割合が高く、ずっとこの団地で暮らすと回答した割合が低かった。

　南相馬市の復興公営住宅では、70代以上の割合は5割弱と他地区と比べて低いものの、単身高齢者が多い傾向にある。また、コミュニティ形成は総じて低調である。団地内でつきあいのない人が比較的多く、共助の感覚も低い。また、将来的に団地を出て行くことを検討している割合が高く、ずっとこの団地で暮らすと回答した割合が低かった。

　このように見ると、福島県の復興公営住宅は立地による団地課題の違いが明白である。なぜこのような違いが生じるのだろうか。このような違いがコミュニティ形成にどのような影響を与えているのか。そもそも、このような課題の違いをどのように考えればいいのだろうか。

表11-7　立地ごとの団地課題

中通り （福島、郡山、二本松）	いわき市	南相馬市
・80代の割合が高い ・単身世帯が多い	・70代の割合が高い ・団地を出て行くことを考えている人が多い	・単身世帯が多い ・団地のつきあいがない人が比較的多い ・共助の感覚が比較的低い ・団地を出て行くことを考えている人が多い

3　立地地域による差異の背景要因

前節で確認した立地地域による団地課題の違いについて、まずはその背景
にある要因について探ってみよう。

3-1　居住年数の影響

立地によるコミュニティ形成の状態の違いは、当然ではあるが、復興公営
住宅の入居開始時期によって影響を受ける。時間が経過することによって、
コミュニティ形成はある程度進んでいく。立地によって建設時期が異なり、
入居開始時期も異なるため、そのために立地によってコミュニティ形成の状
態に違いが生じる。

調査の結果からは、時間の経過とともに団地内におけるコミュニティ形成
が一定程度進むことが確認される。**表11-8**は居住年数別にみた団地内の人
間関係をみたものである。4年以上の入居者では、「交流はない」「顔を知っ
ている程度」と回答した割合は14.4%であるが、2〜4年では41.0%、2年未
満では55.0%となる。また**表11-9**は居住年数別にみた団地内の住民が頼り
になるかどうかを示したものである。ここでも、居住年数が長くなればなる
ほど団地内の住民が頼りになる、言い換えると共助の感覚を持つことが示さ
れる。このことから、コミュニティ形成にはある程度の時間を要することが
わかる。

表 11-8　居住年数別にみた団地内の人間関係

		団地内の人間関係					
		交流はない	顔を知っている程度	たまに立ち話をする程度	お互いの家を行き来する程度	一緒に外出する程度	n
居住年数	2年未満	27.9%	27.1%	30.6%	10.0%	4.4%	(229)
	2〜4年	16.3%	24.7%	38.8%	14.4%	6.0%	(369)
	4年以上	2.6%	11.8%	60.5%	13.2%	11.8%	(76)
全体		18.7%	24.0%	38.4%	12.8%	6.1%	(674)

表 11-9　居住年数別にみた団地内住民は頼りになるか

		団地内住民は頼りになるか				
		頼りになる	やや頼りになる	あまり頼りにならない	頼りにならない	n
居住年数	2年未満	7.2%	24.4%	32.2%	36.1%	(180)
	2〜4年	10.7%	27.4%	24.1%	37.8%	(270)
	4年以上	28.1%	28.1%	29.8%	14.0%	(57)
全体		11.4%	26.4%	27.6%	34.5%	(507)

3-2　立地による居住地選択の違い

　ただし、立地によるコミュニティ形成の違いは時間の経過だけによって説明されるわけではない。本章 2 節 2 で今後の居住意向を確認したが、そのことが立地地域を選択する大きな理由となっている。このことをデータで確認してみたい。

　表 11-10 は立地地域別にみた入居申込で重視したことを示したものである。福島県全体では、39.2% が「買物・通院の利便性」を、24.0% が「早く入居できる」を居住団地の選択理由としていた。そのほか、「別居の家族等の住まいが近い」「震災前居住地に近い」において 1 割程度の回答があった。

　立地地域別に調査結果を見ると、立地地域によって入居した復興公営住宅を選択した理由が異なることが明らかになった。中通りでは、「買物・通院の利便性」「早く入居できる」の順になっており、この二つで全体の 7 割を占めている。また、「震災後の避難先に近い」という回答も、回答自体の割合はわずかであるが、他地区と比較したときに多い。いわき市では「早く入居できる」「買物・通院の利便性」の順になっている。この二つの回答で全体の 6 割を占めているが、それ以外の理由も散見される。また、「買物・通院の利便性」に関しては他地区と比べてその割合が低い。

　それに対して南相馬市は少し違う様相が見て取れる。南相馬市では「買物・通院の利便性」の次に多い回答が「震災前居住地に近い」であり、2 割弱の入

表 11-10　立地地域別にみた入居申込で重視したこと

		入居申込で重視したこと								
		職場の都合	子どもの学校の都合	買物・通院の利便性	別居の家族等の住まいが近い	早く入居できる	震災前居住地に近い	震災後の避難先に近い	住宅形態の都合	n
立地地域	中通り	2.7%	3.8%	42.6%	13.1%	28.4%	1.1%	7.1%	1.1%	(183)
	いわき	5.2%	4.3%	29.9%	14.2%	31.3%	6.6%	3.3%	5.2%	(211)
	南相馬	7.5%	4.4%	44.4%	8.3%	14.7%	18.7%	1.2%	0.8%	(252)
全体		5.4%	4.2%	39.2%	11.6%	24.0%	9.8%	3.6%	2.3%	(646)

表 11-11　今後の団地居住意向別にみた入居申込で重視したこと

		入居申込で重視したこと								
		職場の都合	子どもの学校の都合	買物・通院の利便性	別居の家族等の住まいが近い	早く入居できる	震災前居住地に近い	震災後の避難先に近い	住宅形態の都合	n
居住意向	この団地で暮らす	4.5%	1.7%	45.2%	13.6%	25.7%	5.4%	2.5%	1.4%	(354)
	別の住宅に移る	9.8%	8.5%	25.6%	8.5%	17.1%	18.3%	4.9%	7.3%	(82)
	迷っている	5.9%	7.0%	33.9%	9.7%	22.0%	14.5%	5.4%	1.6%	(186)
合計		5.6%	4.2%	39.2%	11.7%	23.5%	9.8%	3.7%	2.3%	(622)

居者がそのように答えていた。それに対して「早く入居できる」という回答割合は少ない。

　上記でみた立地による申し込み理由の違いは、入居者の将来の居住意向によって大きく規定される。**表 11-11** は今後の団地居住意向別にみた入居申し込みで重視したことを示したものである。この団地でこれからも暮らすと回答した入居者は「買物・通院の利便性」と回答する割合が他の立地地域と比較して高くなっている。今後もこの団地で暮らすと考えている人が立地における生活環境を最優先するのは、ある意味で当たり前の結果である。

　それに対して別の住宅に移ると回答している入居者では、「買物・通院の利便性」が回答としては一番割合が高いものの、他の立地地域と比較したときには「震災前居住地に近い」という回答割合が高いことが大きな特徴となっている。また、「職場の都合」「子供の学校の都合」などの理由も他地区と比較して高い。他方で、「早く入居できる」という回答割合は低い。最後に、

表 11-12　立地地域・今後の団地居住意向別にみた入居申込で重視したこと

		職場の都合	子どもの学校の都合	買物・通院の利便性	別居の家族等の住まいが近い	早く入居できる	震災前居住地に近い	震災後の避難先に近い	住宅形態の都合	n
		入居申込で重視したこと								
中通り	この団地で暮らす	2.6%	1.7%	48.7%	13.7%	26.5%	0.9%	5.1%	0.9%	(117)
	別の住宅に移る	5.0%	10.0%	45.0%	10.0%	20.0%		5.0%	5.0%	(20)
	迷っている	2.5%	7.5%	25.0%	12.5%	35.0%	2.5%	15.0%		(40)
いわき	この団地で暮らす	4.5%	0.9%	33.3%	16.2%	36.9%	4.5%	1.8%	1.8%	(111)
	別の住宅に移る	7.7%	7.7%	23.1%	7.7%	19.2%	11.5%	3.8%	19.2%	(26)
	迷っている	6.2%	9.2%	26.2%	13.8%	24.6%	9.2%	6.2%	4.6%	(65)
南相馬	この団地で暮らす	5.6%	2.4%	52.4%	11.3%	15.3%	10.5%	0.8%	1.6%	(124)
	別の住宅に移る	13.9%	8.3%	16.7%	8.3%	13.9%	33.3%	5.6%		(36)
	迷っている	7.4%	4.9%	44.4%	4.9%	13.6%	24.7%			(81)

　迷っている入居者について見ると、「震災前居住地に近い」という回答割合が、別の住宅に移ると回答している入居者ほどではないが、高い傾向にあるのが大きな特徴である。

　この調査結果を立地地域別にみると、さらに明確な特徴が浮かび上がってくる。**表 11-12** は立地地域、今後の団地居住意向別にみた入居申し込みで重視したことの違いを示したものである。すこしわかりにくい表になっているが、表 11-11 を 3 地区ごとに分けたもの、と考えていただければいいだろう。調査結果において注目すべき点が 2 点ある。

　第一に、南相馬市においては、別の住宅に移る、迷っていると考えている層において「震災前居住地に近い」ことを団地選択の理由に挙げている入居者が多いことである（前者が 33.3%、後者が 24.7%）。このことは、南相馬市の復興公営住宅に入居した人のなかには避難元への帰還を念頭に団地を選択した人が比較的多くいることを示唆している。いわき市も南相馬市と同様に別の住宅に移る、迷っているという回答が比較的多いが、「震災前居住地に近い」を選択する割合は低い。

　第二に、この団地で暮らすと回答した入居者に注目すると、南相馬市と中通りでは「買い物・通院の利便性」という回答割合が半数程度と高いが、いわき市においてはそれほどではない。その代わりに、「早く入居できる」と

いう回答割合が高くなっている。たしかに立地環境を見ると、いわき市の対象団地の一部において買い物先が不便と思われる団地がある。しかし他方で、いわき市の復興公営住宅は下神白団地を除いて入居開始が遅かったため、「早く入居できる」という回答割合が高いことはうまく説明できない[4]。強いて言うならば、いわき市の復興公営住宅は全体的に倍率が高く、人気である。そのためいわき市という立地にこだわっていて、そこで早く入居できるところ、という形で団地を選択した、解釈したほうがいいのかもしれない。

　以上の調査結果を、本章2節2で確認した立地地域別の居住意向の結果と付き合わせてみると、次のように言えるだろう。中通りを選択した人は比較的その団地に住み続ける人が多い。そのために入居に際しても居住環境を重視している。いわき市の入居者は、中通りと比較した時に他地区で住宅再建を希望したり、迷っている人が多い。とはいえ、それらの人の多くは避難元の場所に戻ることは考えていない。データでは検証できないのだが、おそらくいわき市内での住宅再建を考えていると推測される。南相馬市の入居者も、絶対数としてはこの団地で暮らすと考えている人が多いものの、他地区で住宅再建したり、迷っている人が比較的多い。そのなかでも元の場所に帰還することを考えているために南相馬市の団地を選択した人が多い傾向にある。他方、この団地で暮らすと回答する南相馬市の入居者の多くが「買物・通院の利便性」を団地選択の理由に挙げていることを踏まえると、将来の居住意向の違いによって入居者の置かれている立場や意識に大きな違いが生じていることが考えられる。

4　居住意向がコミュニティ形成に与える影響

　前節で確認したのは、将来的な帰還や移住の可能性を踏まえて復興公営住宅の立地を選択している人が一定程度いることであった。次に、福島県の復興公営住宅において、入居者の居住意向がコミュニティ形成にどのような影響を与えているのか、この点について確認してみたい。

　まずは今後の団地居住意向と属性との関係について確認しておきたい。年

齢との関係では、年齢が高くなるほど「ずっとこの団地で暮らす」と考えている入居者が多くなる。50 代以下の年代においてその割合は 37.8% にとどまり、21.6％が「別の住宅に移る予定」と回答し、40.5% が「迷っている」と回答している。特に 50 代以下の世代と 60 代以上の世代では、「別の住宅に移る予定」「迷っている」と考えている人の割合に大きな違いがある[5]。同じく世帯構成との関係を見ると、「ずっとこの団地で暮らす」と回答する割合は単身世帯で 63.9%、夫婦のみ世帯で 57.4% であるのに対し、核家族世帯や三世代などでは 39.1% となっている。これらの世帯では、21.9% が「別の住宅に移る」と、39.1% が「迷っている」と回答している。

　これらの調査結果が示唆するのは、福島県の復興公営住宅においては、家族をもつ若い世代が他地区で住宅再建するために近い将来において抜ける可能性があるため、現状でも課題である高齢化、単身化という特徴がさらに今後において深刻化するということである。高齢者、単身者が多いコミュニティをどのように維持していくのか、さらにそこでお互いに助け合っていくかが重要な課題になってくるといえよう。

　次に今後の団地居住意向がコミュニティ形成に与える影響について明らかにしたい。分析の結果、他地区で住宅再建を考えている入居者においてコミュニティ形成が進んでいないことが明らかとなった。

　表 11–13 は今後の団地居住意向別にみた団地内のつきあいを示したものである。この団地で暮らすと回答した人において、「交流はない」「顔を知っている程度」と回答したのは 38.6% であるのに対し、別の住宅に移ると回答した入居者では 46.7%、迷っていると回答した入居者では 48.4% となっている。他地区で住宅再建を考えている人ほど団地内でつきあいが形成されていない傾向が確認された。

　表 11–14 は今後の団地居住意向別にみた団地内住民が頼りになるかどうかを示したものである。この団地で暮らすと回答した入居者で「あまり頼りにならない」「頼りにならない」と回答した割合は 55.0% であった。それに対して別の住宅に移ると回答した入居者におけるその割合は 68.6%、迷っている入居者では 72.5% にもなる。他地区で住宅再建を考えている人ほど団地内の

表 11-13　今後の団地居住意向別にみた団地内のつきあい

		団地内のつきあい					
		交流はない	顔を知っている程度	たまに立ち話をする程度	お互いの家を行き来する程度	一緒に外出する程度	n
居住意向	この団地で暮らす	15.9%	22.7%	38.9%	14.6%	7.8%	(370)
	別の住宅に移る	18.9%	27.8%	41.1%	10.0%	2.2%	(90)
	迷っている	23.7%	24.7%	38.4%	10.1%	3.0%	(198)
合計		18.7%	24.0%	39.1%	12.6%	5.6%	(658)

表 11-14　今後の団地居住意向別にみた団地内住民が頼りになる程度

		団地内住民は頼りになるか				
		頼りになる	やや頼りになる	あまり頼りにならない	頼りにならない	n
居住意向	この団地で暮らす	15.0%	30.0%	24.6%	30.4%	(280)
	別の住宅に移る	5.7%	25.7%	32.9%	35.7%	(70)
	迷っている	7.7%	19.9%	30.8%	41.7%	(156)
合計		11.5%	26.3%	27.7%	34.6%	(506)

住民との間に共助の感覚を持てていないことが明らかになった。

　これらの調査結果が示しているのは、他地区での住宅再建を検討している入居者は、復興公営住宅を終の住処と考えている人と比べると、現在の居住地におけるコミュニティ形成に消極的である、ということである。このことは7章でも確認したが、復興公営住宅を出ていくかもと思うことによって、団地における人間関係づくりに前向きになれないのかもしれない。

　もちろん、復興公営住宅においてはまだまだコミュニティ形成は道半ばであり、コミュニティが成熟しているわけではない。とはいえ、岩手県や宮城県の災害公営住宅と比較した時に、福島県においては他地区での住宅再建を検討している入居者が比較的多いことが、復興公営住宅のコミュニティ形成を難しくしていると思われる。

5　属性ならびに避難生活が立地選択に与える影響

　立地地域による団地課題の違いは、入居者の居住意向により規定されることを説明してきた。だが、それ以前の問題として、入居者の属性により立地選択が特徴づけられる。最後にこの点について調査結果を見ていきたい。

5-1　属性による立地選択

　立地地域による年齢や世帯構成の違いについては既に確認してきた。ここでは立地地域別にみた避難元住民構成の違い、震災当時の仕事などの特徴を確認したい。**表 11-15** はその調査結果を示したものである。

　避難元地域については、中通りでは浪江町からの避難者が 60.6% と多くなっている。これは対象団地である福島市の北沢又団地や二本松市の石倉団地が当初の募集において浪江町の住民を対象としていたからである。同じ理由で富岡町からの避難者が 23.8% となっているが、郡山市の富田団地が当初の募集において富岡町の町民を対象としていたからである。

　いわき市においては、富岡町が 39.0% と一番多く、次に大熊町の 24.4% となっている。いわき市の北好間団地は富岡町からの避難者を対象に建設されたため、富岡町が一番多くなっている。最後の南相馬市については、浪江町が 55.0%、南相馬市が 36.2% となっている。

　南相馬市に関しては小高区が警戒区域に指定されたこともあり、その地域の住民を念頭に置いている。北原団地は浪江町からの避難者を対象に建設された団地であり、それ以外の団地も含めて入居者が多くなっている。

　立地地域ごとに避難元地域の住民構成の違いを見てきた。このような違いは、もちろん避難元地域の人口規模の違いも関係している[6]。居住人口が多い地域ほど調査対象者になる可能性は高くなるだろう。加えて、今回の対象団地がたまたま調査対象として選ばれたことも関係しているかもしれない[7]。

　ただし、それ以外の要因もある。復興公営住宅の建設戸数は復興庁の住民意向調査に基づき設定されている。そこにおいては避難者の住宅ニーズに基

表 11-15　立地地域ごとの入居者特性の違い

	中通り （福島、郡山、二本松）	いわき市	南相馬市
避難元地域	・浪江町：60.6% ・富岡町：23.8% ・双葉町：5.2%	・富岡町：39.0% ・大熊町：24.4% ・浪江町：21.5% ・双葉町：9.5%	・浪江町：55.0% ・南相馬市：36.2% ・双葉町：2.7%
震災当時の仕事	・正社員：17.4% ・無職：32.4%	・正社員：29.7% ・無職：35.2%	・正社員：30.3% ・無職：27.2%
世帯年収	・100万円未満：44.2% ・100-200万円：27.9% ・200-400万円：21.5%	・100万円未満：29.3% ・100-200万円：37.0% ・200-400万円：30.3%	・100万円未満：29.4% ・100-200万円；33.2% ・200-400万円：30.7%
入居直前の 避難先	・郡山市：34.4% ・福島市：27.9% ・県外：3.6%	・いわき市：68.2% ・県外：13.0%	・南相馬市：44.9% ・福島市：16.5% ・二本松市：12.2% ・県外：8.5%
入居直前の住宅	・仮設住宅：57.4% ・借り上げ住宅：34.0%	・仮設住宅：36.7% ・借り上げ住宅：48.4%	・仮設住宅：59.8% ・借り上げ住宅：31.4%
震災時居住地の 避難指示状態	・避難指示中：38.0% ・避難指示解除：55.1%	・避難指示中：45.9% ・避難指示解除：49.1%	・避難指示中：34.7% ・避難指示解除：60.3%

づき、どこに、どれだけの住宅を建設するかが設定されている。つまり、復興庁の住民意向調査の段階でそれぞれの避難者の意向が立地選択に反映されているのである。この時点で、被災者の意向が立地ごとの建設戸数ならびに避難元自治体ごとの戸数割り当てを規定していることになる。いずれにせよ、立地によって避難元地域に大きな違いと偏りが生じていることは間違いない。

　次に震災当時の仕事については、中通りの団地入居者において正社員が17.4%と他の地域と比べて低くなっている。それに対していわき市や南相馬市では3割程度となっている。この点については、居住地選択との関連が多少はあるかもしれない。事故前の職場に近いところにある住宅を選択している可能性がある。

　世帯年収に関しては、復興公営住宅が自力再建できなかった被災者の入居する住宅であるため当たり前であるが、全体として低収入世帯が多い。しか

しそのなかでも立地地域によって違いがある。中通りの入居者において 100 万円未満が 44.2% と多くなっており、他と比べて低収入世帯の割合が高い。いわき市や南相馬市では 100 万円未満の世帯が 3 割程度であり、100-200 万円の世帯も 3 〜 4 割程度いる。この点については、世帯人数が少なければ世帯年収も少なくなることも関係しているが、中通りと南相馬市の世帯構成がほぼ似通っていることを考慮すると、世帯人数だけでは説明できないだろう。

5-2　立地による直前居住地・居住形態の違い

　立地による避難元住民の違いは、原発被災者がどこに避難したのか、という点とも関係してくる。同じく表 11-15 を見ると、入居直前の避難先も立地地域で大きく異なる。中通りの団地について見ると、中通りの復興公営住宅には、郡山市が 34.4%、福島市 27.9% と中通りに避難していた人が多く入居している。いわき市の復興公営住宅では 68.2% がいわき市で直前まで避難している。これらの地域ではほぼ同じ市内、近い場所から復興公営住宅に入居したことになる。それに対して南相馬市においては、同じ市内に避難していた人は 44.9% にとどまる。そのほか福島市が 16.5%、二本松市が 12.2% となっており、おそらく浪江町の応急仮設住宅が福島市や二本松市にあり、これらの入居者の一部が浪江町に近いことから南相馬市の団地を選択したと思われる。または、浪江町の役場が二本松市に移転しており、役場の周辺の借り上げ住宅に入居していたのかもしれない。いずれにせよ、直前にどこに避難していたのかという点でも、立地地域によって大きな違いが見られる。

　入居直前の住宅についても立地地域によって違いが見られる。中通りと南相馬市においては「仮設住宅」（応急仮設住宅）が 6 割弱となっており、「借り上げ住宅」入居者よりも多い。それに対していわき市においては「仮設住宅」が 36.7% と少なく、「借り上げ住宅」の方が多くなっている。いわき市には浪江町民向けの「仮設住宅」が建設されなかったことがこのような違いを生み出していると思われる。とはいえ、いわき市に避難した人は「仮設住宅」を頼りにせず避難生活を送っていたこと、さらに「仮設住宅」と比較した際に孤立傾向にあることが予想される。

　最後に調査時点における震災時居住地の避難指示状態を立地別に示しておきたい[8]。中通りの復興公営住宅では、入居者の 38.0% においてまだ自宅のある場所が避難指示解除されておらず、避難指示が解除されたのは 55.1% である。それに対していわき市では避難指示が解除されていない入居者が 45.9% と比較的多い。自宅のある場所が避難指示解除されたのは 49.1% にとどまる。南相馬市では自宅のある場所が避難指示中であるものは 34.7% にとどまり、60.3% の対象者において自宅のある場所の避難指示は解除されている。

5-3　小　括

　これまで立地による入居者特性の違いを見てきたが、ここから明らかになったのは、年齢や世帯構成を含めた属性により入居する住宅の立地選択が異なる、という点である。ここでは調査から明らかになった立地ごとにその特徴を描いてみたい。

　中通りの住宅では 80 代以上の単身者が多く、役場機能の移転に合わせて避難先も決めた入居者が多い傾向にある。これらの人びとは階層的に低く、そのまま近くの復興公営住宅に入居したと思われる。

　いわき市の住宅では、役場に付いていく形で避難せず、近くのいわき市にとどまった被災者が入居していると思われる。借り上げ住宅などに避難していた人が多く、また、避難指示が解除されていない場所からの避難者が多い。中通りといわき市の住宅に共通するのが、応急仮設住宅や借り上げ住宅から復興公営住宅への移動が近いところで行われていることであろう。

　南相馬市の住宅では、中通りの「みなし仮設住宅」等から復興公営住宅への移動に際して、中通りから南相馬市へと空間的に離れた移動をしている人が比較的多く見られる点である。その多くは浪江町の避難者だと推測され、これまで紹介してきたデータと突き合わせると、避難元に近い復興公営住宅ということで中通りから移動してきたと推測される。

6　結　論

6-1　復興公営住宅の立地選択の論理

　本章では福島県内の復興公営住宅について、立地地域による団地課題の違いとその要因について議論してきた。これまで議論してきたことを整理すると、①立地によって復興公営住宅が抱えている課題に違いが見られること（2節）、②被災者の居住意向の違いが立地選択を規定し、それが団地課題の違いとなって表れていること（3節）、③属性によって被災者の居住意向が異なり、そのことが立地課題に影響していること（4節）、④被災者の置かれた状況によって立地選択が規定される、の4点である。

　これらの議論を整理したのが**図 11–1** となる。被災者の属性によって、避難生活だけでなく、帰還するか否かといった居住意向が規定される。そして避難生活ならびに居住意向が、被災者の復興公営住宅の立地選択に影響を与える。最後に、これまで紹介した属性、居住意向と立地選択が、立地ごとの復興公営住宅の課題の違いとなって表れてくる。

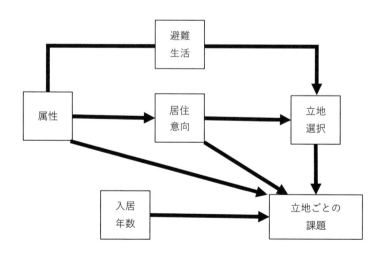

図 11-1　避難者による団地選択とコミュニティ形成への影響

6-2　立地ごとの団地課題

　これまでの議論を踏まえた上で、もう一度、立地地域ごとの団地課題について確認しておきたいと思う。

　中通りの復興公営住宅においては単身高齢者が比較的多く入居している。他地区と比較するとコミュニティ形成は進んでいるが、単身高齢者が多い現状でコミュニティ形成が持続するのかが課題となる。特に入居者の多くが低収入であり、役場機能が元の場所に戻る中で入居者を誰がサポートしていくかが大きな課題である。

　いわき市の復興公営住宅においては70代の入居者も多いが、50代以下の入居者も多い。単身高齢者は比較的少ない。コミュニティ形成は中通りと比較するとそれほど進んでいないが、居住年数が長い層においてはある程度つながりや共助の感覚が形成されている。ただし他地区で住宅再建を考えている人も一定程度おり、自宅が避難指示解除されていない割合が高いことを踏まえると、同じいわき市内での住宅再建を検討していると思われる。

　南相馬市の復興公営住宅においては60代、70代を中心とする入居者であり、一定の割合で避難元に戻ることを検討しているため南相馬市の住宅に入居したと推測される。コミュニティ形成はあまり進んでいないが、それは入居開始から時間が経過していないことに加えて、他地区で住宅再建を検討している層が団地におけるコミュニティ形成にあまり乗り気でないためである。

　これらの調査結果から言えるのは、福島県内の復興公営住宅が抱える固有のコミュニティ形成の難しさである。岩手県や宮城県と比較した場合、立地ごとに固有の団地課題の違いが生じているのが福島県の原発被災者向けの住宅が抱える課題である。

　南相馬市やいわき市などの復興公営住宅では、そこを終の住処と考えている人と将来団地を出て行くことを考えている人が混在しており、そのためコミュニティづくりについて両者の間には温度差が生じている。他方、これらの層が将来において流出した際には、復興公営住宅には高齢者や単身世帯などが占める割合がより高まることになる。団地が抱える課題に対して、高齢者・単身者が多くを占めるコミュニティではなかなか対応が難しくなること

が予測される。若年層が抜けた場合には、中通りの住宅と同じような年齢構成に近づく可能性がある。

6-3　被災者の選択肢の確保とコミュニティ形成の両立

　これまで紹介したように、立地地域によるコミュニティ形成の違いは、おそらく原発事故による被災とその復興過程から生じた固有の課題である。原発事故によって住民は他地区に長期の避難を余儀なくされた。その後避難指示が解除される地域も出てくるなかで、被災者には、「このまま復興公営住宅で暮らす」という選択肢に加え、「元の場所に帰還する」「他の場所で住宅を再建する」という選択肢も提示されることになる[9]。このように、広域避難ならびに避難指示の解除によって、入居者には多様な選択肢が提示されることになる。

　調査の結果からは、原発事故という災害特性から生じた避難者に与えられた選択肢の存在が、団地におけるコミュニティ形成において大きな課題を生み出していると言えるかもしれない。特にいわき市と南相馬市においては、他地区で住宅再建を検討している入居者が比較的多いことが、コミュニティ形成を難しくしていると言える。

　では、コミュニティ形成のために避難者の選択肢を狭めるべきかというと、そうすべきではないだろう。復興公営住宅の流動性を前提とした上でどのようにコミュニティを形成していくべきか、という視点から議論していくべきである。

　とはいえ、その解決策はなかなか難しい。月並みには、他地区で住宅再建することを考えている人にも、現在の復興公営住宅におけるコミュニティづくりの重要性を理解してもらうことであろう。防災などは、住んでいる限りにおいてコミュニティの共同性の構築が絶対的に必要な課題である[10]。そのような点から団地におけるコミュニティの必要性を入居者に理解してもらうことが求められている。

　また、住民の流出後も引き続き住宅のコミュニティに関わってもらうようなしくみが形成できればいいだろう。いわき市や南相馬市では他地区での住

宅再建を考えている入居者が比較的多いが、これらの層は比較的近くで住宅を再建すると思われる。特に避難元に帰還した住民からしても、避難元の生活が速やかに再構築されているわけではない。生活の拠点は避難元だとしても、復興公営住宅で構築したコミュニティに関わることが、帰還者にとっても生活していく上で欠かせないだろう。

　もちろん、中通りの復興公営住宅にも課題はある。高齢化・単身化が進んでいるなかで、コミュニティの担い手をどのように確保していくかという点でその持続可能性が大きな課題となっている。いわき市や南相馬市など浜通りの復興公営住宅とは直面する課題が異なる。特に原発事故により避難を強いられた自治体役場や社会福祉協議会が元の場所にその機能を戻しつつある。役場の目が避難先の住民へ届きにくくなっているなかで、復興公営住宅の入居者をどのように支援していくかが大きな課題になってくる。避難先の行政や支援団体含めた支援体制のなかで、自分たちのコミュニティに何ができて、何ができないのかを整理する必要があると思われる [11]。

注

1　5章でも述べたように、福島県では原発避難者向けの災害公営住宅のことを復興公営住宅と呼んでいる。ここでは、福島県の呼称に倣うこととする。

2　今回の調査対象団地でいうと、郡山市の富田団地が富岡町民を、二本松市の石倉団地と福島市の北沢又団地が浪江町民を、南相馬市の北原団地が浪江町民を、いわき市の北好間団地が富岡町民を対象にしている。ただし、入居者が埋まらない場合には他自治体からの避難者も入居できる。

3　選択肢は「交流はない」「顔を知っている程度」「たまに立ち話をする程度」「お互いの家を行き来する程度」「一緒に外出する程度」の五つである。

4　表11-1でも確認したように、下神白団地の入居開始が2015年3月であるのに対し、それ以外の4団地は2017年4月から2018年3月の期間に入居が開始された。

5　両者を合わせた値は、50代以下では62.1%、60代では46.1%となっている。

6　震災前の人口（2010年国勢調査）でいうと、双葉郡のなかでは浪江町が20,905人と一番多く、次が富岡町の16,001人、大熊町の11,515人、楢葉町の7,700人、双葉町の6,932人と続く。そのほかの原発被災地では、南相馬市小高区が12,546人（南相馬市全体では70,878人）、飯舘村が6,209人である。

7　たとえば、いわき市内では勿来酒井団地が双葉町の住民を対象に建設された復
　　興公営住宅である。そのため、この団地が調査対象に入れば、双葉町の住民の
　　割合が多くなるだろう。

8　調査では、「震災当時、あなたのご自宅のあった場所は、現在、次のどれに該
　　当しますか」と尋ねている。この質問は津波被災者・原発被災者共通に設定して
　　おり、福島県内の復興公営住宅に入居する対象者でも、「津波により災害危険区
　　域に指定された」「津波被害により土地区画整理が行われた」という回答も若干見
　　られた。そのため、「避難指示中」「避難指示解除」を合わせても 100% にはなら
　　ない。

9　もちろん、住宅のある地域の避難指示が解除されない入居者にとっては、「こ
　　のまま復興公営住宅で暮らす」「他の場所で住宅を再建する」という二つの選択肢
　　しかないことになる。

10　実際、コミュニティ形成支援事業を担うみんぷくは、団地内防災をきっかけ
　　としたコミュニティづくりを試みている。

11　この点については、高木 (2020) を参照。

第Ⅲ部　復興の在り方と住宅再建の課題

第 12 章　災害公営住宅整備の特徴とこれからの課題
（座談会）

吉野英岐・内田龍史・西田奈保子・髙木竜輔

1　はじめに

　本章は、これまでの章で示してきた東日本大震災後に整備された岩手県・宮城県・福島県の災害公営住宅整備の課題をめぐって、本書を執筆した吉野、内田、西田、高木によって、2020 年 10 月 19 日に仙台市内で実施した座談会の記録である。

　これまで、震災以前から岩手県立大学に所属している吉野が岩手県内の、2011 年度から 2018 年度まで宮城県の尚絅学院大学に所属していた内田が宮城県内の、2012 年から福島大学に所属している西田、震災前から 2018 年度まで福島県のいわき明星大学に所属していた高木が福島県内の災害公営住宅に関する調査の主担を務めており、それぞれの調査結果から見えてきたことを出しあいながら、各県の災害公営住宅の特徴を浮かび上がらせるとともに、共通の課題を明らかにすることを目的とした。

　座談会の司会は吉野が務め、①岩手県・宮城県・福島県の災害公営住宅の整備の特徴、②アンケート結果からみる三県それぞれの災害公営住宅の特徴、③災害公営住宅のこれからの課題の 3 点について議論を行った。座談会形式で上述した 3 点を示すことで、読者の方々によりわかりやすく東日本大震災後に整備された災害公営住宅の特徴と課題をお伝えできるのではないかと考える。なお、出典となるデータについては、詳しくはこれまでの各章を参照していただきたい。

2　岩手県・宮城県・福島県の災害公営住宅の整備の特徴

吉野：それでは、各県の災害公営住宅の特徴について、お話ししてもらい
　　　たいと思います。では、宮城県から。

宮城県の特徴

内田：宮城県は県営住宅がなく、すべて市町が整備したのが大きな特徴で
　　　す。実際の管理はすべて基礎自治体が担っています。
　　　調査を実施した仙台市・石巻市・気仙沼市のどの自治体も、入居前
　　　に既存の自治会や住民との顔合わせや、ウエルカムパーティーを実
　　　施したりして、従前の地域共同体の中に位置づけていく工夫がされ
　　　ていました。集会所もおおむね整備されていて、自治組織の支援に
　　　力を入れて取り組んできた印象があります。自治体のコミュニティ
　　　関係の部署が、例えば社会福祉協議会 (社協) と連携しながらいろん
　　　な支援をしている、ということも聞いています。

吉野：石巻市など自治体によっては大規模開発をして造成して災害公営住
　　　宅団地をつくったところもありましたよね。

内田：そうですね。そこは町内会を新しく組織として立ち上げないといけ
　　　ないので、難しいところはあると思います。
　　　あと、仙台市はかなり特徴的です。宮城県人口の半分弱が仙台市
　　　ですから、仙台市外の人たちも結構受け入れていて、実質的に県の
　　　役割を果たしてきたように思います。災害公営住宅をどこにつくる
　　　のかも、ＪＲや地下鉄沿線の比較的利便性の高いところに建設する。
　　　さすが政令市だけあって、これまでの都市計画の蓄積などもあり、
　　　しかもそれによってたとえば 2015 年に開業された市営地下鉄東西
　　　線の利用率も高めようといった意図も読み取ることができます。

吉野：いちばん新しい線？

内田：そうですね。その東側で大規模住宅開発が進んでいますけれども、

災害からの復興を再開発につなげている印象を受けています。

また、今回は災害公営住宅の買い取り方式など、自治体が選べるメニューを作ったことも特徴なのかなと思いました。例えば気仙沼市では地元業者が高層住宅を全然作ったことがなかったので、そこはURにお願いしています。

住民への質問紙調査では「家賃が上がることが不安だ」ということが多く書かれていました。そこが自治体としての兼ね合いが難しいところです。特に地方、岩手県の自治体もそうだと思うんですけど、家賃が上がっていくと、特に石巻市とか気仙沼市だと「それだったらもうちょっといいところに」「仙台に行こうか」と、人口流出につながってしまう。地方都市にとって住民にとどまってもらうには、災害公営住宅は重要な資源だと思うんですね。ただ、最終的には自治体がランニングコストを担わないといけない。家賃を下げたままにしておけば住民はとどまるかもしれないけれども、家賃を上げないと自治体財政のコストになる。そのジレンマをどうするか。

吉野：今回は本来であれば公営住宅には入居ができないような所得階層の方も、被災者ということで入居が最初はOKという住宅がつくられたわけですよね。したがって、家族が無事で復興していけば、当然、所得も上がる人たちもたくさん入っていたわけですけれども、彼らは結局、公営住宅で規定している、いわゆる「政令月収」、月収上限を超えてしまうことが話題になって、その方々に対しては相応の家賃負担を求める。それで計算してみたら10万とか20万とかという額がはじき出されたということが岩手県では大問題になりました。

内田：宮城県では北部のリアス式海岸、仙台市周辺、仙台市より南の県南では状況が違うので、県が復興住宅市町村連絡調整会議を設けて情報交換をしていました。家賃を自治体独自に任せると、あそこの自治体はこうでうちの自治体はこうみたいにいろいろともめごとになってくるので、ある程度エリアを分けて、そこで家賃のあり方などの課題について調整するような仕組みをつくっていましたね。

吉野：先ほど話にあった、いわゆる都市政策と災害公営住宅の建設は決して無関係ではない。もちろん被災者の生活を早く回復させるためにつくるのですが、同時に、人口移動や公共的な資源の活用は、大都市特有の考え方ではありましたよね。

内田：それと、意外に気仙沼市では災害公営住宅の使い勝手に関する評価が高かったのですが、行政の担当の方のお話では、整備までには時間がかかってお叱りを受けることもあったけれども、出来上がったものからいえば使い勝手はいいと。「カツオシンク」の話は非常におもしろくて、地元でカツオのおすそ分けをするんだけれども、カツオが入らないようなシンクだと生活が支障があるという話です。

吉野：不満が高まると。

内田：不満が高まるので、カツオが入るサイズのシンクにしましたと。海の町ならではですよね。あと、神棚ですよね。海に漁に出る地域の風習として、神棚はどこのうちにもあったわけだけれども、公営住宅でそれをつけることはできない。けれども、それが置けるようなスペースを用意して、どう使うかは住民の方が決める。というのは、その担当者の方も気仙沼の方なので、もともとの気仙沼の風土をわかっていたというところがあり、結果としても3つの市の中では最も評価が高いのかな、みたいな意見交換をしました。そのあたり、災害公営住宅の整備にあたって、どの程度もとの生活習慣を反映させるのかは、復興事業の重要な鍵だと思います。

福島県の特徴

吉野：福島県はいかがでしょうか。

高木：第一の特徴は、災害公営住宅の整備は県が調整して行うんですが、原発被災の場合には避難先につくる。そこでは避難元と避難先と、県・復興庁も絡んできて、避難先も供給の調整の主体に入るというところが大きな特徴だと思います。それぞれの受け入れ地域ごとに分科会をつくって、そこに復興庁の意向調査を絡めてどこにどれ

だけを供給するのかというところで建設場所を調整していきました。なぜそうしたのかというと、「仮の町」の議論のときに、受け入れ市町村が、あまりにも大規模なものをつくられると困るので、受け入れ自治体の意向も聞いていたというところはあります。

2番目は、建築場所については比較的交通の便がいいところ、病院だとかスーパーとかに近いところに整備しています。福島県においては、集会所を設置しているところが多くて、避難先のコミュニティの形成については配慮しているのかなと思います。

ただ、原発避難では、同じ地域の人たちだけではなくいろんなところから来るので、コミュニティ形成については2014年ぐらいから県がNPO「みんぷく」に、入居者の交流形成と自治会形成と、周辺自治体との調和のための事業を委託しています。

自治会の形成については、福島県においては各団地が必ず管理会を設ける必要があります。駐車場や建物の管理、例えばエレベーターの電気代とか共益費を回収しています。ただ、それはあくまでも管理会なので、住民の親睦やコミュニティ形成を担うのが「みんぷく」です。自治会は多くの地域で立ち上がってはいるんですが、一部、形成が遅れていて、100％ではありません。

3番目の特徴として、ここが終の棲家と考えている人が岩手県・宮城県と比べても少ないところが大きな特徴でしょうか。あくまでも仮の住まいで、避難指示が解除されて元の町の生活環境が整えば戻ると考えている人が結構いる。特に若い人がそう考えているので、若い人が抜けると、その後に残された人たちのコミュニティ形成がまた困難になる可能性はあると思っています。

吉野：福島県の場合は、宮城県・岩手県と違って、診療所とか福祉施設、あるいは商店なんかを一体的に整備したところが、いくつかありますね。勿来酒井のような…

高木：そこは当初は双葉町専用の団地として設計されて、そこには双葉地域の社協や診療所が入っています。あとはダルマ市ってやるんです

けれども……

吉野：双葉町の伝統行事。

高木：そのダルマの山車を入れる倉庫があったりとか。そこはたぶん「仮の町」っぽい形には整備はしてますね。

吉野：まさに生活機能をそこで拠点化していくというような仕組みの中に公営住宅も位置づけられている。

高木：ただし、勿来酒井は最初のころは双葉町専用だったんですが、そのあとは空きがあればどこの住民でもいいので、結局ずっと双葉町専用というわけにはならないわけですよね。

吉野：そうすると、もともとは双葉町の方々のためにつくった福祉施設とか病院はちょっと対象を変えざるを得ない。それから、応急仮設住宅のそばにつくった住宅もありましたね。

高木：二本松市の石倉団地もありますし、それ以外にも、例えば、大玉村には富岡町の応急仮設住宅があって、そのすぐ上に戸建ての住宅をつくっていたりというケースがあります。

吉野：福島県の場合、自治会形成はそう簡単に進むものではないということでしょうか。

高木：そうですね。いろんなその団地特有の事情もあるんでしょうけれども、住民の意識も多少は働いているのかなと。要は、元の町に戻る前提で入居していると、今の団地でのコミュニティ形成にはあまり力が入らないとか。

吉野：本腰が入らないと。

高木：それ以外にも、たぶんリーダーがいても、そういったリーダーが帰ってしまったり、いろんな事例もあって、実は応急仮設住宅時代から同じような問題はあったんですね。

吉野：やはり、原発の避難のひとつの特性があるということですね。西田先生も福島の住宅をご覧になっていて、どういった特徴があると思いますか。

西田：供給に関してですと、先ほど高木先生からもありましたが、交通や

　　買い物の便がいいところに比較的位置している。また、供給時期に
　　よってスタイルを変えていったという特徴があると思います。初期
　　の供給分については利便性が高いところに集合住宅でたくさんの戸
　　数を供給できるようにスピード重視でつくっていった。後半の供給
　　になると、ちょっと不便な場所で戸建てでつくる。ですから早く入
　　りたい人は郡山市、いわき市、福島市などにつくられた集合住宅形
　　式の、わりと便利な場所にあるところに入居されている。後半の入
　　居の方たちは応急仮設住宅、みなし仮設住宅で我慢して、そのあと、
　　ちょっと不便ですけれども戸建てだとか長屋形式のところに入って
　　います。

吉野：内陸部にも結構つくったのは、その地域に避難していた元の自治体
　　　の方々が多かったということなんですかね。

西田：そうですね。応急仮設住宅がどこにあったかということと、災害公
　　　営住宅の立地というのは関連していると思います。先ほどの大玉村
　　　だとか、あとは桑折町の場合は、そこの応急仮設住宅に入った人た
　　　ちがぜひここにつくってほしいという要望を上げたので、大玉村営、
　　　桑折町営で災害公営住宅をつくるというような話になったと聞いて
　　　います。

岩手県の特徴

吉野：岩手県の場合は、基本的には平地が少ないことが、他の県に比べる
　　　と災害公営住宅をつくる上で難しい点だといわれています。つくろ
　　　うにも号棟をたくさん建てることもできない。1つの棟をあちこち
　　　につくっていくというようなスタイルで、3号棟ぐらいまでがせい
　　　ぜいです。それから、全体的に福島県の場合、高さは抑えている住
　　　宅が多かったかと思うんですけれども。

高木：そうですね。

吉野：4〜5階ぐらいまででしょうかね。宮城県は高い住宅が多いですけ
　　　れども、岩手県はちょうど中間ぐらいで、5〜6階建て、大きいと

きは9階建てまでつくっています。これもやはり土地がないために上に伸ばすしかないということなんですが、5階建てで入居戸数11戸とかですね。それでひとつの災害公営住宅と名乗っているところもあるので、同じ災害公営住宅という名前でつくってはいますが、サイズや高さは相当にバリエーションがあるのが現実です。

集会所については、今回は国から災害公営住宅をつくる場合は集会所をなるべくつくることを推奨していましたし、建設費用も出すということで、集会所をつくるケースが岩手県は多かったです。小さい場所でも住宅内の一室を集会室に充てるというような方針で、コミュニティスペースを内部に確保するということが多いです。独立してつくる土地がないということで、ほとんど居住スペースと同じぐらいしかない集会スペースをつくって、そこでコミュニティ形成を図るということも岩手県の特徴かなと思っています。

また、特に釜石市の住宅をつくったときには、住民ワークショップを数回開いて、どういった住宅がいいのかを設計段階で議論し、住民の意見・意向を十分に反映した住宅をつくろうという意欲が高かったんですが、その後、住宅資材の高騰、人手不足、東京オリンピックなどなどありまして、残念ながら入札不調を繰り返すということが起こってしまいました。プロポーザル型の発注ができないことが実は何件か起こっています。その結果、買い取り型といわれている、建築会社がつくった住宅を一定の金額でほぼそのまま自治体が買い取る形式で建てるということで、5回程度の入札不調を繰り返したあとに買い取りになり、やや建築が遅れてしまったことがありました。

岩手県の場合は最大で11m程度、土を盛っているところがあります。まず、土盛りができなければ住宅も何も建てられないということで、かなり住宅建設が遅れたということがいくつかあります。いちばん遅いのでは平成30（2018）年度にできたわけですから、被災から8年ほどかかってしまった。つまり、住宅を1棟つくるのなら簡単では

ないかと思われるんですが、その基礎をつくるのに大変な時間がかかるということと、実際、住宅をつくろうとしたら入札不調等々でまた振り出しに戻るといったことがいくつかの自治体でありました。自治会の形成については、基本的には岩手も入居者組織をまず優先してつくりました。しかし、福島県あるいは宮城県のような管理会というのは特段つくっていないところが多いです。自治会とは別に管理会社を必ず置いています。それが県住宅建築センターならびに民間事業者で、自治体によって違いますが、そこがかなりの部分、建物管理については行うということになっていました。

共益費の扱いも、これは自治体ごとにかなり違っていて、住民自身が集めて、住民自身が電気代などを企業に支払う形式もあれば、いったん市がプールして、市が払うやり方もありました。これもまた自治体によって違うんですね。宮古市は各団地においてそれぞれが払う。ですから市は関与しない。釜石市は市が払う。どの住戸からも定額で徴収をする。時々の料金が変わったとしても額の上げ下げをしない。入居戸数が減っても増えても定額、というようなやり方をとって、ある意味で市が代行しています。家賃は確実に市営住宅なら市、県営住宅なら県が取るんですが、共益費については統一ルールが定まっていないということもあり、自治体によって工夫をしてやっていることがわかってきました。公営住宅とひと言にはいうんですが、大きさや立地や管理・運営方法についてはさまざまなバリエーションがあります。

3　入居者調査結果からみる三県それぞれの災害公営住宅の特徴

吉野：続いて、入居者調査結果から見えてくる災害公営住宅の特徴を教えていただきたいと思います。では、宮城県からまたお願いしていいですか。

宮城県の特徴

内田：岩手県と宮城県はかなり傾向が似ていて、復興感で「ほぼ回復した」
「ある程度回復した」を合わせた割合が 7 割程度、団地生活満足度も
「満足している」「やや満足している」を合わせた割合が 7 割程度と
ほぼ同じです。これに対して福島県だとこれらの割合が相対的に低
い。今回の調査の対象が大規模な災害公営住宅という共通性を持っ
ていますし、岩手県も宮城県も津波の被災者の人たちが入っている
住宅ですので、先ほどの福島県の話だと終の棲家ではないというと
ころがちょっと違う。もちろんまだ迷っている人もいないことはな
いんですけれども、岩手県と宮城県ではある程度、終の棲家という
か、災害公営住宅を待っていた人たちが最後にお住まいになる地域
なのかなということでいうと、あまり大きな違いはないのかなとい
うことはあります。

　気仙沼市と石巻市と仙台市で、大規模な、かなり建設戸数が大きい
3 つの市で調査をさせてもらったんですけれども、全体的に人づき
あいの状況については、気仙沼市がいちばん評価が高く、石巻市が
やや厳しい状況で、仙台市がその中間に位置づく、全体的にはそん
な傾向でしたね。

　住民の自治会活動は、気仙沼市は相対的に活発ですね。あと、「団
地内の住民は頼りになりますか」という質問に対してもそう回答す
る割合が高いということで、そういう意味では、気仙沼市は人口規
模のわりにはたくさん災害公営住宅をつくりすぎて大変ではあるん
ですけれども、住民の評価自体は比べてみると高いというところが
特徴的かなと思いましたね。

吉野：もともと気仙沼市は合併してできたところですから、都市的な階層
ばかりじゃなかったということもあるので、さっきの生活習慣を十
分意識するような災害公営住宅づくりができたということでしょう
か。

内田：意外でしたね。先ほど言ったように「高層の住宅なんか建てたこと

　　　　ないよ」という町なので、評価がよろしくないのかなと思ったら意
　　　　外に高かったというので、ちょっと予想を裏切られた感じですね。
　　　　その辺の配慮によるものなのかなと思います。

吉野：あと、さっき、困りごとの話もありました。これは3県比較ができ
　　　　るという形で、困りごとについては、津波被災と原発被災では挙がっ
　　　　てくる項目が違っていたということですね。

内田：自由記述で最後のほうに、困りごととか大変なことを聞いているん
　　　　ですけど、全体でいうとかなり家賃の記述が多くて、「家賃が上が
　　　　ることに対して非常に不安に思う」とかですね。高齢者が非常に多
　　　　いので、年金生活をしている中で、結局、年金はそう簡単に増える
　　　　ことはないわけですから、それに対して家賃が上がっていくことに
　　　　不安であったり不満が出てきているんです。ただ、福島県はそれが
　　　　あまり出てこないというのが特徴的で、もちろん家賃に触れている
　　　　人もいるんだけれども、岩手県・宮城県の家賃が突出して多いこと
　　　　に比べると、やや傾向が異なりますね。

福島県の特徴

吉野：福島県では、原発避難者の方たちに対しては、東京電力（東電）の拠
　　　　出金を活用するような形で生活支援にお金を回しているという実態
　　　　がある。家賃と共益費に配分されていると考えていいんでしょうか。

高木：そうですね。東電が拠出金を出して基金という形で県が運用してい
　　　　る。それで、避難指示の人々に対してですよね。これは富岡町でも
　　　　避難指示が解除された人でもそうでしたっけ。

西田：応急仮設住宅の入居期限と家賃支援事業は連動しているので、例え
　　　　ば、住宅の修繕をやっていて、まだ持ち家に入れないという特定延
　　　　長の人については家賃支援事業の対象にする枠組みです。

吉野：公営住宅に入ったとしても、ということですね。

西田：はい。東電による家賃賠償は2018年3月末で終了しましたが、帰
　　　　還困難区域の人は、まだ応急仮設住宅に無償で入る権利もあったの

で、それと条件を同等にするために、有償の災害公営住宅に入っている人についても家賃支援事業の対象にするというようなことがあって、応急仮設住宅の入居期限が1年ごとに延長されるのと同じタイミングで家賃支援事業の対象になる、ならないということがわかります。だいたい毎年夏の終わりぐらいに発表される形になっています。

吉野：大熊町・双葉町の962戸が2022年の3月までの特定延長、9回目を決めてあるので、ここの2町については再来年、2022年の3月まで延ばすことはできると。ただ、それ以上延ばさないということなんでしょうか、これは。

西田：それも町と調整するんだと思いますけれども、2022年の春に帰還困難区域の両町の一部をまた解除する。双葉町は今、誰もまだ住めないんですけれど、それを住めるようにする目標が2022年の春なんですよね。なので、それと連動させるつもりがあるかもしれませんが、今までも避難指示が解除されたあとも、浪江町とかですね、すぐには対象から外してないんです。そういう意味では、多少、猶予があるかもしれないですけど、あとは基金が残っているかというのに関係するのかなと思います。

吉野：そういったことから、家賃についての関心というか、現時点では、家賃の値上げとかについての苦情があまり出てこなかった。

西田：そうですね。両町以外ではそろそろ心配になってくる対象者の方たちがいらっしゃる時期ですが、まだ困りごととして多くは記述されていないのはそういう理由かなと思います。

吉野：ありがとうございます。福島県の調査結果から見た特徴については、高木先生、いかがでしょうか。

高木：まず、いちばんの特徴は、団地内のつきあいに関して、岩手県、宮城県と比べて、やっぱりつきあいの形成が遅れているというところがあるかと思います。全体で見ると4割以上、まだ交流がないとか顔を知っている程度となっていて、それはほかの県と比べると10

ポイント近く違いが出ています。福島県においては原発避難ということで、いろんな地域から団地に入ってきたということがあって、団地の中でのつきあいというのが遅れているのかなと。ただ、若い人ほどつきあいができておらず、年配の人はわりとできている。そこはひょっとしたら「みんぷく」の人たちが頑張ったというか、日中いる人についてはやっぱりそういう集会所とかでサロン活動とかお茶会みたいなことをやって一定程度のつきあいはできているんでしょうけれども、若い人たちはそういったところができていないというところが見られます。

もうひとつは、先ほども言ったとおり、入居継続意向が弱いというところがあって、そういったところがどうしても団地のつきあいということと一定程度関係していると思われます。そこが最終的には復興感が低い、宮城県・岩手県では自分はもう復興したという感覚を持つ人が7割5分ぐらいいるのに対して、半分ぐらいしかそういう感覚を持つ人がいないと。やはりそれはここが終の棲家じゃない、まだ住宅再建が終わっていない、復興公営住宅に入っていてもそう思う人が多いというところなのかなと思いました。

吉野：ありがとうございます。西田先生も結果をご覧になっていかがですか。

西田：回答者の年齢構成は岩手県、宮城県とそんなに変わらないと思うんですが、世帯の構成が単身者が多いというのも福島県の特徴です。もともと単身だった方ももちろんおられますけれども、原発避難をきっかけに世帯分離して単身化したという方たちもかなりいらっしゃって、福島県で単身者の入居者が多いというところにつながっているのかなと思います。

岩手県の特徴

吉野：岩手県の場合は先ほど話があった宮城県と基本同じ被害構造なので、調査結果も宮城県と似ているところがあります。ただ、市別に

見て特徴的なのは、宮古市がやや団地生活満足度が低い。復興感と
かつきあいもやや低いですね。宮古市は、入居者の方々には地元の
自治会に入るように働きかけていたんですが、地元の自治会が活動
停止あるいは解散という形もあり、宙ぶらりんになってしまってい
るところもいくつかあるようです。ですから、コミュニティ形成を
しようにもそこに自治会がなく、何もできないまま住宅管理だけを
やっているというようなこともあり、立地先の地域構造のあり方が
入居者にもいろいろ影響与えています。全く新開地でゼロからつく
るというところにあればいいんですけれども、宮古市の場合は市街
地にも住宅をつくっていますので、急に大きな住宅ができても地元
もちょっと抵抗感があるとかですね、そのあたりもあって、なかな
か住民のコミュニティ形成が進まないのではないでしょうか。

それから、岩手県の場合は特に郵便受けに名前を出すという世帯が
多いんですね。これは特に釜石市では7～8割あるわけですけれど
も、その経過としては入居のしおりを渡すときに既に名前を出すよ
うに書いてあります。強制ではないけれども、ぜひ郵便受けに名前
を書きましょうということがあるので、結果として自分から書いた
という人のほうが多かったんですけど、かなりの割合で郵便受けに
名前を書くということが起こっています。

実は入居のしおりを指導していたのが東京大学の先生方です。最
初からアドバイザーで入っていて、釜石市の場合は「平田（へいた）」
にモール付きの応急仮設住宅をつくっています。屋根が付いていて、
対面式で、ウッドデッキを真ん中に入れて顔を見合わせるような応
急仮設住宅もつくりました。それもやはり東京大学の先生方が提案
をしてやっていました。あるいは伊東豊雄さんという建築家の提唱
により、「みんなの家」というのをつくっています。応急仮設住宅
の中の集会施設みたいな、ちょっと目立つ形の施設です。このよう
にさまざまな実験を行ってきたところもあります。

そういった、いわゆる災害支援とか災害後のさまざまな政策形成に

アドバイザーを入れて、彼らの言うことをわりと受け入れて政策に
生かしていったところもあり、それがうまくいったかどうかは別と
しても、早い段階から専門家の意見も入れてきたという実態はあり
ましたね。それが入居者に伝わったのかもしれませんが、理解して
いただいたようで、郵便受けについてはかなりの割合で出ています。
名前が出たからコミュニティがすぐうまくいくかというものではな
いんですが、調査票のポスティング等でいろんな住宅をまわったと
きに、かなり大きな、横長の郵便の受けの列を見たときに、ひとつ
も名前が出ていないというのを見ると、やはりここはコミュニティ
がないのかなと見えないわけではなかったというのが正直なところ
です。都会の住宅であればむしろ当たり前で、そこまではやらない
のかもしれませんが、もともとは表札を出して生活をしていた人た
ちが、集合住宅に入ったとたんに顔も名前も出さないような存在に
なるというのがちょっと引っかかるところではあるなと思っていま
す。

4　災害公営住宅のこれからの課題

吉野：では、これまで災害公営住宅をずっと見てこられた中で、これから
の災害復興、あるいは、今住んでいる方々のこれからの生活持続可
能性等々について、気がついた点があれば、内田先生からまた教え
てください。

内田：災害公営住宅での暮らしがはじまって、最終的には入居者の方々の
生活が回復したという実感が伴っての、そのためのさまざまな復興
事業だと思いますので、それを高めていくということが非常に重要
だと思います。入居者調査の結果から見ると、復興を感じている人
は、団地生活に満足していることが非常に大きな要因になっている。

つまり、今住んでいる団地での暮らしがいいものだと思っていることが、復興を成し遂げて自分の生活が回復したという感覚と結びついています。ですから、生活満足度を上げるようないろいろな仕掛けが必要になる。そのひとつが人づきあいですよね。団地生活の中で安心していろんな人間関係の中で支え支えられ、そうした関係性ができていくことが復興感につながっていくんだろうなと思っています。被災者は、いろいろなものや人間関係が失われた人たちですよね。だから、それに対して、人間関係を再構築していくことが重要になると思います。

また、もうつくってしまったので、それをまた一からつくり直すというのはできないわけですけれども、今ある住宅をよりよいものにできるような、使い勝手の良さ、利便性を高めていくようなことも重要だと思っています。

ただし、集合住宅の高層の建物でコミュニティづくりを進めていくのはかなり大変なんだろうなと。それなりに顔の見える関係性というのが、300戸、300世帯とかで十分にできるのかというと、これはかなり厳しいものがあると思うんですね。そうすると、あのような箱型の集合型の災害公営住宅のあり方、スキームが変わらないとしたら今後もあんな感じでつくられていくんでしょうけれども、従前の、特に一戸建てでお住まいだった方にとっては、これも復興感のところに関わるんですけれども、もともと一戸建ての人は、今回のような集合型の住宅に入ったときに、生活の回復を感じにくい。そこでちょっと話が飛ぶんですけれども、やはり公的な土地を、ちゃんと自治体が、ある程度リスクヘッジとして確保しておくことは非常に重要なことではないかと思っています。

吉野：事前に？

内田：はい。岩手県などでは非常に難しかったと思いますが、住宅の整備にあたってその場所がないのはかなり決定的な問題です。本書では取り上げていませんが、住環境の復興が非常に早かった宮城県岩沼

市での復興過程で、岩沼の地域住民の人たちが応急仮設住宅から最後の集団移転先まで、ある程度まとまりをもって移動できたのはなぜかというと、場所が確保できたからなんですよね。この前、久しぶりに見に行ったらまた駐車場に戻っていましたが、岩沼市の市民会館の横の場所を利用したわけです。その周辺に全部固めてプレハブの応急仮設住宅をつくれたので、顔の見える関係がずっと続いたことが合意形成が早くなっていった要因だと思うんですよね。

そう考えると、同じ場所にもともといた住民が、さらには、他の人たちも集まれるような場を置いておかないといけない。ただ、都会で大災害が起こったときにそんなことできるのか、という話にはなるんですが。

吉野：特に災害対応を考えるとね。今がよければいいというわけでもないってことですよね。

内田：はい。これは公務員の数とかでも言われることですけど、かなりのバッファ、自由に動かせる余力みたいなものがないと、災害が起こったときにぎりぎりで回していたら全部止まってしまいますよね。昨今のコロナ禍における医療体制の整備などもそういう側面があると思います。災害公営住宅に限らない話なんですけど、今後の災害に備えるときにも非常に重要な論点なのではないかなと思っています。

吉野：はい。では、高木先生はいかがでしょうか。

高木：私からは大きくは２点です。１点目は、今回の災害公営住宅の状況を見ていて、福島県では津波被災者向けの災害公営住宅と原発避難者向けとの格差が顕在化していて、それが影を落としている。もちろん、原発避難者の場合は大きな課題ですが、もう少し配慮ができなかったのかなと思います。いわき市では原発避難者向けと津波被災者向けの住宅が隣に……

吉野：向かい合って建っているんですね。

高木：そういったところだとより顕在化しやすいんですが、要は、原発避

難者向けにはみんぷくが入ってのコミュニティ支援など、さまざまな支援が入るんだけれども、津波被災者はそうじゃない。原発避難者向けには家賃補助が入るんだけれども、津波のほうはないとなると、「同じ被災者なのになぜ？」という感覚がどうしても津波被災者のほうにあらわれてくるので、そこは今回の大きな課題だし、どうにかならないのかなとは思います。

もう 1 点は、今回の原発事故の場合には、特に財物賠償があったので、多くの方がわりと自力再建できる、避難先に住宅を確保できるところがあったと思います。そうなってくると、災害公営住宅に入った人は、ほかの公営住宅と比べても、より自力再建できないというか、高齢層だし単身だしという傾向があらわれてくると。そういった人たちが長期にわたってコミュニティを維持できるかというと、なかなか難しいところはあると思います。実際、そういった方のことを考えると、単に公営住宅という選択肢だけじゃなくて、より幅の広い選択肢、例えば福祉機能をあわせた形の公営住宅という形の選択肢も一部つくったり、10 年後、20 年後の姿をイメージしつつ選択肢をよりつくっていくところがもうちょっとあってもよかったのかなと思います。今後に生かせることとしてはそういうことでしょうかね。

また、福島県の場合はすべて県営住宅なので、県内のどこを選ぶのかという、住民としての選択肢はひょっとしたらあったのかもしれないし、5,000 戸つくったうちの 25％は戸建てだったりするので、選択肢の配慮はしているのかなとは思うんですけどね。

吉野：西田先生は調査されてみていかがでしたか。

西田：そうですね。ひとつは、高齢化への対応というところで、入居者の入れ替わりがあったとしても、終の棲家にするという方も一定いらっしゃるわけなので、そういった方たちが住民の自治という形で共助的に見守りし合うということだとか、交流活動をするところに限界というか、特定の担い手となる人たちの負担というか、そういっ

たところはあるのかなと思います。

そうすると、福祉的な配慮として公的に対応していくというのがひとつだとは思いますが、ソーシャルミックス的な手法も必要ではないか。例えば、公営住宅の原則階層に当てはまらないような人たちでも、その住宅の中に入れるような仕組みを使いながら、その団地全体としてのエンパワーメントを模索していく方法もあり得ると思います。

もうひとつは、団地を設計するときの住棟の配置や住戸の設計だとかというところに、顔を自然と合わせられるような仕組みを取り入れていくというのは今回かなり行われたと思いますし、入居後のコミュニティ形成という意味でも、福島ではみんぷく、岩手・宮城ではNPOだとか社協が、国の交付金を使って取り組んでいると思います。このあたりは大規模集合住宅における孤立化という問題を防ぎたいという阪神・淡路大震災時の反省が生かされている部分だと思います。けれども、入居方法として入居者間の関係性がつくりやすい方法を取り入れていくという部分では、一部の自治体では災害公営住宅にグループでの申し込みやコミュニティで申し込みができるやり方が行われていますが、あまり住民に活用されていないのが実態です。制度を用意したら、あとは自分たちで使いなさいというふうに言っても、バラバラに応急仮設住宅に避難しているような中で、親子関係でもないかぎり、地域で音頭を取る人がいなければ、なかなかそういう動きが起こらないのは自然なことのような気もします。そういう意味では、設計段階と入居後の工夫だけじゃなくて、入居時の工夫をもう少し丁寧にできないかということは課題として感じているところです。

吉野：岩手県は、宮城県・福島県に比べると自治体の規模が小さいんですね。市といえども、宮古市の6万人弱、釜石市の3万人ちょっと、大船渡市も同じ、陸前高田市は2万人弱、自治体職員も減っている。そんな中で、今回のような災害によって建てたさまざまなストック

の適正運用が、財政的な意味ばかりではなく、コミュニティ形成も含めて問われている。なにせいっぺんに 6,000 戸も住宅をつくったわけです。ここ 30 年ぐらいの流れの中でも、こんなに大量の住宅供給をしたことがなかった。どうやってこれをマネジメントしていくかが大きな課題なんじゃないかなと思います。

それから、どうしたってどこでも出てくる一般化の問題ですよね。災害あるいは復興という名目で今回はかなりの支援があって、もし国の支援がここまでなければやれなかった事業はかなりあって、無駄遣いとか出しすぎとか面倒見すぎとか、いろんなご批判や意見はあったとは思うけど。そのぐらいの被災規模でもありましたし、福島県の場合、原発事故がまだ終わっていないということもあって、国の責任は当然あったと思います。時間がたつにつれて多くの自治体は交付金がなくなることを前提に、通常業務の中で福祉や健康やスポーツや、住宅や地域づくりの中に、今までのことを解消していくところがあると思うし、国もそうしろとなっているんですよね。おもしろいのは、石巻市で聞いた話で、住宅の名前に「復興」って付けちゃったので、これはいつまで付けますかねという。付けたときはよかったんだけど。

内田：そうそう。復興のシンボルなのでいいんですけど、でも、一般化していくといつまでが復興なのかと。

吉野：一般の公営住宅と家賃も一緒です、入居基準も同じです。では、10年たった、20年たったあとに「復興って何ですか」って、「復興は終わっています」といったときに、「名前が残っているじゃないですか」って。岩手県は「県営〇〇アパート」というのに統一しているんですけれども、確かにアパートはアパートだけど、でかいよなって感じがする。

これからの普通の政策の中で、公営住宅をはじめとする住宅の一般化というものに対して、どれだけスムーズに着地していくかは自治体側にもあるし、入居者側にとってみれば、本当に一般化してコミュ

ニティをつくれるのかどうかという課題もある。これは皆さん不安
になっているところで、被災体験であるとか、その後の応急仮設住
宅での入居経験という、共有化されている体験があればこそ、「み
んなでやっていこう」ということが最初の時点ではかなり強調され
ていたような気がするんですよね。しかし、それも時間の経過や、
あるいは多様な住民がミックスする中で、「俺は関係ない」という
人も出てくるでしょうし、むしろ「ほっといてくれ」というような
入居者だっていないわけじゃないよねと。

そんなときに、これまでの公営住宅の運営方式を見るかぎり、特段、
公営住宅に厚くコミュニティの形成を求めてきたということがあま
りない。逆にいえば、今回の災害公営住宅には厚く求めているんで
す。今までやっていなかったのに。だから、すごくそのコントラス
トが大きくて、災害公営住宅のほうに新たにコミュニティをつくれ
というような政策である程度までいけるとは思いますが、今後、本
当にどのようなことが住民にとっていちばんいいんだろうかと。入
居者が替わることでいろんな活動が止まったり、初期のリーダーが
代替わりになったところで、前のリーダーはかなり頑張ったけど、
普通になっちゃったね、ということがおそらく出てくると思います。
また、住宅に対応する自治体の担当者の意識も、最初は復興という
ことでかなりエネルギーを割いてやっていただいたと思うんですが、
そういったところばかりにエネルギーを割けないことだって普通に
出てくるし、全体的には自治体のパワー不足が懸念されているとこ
ろですね。

最後に、やっぱり公的な問題ですよね。住宅というのは非常に難し
くて、ある意味、私的な、プライベートな空間なんだけれども、し
かし、それを供給しているのが公的主体というのが今回の多くの場
合ですね。これまでは、私的なものについては基本は国の公費を使
えないと。被災者生活再建支援金が最大で300万円出ているわけで
すけれども、それで十分なんて全然言えないわけですから、私的な

領域に対する公的な支援によって復興を進めていったことが多いんですけれども、そのあたり、「公」と「私」をどのように今後考えていくかも必要かなと思っているところですね。

（以　上）

第13章　これからの住宅復興の課題と展望

吉野英岐

1　東日本大震災後の住宅復興

　大災害からの復興において住まいの復興は最も大きな課題の1つである。そのなかでも公的に供給される住宅は、多額の費用を負担する国、整備する自治体、そして入居する被災者にとって、最適な状況のもとで供給され、居住されるものでなければならない。東日本大震災からの復興では、公的に供給される住宅は公営住宅法に基づく災害公営住宅にほぼ一本化され、およそ3万戸が建設された。そのほとんどは震災後に新たに建設された住宅で、新築の公営住宅をしばらく建設していなかった自治体にとっては、建設から管理にいたる道のりに多くの課題が山積していた[1]。

　被災後に応急仮設住宅等で避難生活を送る被災者にできるだけ早く住宅を提供するために、自治体は短期間で被災者の意向確認を行ったうえで住宅の供給数を決定し、建設方式の確定と建設費用の算出を行い、事業費の国費負担に係る申請を行う必要があった。さらに、用地取得から施工事業者の確定、工事の開始から完工までの進捗状況を管理しつつ、同時に入居希望者への物件情報の提供や入居申し込みの受付と抽選を行ってきた。その後は入居説明会の開催と住宅での円滑な社会関係の形成や新たなコミュニティの構築に向けたさまざまな支援を関係機関や支援団体の協力を得て実施してきた。

　震災から10年がたち、災害公営住宅の建設はほぼ完了し、沿岸被災地および内陸部に真新しい集合住宅が立ち並ぶ光景が日常の風景になってきた。しかし、建物が完成したことは事業の終わりではなく始まりともいえよう。

入居している被災者の中には家族や親族を震災で失ったり、自分自身も心身に大きな傷を負っている方が少なくない。自分たちが慣れ親しんできた自宅を失い、自力では再建が難しい場合は、災害公営住宅に入居する。入居者の中には、震災前から集合住宅で生活していた方もいるが、多くは鉄筋コンクリート造の中高層集合住宅に初めて入居することになった方々である。農漁村的な生活様式に長年馴染んできた方々が、新しい住居様式に適応することが容易でないことは十分に想定される。共用部分の使用や管理をめぐる行き違いやトラブルが発生することもある。今回の調査結果からも災害公営住宅において、さまざまな生活課題が生じていること、十分なコミュニティが形成されていないこと、入居者の復興感に属性や地域による差が出ているという事実が浮かび上がった。

　住宅を建設し管理する自治体には入居者が安心して、少しでも心安らかに生活できる環境づくりを、今後、継続していく責務がある。特に、入居者間や近隣との良好な社会関係を基盤とするコミュニティの形成について引き続き政策的な支援を行っていくことが求められる。自治体はこれまでもコミュニティの形成にむけた支援に取り組んでおり、研究の蓄積も進みつつある（櫻井・伊藤 2013、平 2018、田中 2018、中野 2019）。今後、入居者の高齢化や入れ替えが進む中、コミュニティの形成にとって新たに対応していく必要がある事態がある。本章では調査結果の概要を示したうえで、災害公営住宅が入居者にとって安住の地となるための課題の整理と新たな課題への解決策の提示を行う。

　発災から 10 年が経ち、各種の復興事業の検証が進む中で、住まいの復興の手法として、中高層の集合住宅形式を中心とした災害公営住宅の大量建設と供給が有効性と妥当性の面で適切であったのかについても検証が必要である。東日本大震災からの住宅復興にあたり、自治体が直接供給する住宅の建設手法は公営住宅法に則った災害公営住宅に一本化された。津波被災地では経済的な面で自力復興ができる被災者は戸建の住宅建設に向かい、それができない被災者は災害公営住宅に入居するという選択肢しかなかったのが現実である。また原発事故の避難者にとってみれば、避難先で生活をおくるため

に必要な住宅は、もとの居住地に戻れるまでの一時的な住宅という意識から、安住の地や終の棲家といった安心して住み続けることを保障する住宅にはなりきれていないことが調査結果からも明らかになっている。こうした状況のなかで、新築の賃貸集合住宅である災害公営住宅の供給という手法が、東日本大震災という災害に適切であったかどうかを、被災者の生活福祉の向上という観点と自治体による直接的な住宅供給の是非という点から今後の研究の必要性を指摘したい。

2　調査結果からの知見

　まず、調査結果を岩手県、宮城県、福島県ごとに整理する。主に津波被災者が入居している岩手県と宮城県では、同じような傾向がでていた。世帯主の年齢層はともに高く、単身世帯割合も高い。岩手県では70代以上の年齢層が54.3％、宮城県では50.1％と過半数を占め、単身世帯割合もそれぞれ49.4％、44.4％であった。住民間の社会関係については、行政の支援もあって、多くの地域で自治会が形成されており、岩手県、宮城県双方で自治会加入率が7割を越えている。団地内のつきあいの程度は両県とも「たまに立ち話をする程度」以上の関係が3分の2の住民にみられた。ただ団地内行事への参加率は岩手県で41.2％、宮城県で32.1％と10ポイントほど差があった。生活上の困りごととして、「団地に誰が入居しているのかわからない」をあげる割合が最も高く、岩手県で63.9％、宮城県で71.3％に達した。生活上の困りごとがあった時、「団地内住民が頼りにならない」とする割合について宮城県では67.8％だったのに対して、岩手県で59.0％にとどまり、違いもみられた。今後の団地居住意向については、「ずっとこの団地で暮らす」が最も多く、岩手県で75.2％、宮城県で77.2％だった。総合的な団地生活満足度は岩手県で70.0％、宮城県で69.9％が「満足している」と評価し、復興感も岩手県で69.7％、宮城県で71.5％が「回復した」と回答している。入居者自身による記述内容からみる生活課題としては、両県とも家賃上昇に対する不安や心配が多かった。

　福島県については、原発事故の避難者向けの県営の災害公営住宅（福島県
での名称は復興公営住宅）の入居者を対象にしている。福島県内に整備された
このタイプの住宅は、もとの居住地ではない地域に建設されている点と、避
難者はどの住宅でも入居が可能であるという点で、岩手県や宮城県の災害公
営住宅とは大きく異なっている。福島県の入居者の場合も年齢層は高く、単
身世帯割合も高い。世帯主のうち 70 代以上の年齢層が 53.0％と過半数を占
め、他の 2 県と変わらない。単身世帯割合は 54.7％と 3 県で最も高く、過半
数を超えていた。住民間の社会関係については、自治会加入率が 61.2％で他
の 2 県と比べて 10 ポイント以上低い。団地内のつきあいの程度は「たまに立
ち話をする程度」以上の関係が 55.8％でこちらも他の 2 県と比べて 10 ポイン
ト程度低い。ただ団地内行事への参加率は 37.4％で、宮城県よりは高かった。
生活上の困りごととして、「団地に誰が入居しているのかわからない」をあ
げる割合は 73.5％とすべての項目のなかで最も高く、3 県でも最も高かった。
生活上の困りごとがあった時、「団地内住民が頼りにならない」とする割合
については 62.1％で宮城県と岩手県の中間であった。今後の団地居住意向に
ついては、「ずっとこの団地で暮らす」が選択肢の中では最も多いが、56.5％
にとどまり、岩手県の 75.2％、宮城県の 77.2％に比べて 20 ポイントほど低かっ
た。総合的な団地生活満足度は「満足している」が 61.1％で、岩手県の 70.0％
に比べて 10 ポイントほど低い。復興感は「回復した」が 42.9％で、岩手県の
69.7％、宮城県の 71.5％に比べて 25 ポイント以上低い。
　このように、おもに津波被災者が入居する岩手県・宮城県と、原発避難者
が入居する福島県では、コミュニティの形成や今後の居住意向、そして団地
生活満足度や復興感の面で大きな差がでている。なお、入居者自身による記
述内容からみる生活課題として、福島県では家賃上昇に対する不安や心配は
あまりなかった。これは調査時点では東電の家賃賠償に代わる福島県の家賃
支援事業による家賃の支払いがあったことが背景にあると思われる。しかし、
家賃支援事業終期との関係で今後、家賃の問題がクローズアップしてくる可
能性もある。
　さらに福島県内の住宅立地地域の違いによってコミュニティ形成に違いが

でている。福島県の場合は 2021 年 2 月の時点でも帰還困難区域が残り、それが解除され、帰還が可能になった場合でも帰還者はわずかにとどまっている。災害公営住宅に入居している方々にはもとの居住地の今後の状況を考えながら、くらしの拠点である住宅の立地を模索する意識が広くあり、それが災害公営住宅におけるコミュニティの形成を難しくしている面もあるといえよう。そういった災害公営住宅での生活を取り巻くさまざまな社会状況を勘案しながら生活を続けざるをえないのが現実であるが、調査結果では福島県においても半数以上の割合で現在居住している災害公営住宅に引き続き居住する意向が確認できた。とすれば、まずは現在の災害公営住宅の課題を整理して、それを解決していくような対応をとっていかなければならない。

　調査では三県平均で災害公営住宅入居者の 6 割強しか復興を感じることができていなかった。調査結果をクロス集計したところ、復興を感じることができない人は家族関係、仕事、近隣関係などの面において被害が回復していないことに加えて、団地内のコミュニティ形成がまだまだ道半ばであることが明らかになった。特に福島県の復興公営住宅において継続して居住する意向が低い入居者の割合が高く、そうした入居者は団地内に人間関係を築いていないケースがみられた。また、別の分析から入居者が人間関係を再構築し、コミュニティを再度作り上げることができるかどうかが、復興感に影響を与えていることがわかっている。

3　災害公営住宅の課題

3-1　政府直轄型の計画立案の問題

　東日本大震災からの住宅復興の大きな特徴は災害公営住宅の建設戸数が多くなり、被災自治体はその対応に追われた点である。災害公営住宅の建設計画の立案にあたっては、すでに指摘したように国土交通省による直轄調査の実施と自治体によるその受け入れがあった。国費負担による伴走型による計画策定の支援体制は、業務過多や専門家不足に直面する被災自治体にとっては、大変ありがたい支援であったことは十分推測できる。多くの自治体がこ

の支援を受け入れたことからも、自治体にとっては有効な施策であった。し
かし、その結果、自治体側の裁量や多様な主体が住宅復興に参画する機会は
大きく減じられたのではないだろうか。またその後も、関係機関が幅広く連
携する体制も構築されず、必要戸数の早期建設のため用地確保と住宅建設が
至上命題になり、公営住宅建設ありきの復興政策になっていたと考えられる。
自治体とコンサルのやりとりについては国総研の資料において一定の様式に
基づいた事業の進行状況の詳細な記録が残っているが、被災者や支援組織が
そのプロセスに関与することはまれであったと思われる（国土技術総合政策研
究所 2016）。恒久住宅の建設はその後の入居者にとっても、自治体にとって
も長期的な見通しを必要とするものであるが、建設のスピードが重視される
なかで、計画が過大になりがちだったり、政府の決めたスキームの拘束が強
く、漁業従事者が多い地域の生活上の特性や被災者の意向を十分にくみ取れ
ないことがあった。

　それでも岩手県釜石市のように、災害公営住宅の建設にあたり計画実務者
と被災者と自治体によって数回にわたるワークショップが開かれ、地元の意
向を取り入れた設計を導き出す取り組みもあったが、資材や人件費の高騰に
よる入札不調が繰り返し発生し、最終的には買い取り形式での建設に至った
例もある。また、漁業に従事していた被災者は居住機能に特化した住宅だけ
でなく、漁業作業を行う機能をもつ住宅を必要とするが、そうした状況は従
来の災害公営住宅の様式では想定されておらず、入居してから使い勝手が悪
いところが顕在化してしまう事例もあった。

3-2　コミュニティ形成の困難

　阪神・淡路大震災後の事例から塩崎は災害公営住宅での生活についての最
大の問題は、コミュニティの崩壊であると述べている。抽選による入居のた
め近隣関係の疎遠化が生じており、自治会活動を活発化する取り組みや生活
援助員（LSA）などによる見守り活動があっても、十分に効果が上がっていな
い（塩崎 2009：10-12）。塩崎はコミュニティの崩壊は人間関係の希薄化を生み、
これまで地域とつながって暮らしてきた人々の「そこはかとない交流」ある

いは「動線の交流」や「視線の交流」が失われたことで、「社会的接点が少なく、貧困・アルコール依存などを抱える人びとを、以前にもまして孤立化に追いやり、ついには孤独死にいたらしめたと見ることができる」(塩崎 2014：27-28) と述べている。

　こうした傾向はこれまでの調査結果から東日本大震災後の災害公営住宅でも当てはまる。高齢および単身者中心の入居者の構成と、同じ住宅に誰が住んでいるかわからない割合が 7 割近くある現状では、行政や支援団体の働きかけがあっても、コミュニティ活動の基盤が弱いと言わざるをえない。そして、団地内のコミュニティ活動の中心的な担い手 (リーダー層) であった方々も震災から 10 年を経て、着実に高齢化している。そのため。限られた住民層だけが活動に参加している事例や交流活動を休止している事例も報告されている[2]。

　被災者が災害公営住宅に入居しただけでは復興感を感じるところまでは至っていないから、今後はコミュニティづくりの継続による入居者の復興感の向上が課題となっている。そこで問題になるのがコミュニティの担い手の確保である。被災三県に共通する課題として入居者の多くが高齢者であり、かつ単身者が多いことが示され、年配の方たちだけで団地が抱えるさまざまな課題を解決することは難しいと言わざるをえない。

3-3　空き室の増加

　災害公営住宅の空き室の問題はかねてから指摘されてきた問題である。共同通信社が 2017 年 3 月 7 日に集計したデータによれば、岩手県・宮城県・福島県で完成済の災害公営住宅 22,438 戸のうち、6％にあたる 1,394 戸が空き室となっていた。岩手県内だけでも 511 戸が空き室になっていた[3]。また宮城県内では 2017 年 7 月末現在で完成戸数 14,529 戸のうち、817 戸が空き室となっている[4]。

　空き室が発生する原因としては、災害公営住宅の完成が遅れ、被災者の意向が変化し、入居を希望しないあるいは断念する世帯が増加したり、入居後に高齢者福祉施設へ入所したり、死亡したりするケースなどが指摘されてい

るが、空き室の問題はさまざまな面で影響が大きい。被災者以外の住宅困窮者からみれば、住宅を失った被災者に限った入居要件が維持されると、空いているにもかかわらず、住宅に入居できない状況となり、不公平感の増大を招くおそれもある。コミュニティを形成するうえで、多くの空き室があることはコミュニティの成員が想定よりも少なくなっていることを意味し、集団活動の停滞や 1 戸当たりの管理負担の増大につながる。また、防災防犯上のリスクも増大する可能性がある。設置主体（自治体）からみれば、空き室の増加は家賃収入の減少を招き、歳入不足を生じさせ、財政的なリスクを増大させてしまう。

　実際に阪神・淡路大震災で建設された災害公営住宅は、被災からほぼ 25 年が経過した時点（2019 年 11 月）で、被災者の入居者割合は 49.1％で 5 割を切っている。その 5 年前の 2014 年 11 月の時点では 59.8％だったので、10 年間で 10 ポイントほど低下している。さらに、65 歳以上の入居者が 5 割を超え、3 割近くの住宅には自治会が存在していないことが明らかになった[5]。このように空き室の増加は入居者のみならず設置自治体にとっても大きな課題を発生させる要因になっている。

3-4　家賃の上昇

　災害公営住宅の入居対象者は被災者であれば通常の場合は入居が認められない収入超過者にも入居を認め、比較的低廉な家賃で入居できるようにした。さらに低所得階層の被災者に対しては、通常の公営住宅では行わない家賃減免措置を行ない、手厚い支援を行った。しかし、収入超過者に対しては、入居 3 年後から、近傍同種家賃原則に基づいて家賃の値上げが行われた。調査からも明らかになったように、自治体は入居時に文書等で説明していたが、入居者にとっては家賃の値上げは想定外のことと受けとられたケースも少なくない。政令月収超過世帯に対して漁村地域の 2LDK の住宅の 1 か月の家賃が 14 万 1,000 円という算定は、災害公営住宅への入居を余儀なくされた被災者にとっては、あまりにも現実離れした金額と受け取られた。家賃の値上げは通常の公営住宅のスキームをそのまま災害公営住宅にも適用したために生

じた現象であるが、住民の生活実感とは大きな乖離が生じ、住宅政策への不信感を生んだり、転居も含めた将来設計の見直しにもつながっている。

　家賃値上げの緩和策については、岩手県では県が家賃の上限設定の方針を2018年1月に示し、多くの県内市町村がその方針を受け入れたことで、一定の決着をみた。それでも、3DKの住宅の場合の1か月の家賃の上限となった7万7,400円という金額が、入居者にとってみて依然として高額であるという側面もあり、引き続き、家賃の問題は被災者にとって大きな問題になっている。宮城県では県営住宅が建設されなかったことから、県が一律にモデル的な家賃の設定をすることが難しく、県内の沿岸自治体を3つのブロックにわけて協議する場を設置し、ブロックごとに意見を交換して家賃の上限を決める方式を採用している。それでも家賃の負担感は調査の自由回答の分析から大変大きいことが判明している。そのため、比較的若い年齢層を中心にライフプランを変更し、災害公営住宅を退去して住宅の自力再建を目指す入居者がすでにでている。若い年齢層は団地のコミュニティ活動の担い手として期待できる層であり、退去は団地にとって人材の損失になりかねない。また、転居による空き室の増加は上述した空き家問題を加速してしまう恐れもある。

　福島県では県の家賃支援事業による家賃負担があり、岩手県や宮城県と違って、調査時点では家賃の負担や金額の上層に大きな関心が払われてはいなかった。しかし、今後の家賃支援事業の終了により家賃の問題がクローズアップしてくる可能性もある。

　また、家賃低減化措置を受けている入居者からは家賃の下限がこれまでの細かい区分から通常の公営住宅の最低金額に統一化され、実質的な値上げになってしまう。実のところこちらのほうが政令月収超過世帯よりも対象となる世帯数が多く、また他の公営住宅入居者との不公平感の解消の観点から、実施せざるをえない状況にある自治体も多く、大きな問題になっている。

3-5　償還による財政圧迫
　自治体は国による災害公営住宅の建設費における自己負担比率の低減措置

をうけ、災害公営住宅の建設費等の 8 分の 1 のみの負担ですんでいる。さらに減免された家賃の減収分を国が肩代わりする制度によって家賃収入を得ているなど、国の手厚い支援があった。しかし、負担率が低くなったとはいえ公営住宅の建設費は地方自治体の財政にとっては大きな負担である。

　岩手県内で最大の 1,300 戸を超える災害公営住宅が建設される釜石市の場合、災害公営住宅の建設に関する市の事業費は 2012 年度から 2016 年度の 5 年間で 257.5 億円が計上されている。うち起債は 34.1 億円で、これは事業総額の 13.24%、ほぼ 8 分の 1 にあたる[6]。このことから、市の負担分は起債でまかなわれていることがわかる。これらの起債は 10 年以内に償還期限がくることになっている。償還の原資は家賃収入をあてることとなっているが、空き室がでて家賃収入が想定を下回ったときは、市の財政出動も想定される。なお住宅 1 戸あたりの建設コストはほぼ 3,000 万円と考えられ、住宅建設に大変大きな費用が発生しているといえる。

　また国による家賃補填の措置は住宅建設から 10 年までで、それ以降は家賃の補填はなくなる。したがって、自治体は空き室を出さないように、災害公営住宅の一般公営住宅化を進めるとともに、家賃収入を確保することで、財政への圧迫をすこしでも回避しようとする。このこと自体は正当な考え方であるが、もともと被災者のために建設し、居住する被災者のコミュニティをつくろうとしたことを考えれば、被災者ではない一般入居者を増やしていくことは、住宅の運営面で難しい問題を生じさせる可能性もある。このようコミュニティの形成、空き室の解消、家賃収入の確保の問題はトリレンマともいうべき状況を引き起こしつつある。

4　住宅復興の解決にむけて

4-1　多様な主体による住宅復興にむけて

　今後の住宅復興で計画の策定時から、直轄調査のような形態ではなく多様な主体が参画するにはどうしたらいいだろうか。今回の災害の津波被災地である岩手県大船渡市の漁村集落における復興に携わった実務者の報告がある

（佐藤 2012）。論文の発表は震災翌年の 6 月であることから、震災からの復興の早い時点でだされた論考だが、その後の復興を考えるうえで示唆に富む指摘がある。

　佐藤は大船渡市へ 7 つの復興提言をしたが、その提言の 1 つとして、復興のストーリーの明確化をあげている。この提言はコミュニティ単位、被災者主体、地区住民主体の復興計画の策定を提案し、適用事業手法として、住宅地区改良制度に伴う小規模集落移転促進事業や防災集団移転促進事業の活用や、集団移転地内での災害公営住宅の建設における民地借り上げも含めた分散配置および木造戸建（二戸一の様式を含む）、コレクティブハウス、コーポラティブハウスの導入という内容であった [7]。

　これらの提言は災害公営住宅の整備がコンサルタントを中心に進められた今回の方法と大きな違いがある。現場の多様なステークホルダーが意見を交わす場づくりと、現場の意思決定を重視する復興手法の確立が必要である。これらの提言では実務者の立場から被災者や地域コミュニティの主体性を尊重する姿勢が強くみられる。あるいは地域で災害復興まちづくりに携わるさまざまな実務者（専門士業等）の連携、縦割り行政システムの見直しなど「対処療法的復興施策」から脱却した総合的な漁村集落の再生計画の必要性を説いている。実際に実現した項目は一部にとどまっているが、きわめて示唆的な提言である。

4-2　コミュニティの形成を視野に入れた空き室解消の取り組み

　空き室の解消については、制度上は、発災から 3 年を経過した時点で、その地域に被災者のニーズがないことが確認できれば、各自治体は一般の住宅困窮者に対しても入居を認めることが可能である。さらに公営住宅法や地方自治法にもともと目的外使用について定めた規定もある [8]。そのため、空き室の解消にむけた取り組みが岩手県や宮城県の基礎自治体で始まり、一般化に慎重な姿勢を見せていた岩手県も 2020 年度からは県営の災害公営住宅での一般募集も始まった [9]。

　しかし、空き室解消のために、入居資格の一般化を進めていくと、震災と

は関係がなく、団地内のコミュニティ活動に無関心であったり、その余裕が
ない世代の入居者が増加していく可能性が大いにある。そのため、今後、直
接の被災を受けた住民層は減少していき、そうではない住民層が多くを占め
るようになることも想定され、住宅のコミュニティ形成はますます難しくな
ることも想定される。被災者の生活復興のための入居者の組織づくりや、入
居者への見守り活動など被災者に限定したサービスを住宅内で組織的に行う
ことは、入居者の分断を行うことになりかねない。被災者が住宅の外で実施
される支援やサービスを利用することは問題にならないと思われるが、集会
室の利用や入居者組織の形成は今後、変化を求められる可能性がある。

　こうした状況を踏まえて、公募によらない入居、さらに国土交通省によ
る 2009 年の「公営住宅地域対応活用計画」[10] により、本来の入居対象者の入
居が阻害されない範囲内で地域の実情に対応した弾力的な活用を実施する制
度を活用する動きがある。「公営住宅地域対応活用計画」を用いた公営住宅
の新たな活用については、宮崎県西都市による市営住宅の移住希望者への提
供 (2015 年)、高知県いの町による町営住宅の県立高校の生徒等への提供 (2019
年)、福岡県久留米市による地域活動への参加を入居条件とした市営住宅の
高等教育機関の学生への提供 (学生シェアハウス)、三重県による県営住宅の
高等教育機関の学生への提供 (2021 年) などがある。このほか、群馬県前橋市
の県営住宅の 1 階の地域開放スペースを活用した無料学習塾の開催や高齢者
の交流場所の提供、京都市の市営住宅の空き室を若手芸術家支援に活用する
事業、山形県鶴岡市の市営住宅の空き室を山形大学の外国人留学生の宿舎へ
の活用などがある[11]。

　東日本大震災で建設された災害公営住宅の場合は、高等教育機関が立地す
る地域が少ないため、大学生の入居は難しいが、移住者や支援者が災害公営
住宅に一定の条件のもとで入居できる仕組みづくりは可能性がある。このよ
うに当面は公営住宅法の抜本的改正ではなく、地域活性化につなげるための
目的外使用を拡大していくことで、空き室の解消とコミュニティの形成の担
い手の確保の問題を解決することが期待できる。被災者向けの復興スキーム
を継続しつつ、一般化していくには、被災者のコミュニティ形成に理解があ

り、活動する時間がとれるような方々を優先的に入居させる工夫が必要である。そして、時間をかけながら、被災者の生活の安定を維持しつつ、入居者の交替を進めて、一般的な公営住宅へ転換していくようなプロセスが求められる。

5 残された課題

5-1 オルタナティブな住宅復興の可能性

　最後に残された課題として、3点を指摘する。1つ目の課題は災害公営住宅の建設それ自体の問い直しという点である。災害からの住宅復興政策における災害公営住宅の建設について、塩崎は「単線型プログラム」の問題点を指摘している。避難所から応急仮設住宅そして災害公営住宅という移行はこれまで当然視されていた流れではあるが、この住宅復興のスキーム自体の限界について触れている（塩崎 2014：69）。さらに災害公営住宅の建設の遅れや課題について、用地取得の難航、建築人材の確保の困難、そして入札不調をあげている。また、完成後の空き室の発生をあげている（塩崎 2014：100-198）。そのうえで、「災害公営住宅は、できるだけ建設戸数を少なく抑えることが望ましい」と結論づけ、自力再建の支援メニューの充実と家賃補助を軸とした借り上げ公営住宅の提供を提案している（塩崎 2014：109-110）。

　平山洋介は、住宅を供給する主体としての公的セクターの重要性を指摘しつつ、「住宅復興の政策実践では、持ち家再建支援と公営住宅供給のどちらかに傾くのではなく、二つの手段をバランスのとれた両輪とする方向が必要となった」と述べている。そして、公営住宅については、「被災した人たちにとって、『定住』の場を意味する度合いが高い」とし、「被災した人たちは、住む場所を確保し、その安定を拠り所として、人生の道筋を再建し、過去と現在、そして未来を、ふたたびつなぎ合わせようとする。……住まいの再生をめざす政策・制度には、生活再建の『経路』と『段階』が必ずしも明快な構成をもたないことをふまえ、被災者のさまざまな選択を支持する方針が求められる」として、被災者の心の揺れを許容する柔軟な住宅供給の必要性を指

摘している。さらに、原発事故に起因する広域避難者の生活再建の支援と被
災者の階層化を緩和する政策展開の必要性を説いている（平山 2020：302-310）。

　塩崎や平山は災害からの住宅復興政策において、公的主体の役割は直接、
住宅を建設し管理運営する災害公営住宅の建設だけが唯一の切り札ではなく、
持ち家の取得支援ができない場合は、家賃補助などの間接的な支援を組みあ
わせて、経済的に困窮する被災者だけが集住してしまうような政策や、特定
の階層の被災者の集住が顕在化するような政策から、社会的包摂を念頭にお
いた社会のなかで多様な被災者が安心して暮らせるような政策への転換が必
要なことを示唆している。すでに建設し多くの被災者が居住している災害公
営住宅におけるコミュニティ形成を進める復興政策とともに、被災者が社会
に包摂されるような住宅や環境の整備も今後の住宅復興にとっては大きな課
題になると思われる。

5-2　復興の検証を可能にする体制の確立

　2 つ目の課題として復興の検証を可能にする体制の確立をあげる。東日本
大震災から 10 年がたち、今後は復興予算が大きく削減され、被災者向けの
生活支援メニューも自治体の一般事業のなかに吸収される方向で政策が進み
つつある。復興は完遂し、生産も生活も震災前の水準にどれくらい戻ったか
という視点で評価されることが多い。

　東日本大震災からの住宅の復興についてはその供給数に関心が集まり、ど
のように供給されたのか、あるいは住民や被災者の参画がどの程度まであっ
たのかについては、これから検証されるべき課題である。その観点から考え
ると被災規模が大きいことから国が復興政策の立案と遂行、そして費用負担
の面で直接関与したことと、多くの県そして市町村にまたがった災害であっ
たために、復興の情報を取りまとめるローカルなレベルでの調査研究機関の
設立の動きがあまり見えない。阪神・淡路大震災後に設立された人と防災未
来センターは兵庫県が行った震災記録・資料収集事業によって集められ資
料および市民からの寄贈により 17 万点をこえる資料を資料室で保管してい
る[12]。そして震災資料集の刊行を行っているが、その最初の巻が『阪神・淡

路大震災における住まいの再建—論説と資料』であった（阪神・淡路大震災記念人と防災未来センター資料室 2012）。ここには災害復興住宅という項目で多くの資料が収録されている。東日本大震災からの住宅復興をきちんと評価し、今後のよりよい住生活の実現にむけた取り組みを行ううえでも資料の収集・整理・保管とその活用が必要である。

5-3　新型コロナウイルス感染症の影響と対応

　そして、3 つめの課題として新型コロナウイルス感染症の影響と対応について早急に検討し、その影響は最小限に食い止めるために災害公営住宅において可能なことを始める必要があることをあげる。コロナ禍の問題は 2020 年の春からが発生し、社会全体に大きな影響を及ぼしている。そして、この問題は震災被災者や原発避難者に対しても例外なく大きな影響を及ぼしている。2020 年 7 月の釜石市役所でのヒアリングによれば、新型コロナウイルスの感染拡大予防のため、2020 年の春に行われる予定だった団地自治会の役員改選や自治会総会は書面決済や開催見送りになっていた。さらに釜石市社会福祉協議会や市から事業委託を受けて実施している地元の NPO 法人による入居者の見守り活動や健康増進活動も、方法の変更や休止を余儀なくされていた。入居者にとっても互いの住戸の訪問もはばかられるような雰囲気のなかで、社会関係の維持や継続は困難な状況になりつつある。今後、感染拡大が収まった場合でも一度休止した活動をもとに戻すのはなかなか容易ではないことが予想される。災害公営住宅におけるコミュニケーション活動や見守り活動は大きな試練を迎えている。そこで、コロナ禍のなかでも実施できる新しい活動の紹介や意見交換の場づくりなど、緊急に対応していくことで、影響を最小限に食い止めていくことが求められる。

　復興は 10 年で終わりということはない。今後もさまざまな困難や災禍が被災者の生活再建や生活維持に大きな影響を与えることが予想される。発災から 10 年が経過し、次の 10 年の復興をどのように構想し、どのようにさまざまな危機を乗り越えていくことができるのかを、これまでの災害復興の知見を参照しつつ、考察し、実践し続ける意思が試されている。

注

1　阪神・淡路大震災ではおよそ4万2,000戸の公的住宅が供給されたが、そのうち新規建設分は2万5,400戸だったので、新規建築戸数では東日本大震災が上回っており、これまでの災害のなかで最大の公的住宅が建設されたことになる。

2　岩手日報2021年1月21日～22日付記事

3　岩手日報2017年3月8日付記事

4　河北新報2017年9月12日付記事

5　毎日新聞2020年1月3日付記事

6　釜石市役所の資料に基づく数値である。

7　この提言は大船渡市役所側には受け入れられなかったと佐藤は論文で述べている。それでも関連する実例としては以下の事例がある。2005年5月20日に発生した福岡県西方沖地震で被災した玄海島では、152棟が全半壊したが、その後に小規模住宅地区改良事業による住宅復興が実施された。福岡市が従前の土地と建物を買い取り、道路整備と宅地造成の後に、希望者47戸に一戸建て住宅用地を分譲した。さらに市営住宅65戸(戸建て)、県営住宅50戸(鉄筋コンクリート、3～4階建て)を建設した。これにより希望者は島に残ることができたという。ただ、一戸建地区と公営住宅地区に分かれて居住する問題や将来の空き家の懸念も指摘されている(塩崎2009：258-263)。

8　公営住宅法22条は罹災、不良住宅撤去、借上げ公営住宅からの入居替、老朽公営住宅の建替え等による住宅変更、公共事業などの事由による公募によらない特定入居を認めている。また、地方自治法238条の4第7項でも、管理に支障のない範囲内で、災害罹災者や留学生の入居を認めている。

9　岩手日報2020年7月20日付記事

10　平成21年2月27日国住備第117号「国土交通省住宅局長通知」では、大規模災害時における一時使用等の特定の場合に限らず、地域における住宅に対する多様な需要に対応し、居住の安定を確保することを目的に、本来の入居対象者の入居が阻害されない範囲内で地域の実情に対応した弾力的な活用を実施することを認めている。

11　日本経済新聞2019年11月14日付夕刊記事ほか

12　阪神・淡路大震災記念人と防災の未来センターは、2002年に設立された「防災未来館」2003年に設立された「ひと未来館」を前身として、2010年に開館した組織である。「研究戦略センター」と「こころのケアセンター」ともに公益財団法人ひょうご震災記念21世紀研究機構を構成している。

参考文献

家正治編集代表 , 2012,『「居住の権利」とくらし　東日本大震災復興をみすえて』藤
　　原書店 .

池口和雄 , 1999,「神戸市の住宅復興の現状と新しい試み」日本建築学会建築社会シ
　　ステム委員会住宅の地方性小委員会『大震災四年半・住宅復興の軌跡と展
　　望』.

石巻市 , 2017,『東日本大震災　石巻市のあゆみ』.

石巻市 , 2018,「石巻市災害公営住宅供給計画（案）平成 30 年 3 月改訂」.https://www.
　　city.ishinomaki.lg.jp/cont/10181000/0070/8059/25/24_shiryou02-2.pdf.

石巻市 , 2019,「東日本大震災からの復興『最大の被災都市から世界の復興モデル都
　　市を目指して』」. https://www.city.ishinomaki.lg.jp/cont/10181000/8235/99hukko
　　ujyoukyou_full.pdf.

市川禮司 , 2005,「ユニバーサルデザインのまちづくり」兵庫県・復興 10 年委員会『阪
　　神・淡路大震災　復興 10 年総括検証・提言報告　第 3 編　総括検証』.

伊藤亜都子 , 2015,「仮設住宅・復興公営住宅と地域コミュニティ」『都市問題』106（1）：
　　27-32.

伊藤亜都子 , 2018,「阪神・淡路大震災の復興過程における災害復興公営住宅のコミュ
　　ニティ形成と課題」東北社会学会編『社会学年報』47：37-47.

井上英夫 , 2012,『住み続ける権利』新日本出版社 .

岩崎信彦・鵜飼孝造・浦野正樹・辻勝次・似田貝香門・野田隆・山本剛郎 ,1999,『阪
　　神・淡路大震災の社会学　第 3 巻　復興・防災まちづくりの社会学』昭和堂 .

岩手県 , 2019,『いわて復興の歩み 2011.3-2019.3　東日本大震災津波からの復興の記
　　録』.

岩手県政策地域部 , 2015,「2013 年（第 13 次）漁業センサス海面漁業経営体調査結果
　　の概要（岩手県分）（平成 25 年 11 月 1 日調査）」.

岩手県政策地域部 , 2020,『2018 年漁業センサス　海面漁業経営体調査結果の概要（岩
　　手県分）　平成 30 年 11 月 1 日現在』.

岩手県復興局 , 2013,「災害公営住宅の整備に関する方針」（2013 年 9 月 30 日最終改正）

植田今日子 , 2013,「なぜ大災害の非常事態下で祭礼は遂行されるのか」東北社会学
　　会『社会学年報』No. 42：43-60.

内田龍史 , 2019,「震災復興おける災害公営住宅の整備と課題 (2)　宮城県（仙台市・
　　石巻市・気仙沼市）の災害公営住宅の建設を事例に」第 92 回日本社会学会
　　大会報告資料 .

内田龍史 , 2020,「東日本大震災における防災集団移転後の復興まちづくりの課題」

谷富夫・稲月正・高畑幸編『社会再構築の挑戦　地域・多様性・未来』ミネルヴァ書房：37-55.

会計検査院, 2013,「会計検査院法第 30 条の 2 の規定に基づく報告書『東日本大震災等の被災者の居住の安定確保のための災害公営住宅の整備状況等について』」.

梶川龍彦, 1999,「被災から恒久住宅へ」神戸都市問題研究所編『生活復興の理論と実践』勁草書房.

関西学院大学災害復興制度研究所ほか編, 2015,『原発避難白書』人文書院.

黒岩亮子, 2012,「地域福祉政策」中沢卓実・結城康博編『孤独死を防ぐ』ミネルヴァ書房：154-185.

気仙沼市, 2013,「気仙沼市災害公営住宅入居仮申込みご案内」.

気仙沼市, 2015,「気仙沼地区における説明希望事項について」.https://www.kesennuma.miyagi.jp/sec/s002/020/010/040/010/2015-10-14.pdf.

気仙沼市, 2019,「復旧・復興事業の取り組み状況と課題」.https://www.kesennuma.miyagi.jp/sec/s019/23suishinkaigi_shiryou2.pdf.

神戸都市問題研究所編, 1998,『震災復興住宅の理論と実践　震災被害, 生活再建, 産業復興, 住宅, 健康』勁草書房.

神戸都市問題研究所編, 1999,『生活復興の理論と実践』勁草書房.

国土交通省国土技術政策総合研究所, 2013,『国土技術政策総合研究所研究報告第 52 号 /2011 年東日本大震災に対する国土技術政策総合研究所の取り組み　緊急対応及び復旧・復興の技術支援に関する活動記録』.

国土交通省国土技術政策総合研究所, 2015,『国土技術政策総合研究所資料第 846 号　東日本大震災における災害公営住宅の供給促進のための計画に関する検討　災害公営住宅基本計画等事例集』.

国土交通省国土技術総合政策研究所, 2016,『東日本大震災における災害公営住宅の供給促進のための計画に関する検討　災害公営住宅等における意向把握方法に関する研究』(『国土技術総合政策研究所資料』946 号).

国土交通省住宅局, 2017,「新たな住宅セーフティネット制度」.http://jutakusetsumeikai-file.jp/safetynet/text/safety-text01.pdf.

越山健治, 2003,「阪神・淡路大震災後の災害復興公営住宅供給の現状」日本都市計画学会関西支部『第 1 回関西支部研究発表会講演概要集』.http://www.cpij-kansai.jp/cmt_kenhap/top/2003/06.pdf.

越山健治, 2006,「都市計画的視点から見た住宅復興の諸問題」『減災』Vol.1：74-91.

越山健治, 2020,「災害復興における都市計画事業の課題と論点」土地総合研究所『土地総合研究』28 巻 3 号 (2020 年夏号・特集不動産, 土地利用と災害)：3-8.

小谷部育子, 2005,「新しい住まい方における取り組み」兵庫県・復興 10 年委員会『阪神・淡路大震災　復興 10 年総括検証・提言報告　第 3 編　総括検証』.

榊真輔, 1999,「災害公営住宅等における生活支援」神戸都市問題研究所編『生活復興の理論と実践』勁草書房.

佐久間政弘, 2018,「災害公営住宅におけるコミュニティ形成に関する若干の考察」東北社会学会編『社会学年報』47：49-56.

櫻井常矢・伊藤亜都子, 2013,「震災復興をめぐるコミュニティ形成とその課題」高崎経済大学地域政策学会『地域政策研究』15 巻 3 号：41-65.

佐藤隆雄, 2012,「津波災害漁村の復興計画・事業から見えてきた課題と今後のあり方」『農村計画学会誌』Vol.31 No.1：26-32.

塩崎賢明, 1999,「復興公営住宅の供給計画と居住者の意識」日本建築学会建築経済委員会住宅の地方性小委員会震災ＷＧ『大震災四年半・住宅復興の軌跡と展望』.

塩崎賢明, 2009,『住宅復興とコミュニティ』日本経済評論社.

塩崎賢明, 2014,『復興〈災害〉　阪神・淡路大震災と東日本大震災』岩波書店.

塩崎賢明・田中正人・目黒悦子・堀田祐三子, 2007,「災害復興公営住宅入居世帯における居住空間特性の変化と社会的『孤立化』」、『日本建築学会計画系論文集』第 611 号：109-116.

震災復興総括検証研究会, 2000,『神戸市震災復興総括・検証　住宅・都市再建分野報告書』(財)阪神・淡路大震災記念協会 2005『阪神・淡路大震災復興誌』[第 9 巻] 2003 年度版』.

鈴木孝男, 2016,「被災コミュニティの再建に向けた課題と支援策の動向　主に宮城県の事例を中心に」『農村計画学会誌』34(4)：399-402.

仙台市, 2017,『東日本大震災仙台市復興五年記録誌』.

仙台市復興事業局, 2016,「仙台復興リポート」Vol.39（最終号）　https://www.city.sendai.jp/shinsaifukko/shise/daishinsai/fukko/documents/reportvol39.pdf

平修久, 2018,「東日本大震災の被災地の地域コミュニティ再生について　釜石市の自治会設立支援のしくみ」日本都市計画学会『都市計画報告集』No.17：41-48.

タウンゼント, P. ,1957=1974 山室周平監訳『居宅老人の生活と親族網　戦後東ロンドンにおける実証的研究』垣内出版.

高木竜輔, 2017,「福島県いわき市における東日本大震災からの復興過程に関する研究」吉野英岐（研究代表）『震災復興における新しいステークホルダーの合意形成とコミュニティの再生に関する研究（平成 25 年度〜平成 28 年度）科学研究費助成事業基盤研究 (B) 報告書』.

高木竜輔, 2018,「福島県内の原発避難者向け復興公営住宅におけるコミュニティ形成とその課題」『社会学年報』47：11-23.

高木竜輔, 2020,「住まいの復興とコミュニティ」『ガバナンス』2020 年 3 月号：23-25.

高田昇, 1998,「公的住宅政策の課題と展望」立命館大学震災復興研究プロジェクト

262

　　　編『震災復興の政策科学　阪神・淡路大震災の教訓と復興への展望』有斐閣.

高田光雄, 2005,「住宅復興における取り組み」兵庫県・復興 10 年委員会『阪神・淡
　　　路大震災　復興 10 年総括検証・提言報告　第 3 編　総括検証』.

高寄昇三, 1998,「震災復興公営住宅と財政」神戸都市問題研究所編『震災復興住宅の
　　　理論と実践　震災被害, 生活再建, 産業復興, 住宅, 健康』勁草書房.

立木茂雄, 2016,『災害と復興の社会学』萌書房.

田中正人・高橋千香子・上野易弘, 2009,「災害復興公営住宅における『孤独死』の発
　　　生実態と居住環境の関係　阪神・淡路大震災の事例を通して」,『日本建築
　　　学会計画系論文集』74 巻 642 号：1813-1820.

田中正人, 2018,「災害復興過程におけるコミュニティ維持の条件とその意味」『追手
　　　門学院大学北摂総合研究所所報』Vol.2：59-73.

中越防災安全推進機構・復興プロセス研究会, 2015,『中越地震から 3800 日　復興し
　　　ない被災地はない』ぎょうせい.

筒井のり子, 2013,「東日本大震災における仮設住宅等入居被災者の生活支援のあり
　　　方　生活支援相談員に求められる役割と課題」『龍谷大学社会学部紀要』42：
　　　54-67.

筒井のり子, 2015,「生活支援相談員活動から見る避難住民生活の現状と課題　福島
　　　県における仮設住宅等入居被災者調査から」『龍谷大学社会学部紀要』46：
　　　15-37.

東京電力, 2014,「家賃にかかわる費用相当額の賠償に関する平成 26 年 4 月以降のお
　　　取り扱いについて」https://www.tepco.co.jp/cc/press/2014/1234446_5851.html.

東北活性化研究センター, 2016,『2015 年度東北社会経済白書』.

中野英夫, 2019,「東日本大震災における地域コミュニティの再生と住宅復興」『専修
　　　経済学論集』Vol.53 No.3：87-102.

西田奈保子, 2015,「仮設住宅と災害公営住宅」小原隆治・稲継裕昭編『大震災に学ぶ
　　　社会科学　第二巻　震災後の自治体ガバナンス』東洋経済新報社：259-285.

西田奈保子, 2018,「福島県内における災害公営住宅　コミュニティ・ベースド・プ
　　　ランニングの現状」日本計画行政学会東北支部『東北計画行政研究』第 4 号
　　　（オンラインジャーナル）.

西田奈保子, 2020,「災害公営住宅におけるコミュニティ政策」『立命館法學』第 387・
　　　388（2019 年第 5・6 号）：2050-2071.

西田奈保子・小川美由紀・松本暢子, 2014,「福島県いわき市における津波・地震被
　　　災者向け公営住宅の供給に関する考察　豊間地区におけるコミュニティ形
　　　成をめざしたグループ入居に注目して」『日本都市計画学会都市計画論文集』
　　　Vol.49No.3：1017-1022.

日本計画行政学会東北支部, 2018,『東北計画行政研究』第 4 号（オンラインジャーナ
　　　ル）.

日本建築学会 , 1999,『大震災四年半・住宅復興の軌跡と展望』.

日本住宅協会 , 2013,『住宅』2013 年 3 月号 (特集／災害公営住宅の今)

日本都市計画学会中越復興特別研究委員会 , 2008,『新潟県中越地震からの住宅再建
　　過程に関する調査』日本都市計画学会 .

額田勲 , 2013,『孤独死　被災地で考える人間の復興』岩波書店 (= 1999,『孤独死　被
　　災地神戸で考える人間の復興』岩波書店の新編集版).

農林水産省大臣官房統計部 , 2014,「被災 3 県における漁業経営体数の推移 (平成 25
　　年 11 月 1 日現在)」.

野坂真・麦倉哲・浅川達人 , 2018,「災害復興公営住宅入居者における「生活」再建上
　　の諸課題　岩手県大槌町での質問紙調査の結果より」『日本都市学会年報』
　　51：241-249.

長谷川洋 , 2014,「福島県における災害公営住宅の取り組みと今後の課題」『住宅』63
　　(3)：53-66.

林春男編 , 2006,『阪神・淡路大震災からの生活復興 2005　生活復興調査結果報告書』
　　京都大学防災研究所巨大災害研究センター .

阪神・淡路大震災記念人と防災未来センター資料室 , 2012,『阪神・淡路大震災にお
　　ける住まいの再建　論説と資料』人と防災の未来センター .

樋口耕一 , 2020,『社会調査のための計量テキスト分析　内容分析の継承と発展を目
　　指して 第 2 版』ナカニシヤ出版.

檜谷美恵子 , 2005,「検証　災害復興公営住宅の取り組み」兵庫県・復興 10 年委員
　　会編『阪神・淡路大震災復興 10 年総括検証・提言報告』兵庫県：376-413.
　　https://web.pref.hyogo.lg.jp/kk41/documents/000038703.pdf

兵庫県 , 2000a,『平成 10 年ひょうご住まいの統計』.

兵庫県 , 2000b,『住まいの復興の記録　ひょうご住宅復興 3 ヵ年計画の足跡』.

兵庫県 , 2003,『災害復興公営住宅団地コミュニティ調査　報告書 (概要版)』.

兵庫県 , 2006,『生活復興調査　調査結果報告書』.

兵庫県・震災対策国際総合検証会議 , 2000,『阪神・淡路大震災　震災対策国際総合
　　検証事業　検証報告　第 4 巻《被災者支援》』.

兵庫県・復興 10 年委員会 , 2005,『阪神・淡路大震災　復興 10 年総括検証・提言報告』

平山洋介 , 2013,「『土地・持ち家被災』からの住宅再建」平山洋介・斎藤浩編『住まい
　　を再生する　東北復興の政策・制度論』岩波書店：107-124.

平山洋介 , 2020,『「仮住まい」と戦後日本』青土社 .

平山洋介・斎藤浩編 , 2013,『住まいを再生する　東北復興の政策・制度論』岩波書店 .

福島かずえ , 2019,「災害公営住宅における宮城県の役割」みやぎ震災復興研究セン
　　ター・綱島不二雄・塩崎賢明・長谷川公一・遠州尋美編『東日本大震災 100
　　の教訓　地震・津波編』クリエイツかもがわ：108-109.

福島県 , 2018,「福島県避難市町村家賃等支援事業助成金の申請手続きについて」

（平成 30 年 4 月 16 日公表）」.https://www.pref.fukushima.lg.jp/site/portal/ps-yachintoushien-20180416.html

福島県土木部建築住宅課 , 2018,「復興公営住宅整備記録　原子力災害による避難者の生活再建に向けて」.

福留邦洋 , 2015,「転居者における暮らしの再構築」中越防災安全推進機構・復興プロセス研究会『中越地震から 3800 日　復興しない被災地はない』ぎょうせい .

福留邦洋・五十嵐由利子・黒野弘清 , 2009,「住宅再建から復興まちづくりへ　コミュニティを踏まえた地域特性」『自然災害科学』：28-3 特集記事「新潟県中越地震から 5 年　復旧から復興へ」日本自然災害学会：221-227.

牧紀男 , 2011,『災害の住宅誌　人々の移動とすまい』鹿島出版会 .

松井克浩 , 2011,『震災・復興の社会学　2 つの「中越」から「東日本」へ 』リベルタ出版 .

松原一郎 , 2005,「高齢者の見守り体制整備」兵庫県・復興 10 年委員会『阪神・淡路大震災　復興 10 年総括検証・提言報告　第 3 編　総括検証』.http://www.reconstruction.go.jp/topics/main-cat1/sub-cat1-1/houkokushoH29.pdf.

溝橋戦夫 , 1999,「新たな地域コミュニティと支援施策」神戸都市問題研究所編『生活復興の理論と実践』勁草書房 .

三菱総合研究所 , 2018,「平成 29 年度 復興状況の把握のための統計データベース更新及び充実等に関する調査事業報告書」.

宮城県 , 2019,「災害公営住宅の整備状況について（平成 31 年 3 月 31 日現在）」.https://www.pref.miyagi.jp/uploaded/attachment/732602.pdf.

宮城県 , 2020a,「東日本大震災における被害状況　令和 2 年 10 月 31 日現在」https://www.pref.miyagi.jp/uploaded/attachment/819448.pdf.

宮城県 , 2020b,「災害公営住宅入居状況（令和 2 年 10 月末時点）」.https://www.pref.miyagi.jp/uploaded/attachment/822146.pdf.

宮城県土木部住宅課 , 2011,『宮城県復興住宅計画（平成 23 年 12 月）』.https://www.pref.miyagi.jp/uploaded/attachment/107142.pdf.

宮城県土木部住宅課 , 2014,『宮城県復興住宅計画（平成 26 年 10 月最終改定）』.https://www.pref.miyagi.jp/uploaded/attachment/281801.pdf.

宮城県土木部住宅課 , 2020,『東日本大震災からの復興 災害公営住宅整備の記録』.

宮城県保健福祉部健康推進課 , 2019,「平成 30 年度災害公営住宅入居者健康調査報告書」.https://www.pref.miyagi.jp/uploaded/attachment/743864.pdf.

宮城県保健福祉部健康推進課 , 2020,『令和元年度 災害公営住宅入居者健康調査報告書』.

みやぎ連携復興センター , 2015,「宮城県地域コミュニティ再生支援事業ご案内」.

安田丑作・三輪康一 , 1998,「住宅復興の現状と課題」神戸都市問題研究所編『震災復興住宅の理論と実践　震災被害 , 生活再建 , 産業復興 , 住宅 , 健康』勁草書房 .

結城康博 , 2014,『孤独死のリアル』講談社 .

除本理史 , 2019,「避難者の生活再建と住まいの再生」丹波史紀・清水晶紀編著『ふく
　　　しま原子力災害からの複線型復興』ミネルヴァ書房：87-114.

吉野英岐 , 2017,「災害公営住宅の生活実態と課題　釜石市での調査から」吉野英岐
　　　(研究代表)『震災復興における新しいステークホルダーの合意形成とコミュ
　　　ニティの再生に関する研究 (平成 25 年度〜平成 28 年度) 科学研究費助成事
　　　業基盤研究 (B) 報告書』：7-22.

吉野英岐 , 2018,「岩手県における復興公営住宅の整備状況と課題」日本計画行政学
　　　会東北支部『東北計画行政研究』第 4 号 (オンラインジャーナル) .

吉野英岐 , 2019,「災害公営住宅の課題」みやぎ災害復興研究センター・綱島不二雄・
　　　塩崎賢明・長谷川公一・遠州尋美編『東日本大震災 100 の教訓　地震・津波
　　　編』クリエイツかもがわ：106-107.

米山正樹・籠島彰宏・山里直志・三上信夫 , 2019,「東北被災 3 県の水産加工業の復
　　　興の特徴と課題について」『水産工学』Vol.56 No.2：95-101.

立命館大学震災復興研究プロジェクト編 , 1998,『震災復興の政策科学　阪神・淡路
　　　大震災の教訓と復興への展望』有斐閣 .

参考資料

岩手県・宮城県・福島県における 災害（復興）公営住宅入居者の 生活実態に関する調査 【単純集計票　三県版（被災者のみ）】

2019 年 11 月

岩手県立大学総合政策学部
教授　吉野　英岐
福島大学行政政策学類
准教授　西田奈保子
関西大学社会学部
教授　内田　龍史
尚絅学院大学人文社会学類
准教授　高木　竜輔

　災害（復興）公営住宅入居者のみなさんの暮らしの現状を明らかにし、今後のことを考える目的で、岩手県立大学、福島大学、関西大学、尚絅学院大学の研究者による調査を 2019 年 11 月に実施しました。ご協力いただいた方々に改めてお礼申し上げます。ありがとうございました。

　調査対象は、岩手県、宮城県、福島県の災害（復興）公営住宅に入居された 6,454 世帯が対象です。ポスティングにて調査票を配布し、郵送にて調査票を回収しました。2,369 世帯から回収、回収率は 36.7%です。ただし、被災者に限ると 2,287 世帯になります。この単純集計表では、東日本大震災の被災者に限定して調査結果を示しております。

　次ページ以降は各設問への回答の集計結果です。主に設問の後に書いてあるもの（例：N=2287）は、その設問における回答者数を示しています。そして選択肢の後にあるもの（例：50.4%）は該当する比率（%）を示しています。

　何か不明な点などありましたら、下記連絡先までご連絡ください。

── 《この調査に関するお問い合わせは…》 ──

〒020-0693　岩手県滝沢市巣子 152-52　岩手県立大学総合政策学部　吉野英岐

TEL・019−694−2724　FAX・019−694−2701

メール：yoshino@iwate-pu.ac.jp

記入方法

1）この調査は、世帯主の方にご記入をお願いしております。

2）ご回答は、あてはまる番号を〇印で囲むか、該当する箇所に〇をつけてください。また、□□内には具体的な数値や地名をご記入ください。

3）「その他」をお答えになった場合は、（　　　　　　　）内に具体的な内容をご記入ください。

4）ご回答いただく〇の数は質問文の終わりに（〇は1つ）とか（〇はいくつでも）などと示していますので、それに従ってご回答ください。

5）一部の方だけにお答えいただく質問もあります。その場合は、矢印（　→　）に従ってお答えください。指示のない質問については全員がお答えください。

6）ご回答に迷う場合は、できるだけ近いものを選ぶようにしてください。なお、どうしても答えられない質問がありましたら、そのまま次の質問へお進みください。

7）設問は全部で48問あります。ご記入が終わりましたら、もう一度、回答漏れがないかお確かめください。

質問は、次のページから始まります。

【現在のあなたとご家族についておたずねします】

問1．あなたの性別を教えてください（N=2263）。

> 1　男性（50.4%）　　2　女性（49.6%）

問2．あなたは現在（2019年11月）、おいくつですか（N=2249）。

> （　68.0　±　13.9　歳　）

問3．現在（2019年11月）、あなたが同居している人はあなたを含めて何人ですか（N=2263）。

> あなたを含めて　（　1.70　±　0.87　人）

問4．現在のあなたの世帯（同居している人）は、次のうちどれにあたりますか（N=2257）。

> 1　単身（一人暮らし）（49.5%）
> 2　自分たち夫婦の二人暮らし（23.3%）
> 3　自分たち夫婦と未婚の子ども（または、自分と未婚の子ども）（17.8%）
> 4　自分たち夫婦と子ども夫婦（または、自分と子ども夫婦）（0.4%）
> 5　親と自分のみ（5.2%）
> 6　親と自分たち夫婦（0.9%）
> 7　三世代（例えば、自分たち夫婦と子どもと孫、親と自分と子ども）（1.5%）
> 8　その他（1.4%）

問5．現在のあなたの世帯（同居している人）には18歳以下のお子さんはおられますか（N=2263）。
お子さんがおられる場合には、末子の年齢についてもご記入ください（N=175）。

> 1　いない（92.3%）　2　いる（7.7%）⇒　（　8.33　±　5.94　歳）

問6．あなたの住んでいる集合住宅は次のうちどの自治体にありますか（N=2284）。

> 1　宮古市（6.4%）　　5　仙台市（9.3%）　　8　福島市（2.7%）
> 2　大船渡市（5.9%）　6　石巻市（15.4%）　9　郡山市（3.8%）
> 3　陸前高田市（9.5%）7　気仙沼市（5.7%）10　いわき市（9.9%）
> 4　釜石市（16.8%）　　　　　　　　　　　　11　二本松市（2.5%）
> 　　　　　　　　　　　　　　　　　　　　　12　南相馬市（12.0%）

問7．あなたの住戸は何階建ての何階にありますか（総階数：N=2230　入居階数：N=2231）。

> （　5.36　±　1.97　）階建ての（　3.22　±　1.80　）階に入居

問8．あなたがこの住宅に入居して、どれくらい経ちましたか（N=2252）。

> 1　3ヶ月未満（0.9%）　　　3　6ヶ月以上1年未満（3.0%）　5　2年以上4年未満（54.5%）
> 2　3ヶ月以上6ヶ月未満（1.4%）4　1年以上2年未満（12.4%）6　4年以上（27.8%）

3

270

問9. あなたの**お住まいの間取り**はどれですか（N=2233）。

| 1 | 1DK・1LDK（14.3%）| 3 | 3DK・3LDK（40.0%）|
| 2 | 2DK・2LDK（45.5%）| 4 | その他（0.2%）|

問10. あなたの自宅は、東日本大震災による**地震・津波**によって**被害**をうけましたか（N=2246）。

| 1 | 全壊（65.4%）| 3 | 一部損壊（6.8%）| 5 | 被害はない（4.4%）|
| 2 | 大規模半壊・半壊（14.2%）| 4 | 長期避難で家が住めなくなった（8.0%）| 6 | わからない（1.2%）|

問11. 震災当時、あなたのご自宅のあった場所は、**現在**、次のうちどれに該当しますか（N=2147）。

1 津波により災害危険区域に指定された（31.5%）
2 津波被害によって土地区画整理がおこなわれた（27.4%）
3 原発事故によって避難指示が出ている（11.6%）
4 原発事故によって避難指示が出ていたが解除された（19.7%）
5 地震・津波や原発事故による被害や影響はなかった（2.9%）
6 その他（6.9%）

問12. あなたがこの住宅に**入居する主なきっかけ**は、次のどれですか。**選択肢から一つ選んで〇をつけて下さい**（N=2287）。その上で選んだ選択肢の指示に従って、次の質問に移動してください。

1 地震・津波で被災した（70.8%）　⇒問13へ（すぐ下）
2 原発事故で避難を余儀なくされた（29.2%）⇒問13へ（すぐ下）
3 一般公募による入居（0.0%）　⇒問29へ（7ページ）
4 その他（0.0%）　⇒問29へ（7ページ）

ここから問28までは、震災を契機に現在の住宅に入居された方におたずねいたします

【震災当時（2011年3月11日）のことについておたずねします】

問13. 震災当時、あなたはどちらにお住まいでしたか。具体的にご記入ください。

| 都道府県⇒ | （省略） | 市区町村⇒ | （省略） |

問14. 震災当時のあなたの**お住まい**は、次のうちどれですか（N=2211）。

1	一戸建て住宅（持ち家）（64.7%）	4	公的賃貸住宅・雇用促進住宅（7.8%）
2	分譲マンション（持ち家）（0.9%）	5	社宅・官舎・寮（0.9%）
3	民間賃貸住宅・アパート（借家）（25.3%）	6	その他（0.4%）

4

問 15. 震災当時の住宅では、**あなたを含めて何人でお住まいでしたか**（N=2220）。

> あなたを含めて　（　　2.65　±　1.56　　人　）

問 16. 震災当時のあなたの**世帯（同居している人）**は、次のうちどれにあたりますか（N=2184）。

> 1　単身（一人暮らし）（24.7%）
> 2　自分たち夫婦の二人暮らし（22.0%）
> 3　自分たち夫婦と未婚の子ども（または、自分と未婚の子ども）（21.7%）
> 4　自分たち夫婦と子ども夫婦（または、自分と子ども夫婦）（2.6%）
> 5　親と自分のみ（10.6%）
> 6　親と自分たち夫婦（3.5%）
> 7　三世代（例えば、自分たち夫婦と子どもと孫、親と自分と子ども）（12.4%）
> 8　その他（2.5%）

問 17. あなたの**震災当時、どのような形で働いていましたか**（N=2174）。

> 1　正規職員（民間企業）（23.7%）　　5　自営業主・会社役員（14.8%）
> 2　正規職員（公務員・教員）（0.9%）　6　家族従業（家業などの手伝い）（6.3%）
> 3　パート・アルバイト（18.2%）　　　7　震災前は休職中・失業中だった（6.6%）
> 4　嘱託・契約・派遣等（4.7%）　　　 8　震災前は仕事をしていない・学生（24.9%）

問 18. あなたは、今回の震災で次のような**被害を経験**しましたか。以下の1〜6について、**当てはまる番号すべてに〇をつけてください**（N=2232）。

↓あてはまるものすべてに〇をつける		
39.8%	1	家族、親戚に死者・行方不明者が出た（震災関連死を含む）
46.2%	2	友人、知人に死者・行方不明者が出た（震災関連死を含む）
4.2%	3	自分自身がけがをした
31.8%	4	震災当時にしていた仕事を失った
22.0%	5	いずれの経験もない
0.1%	6	その他（具体的に＿＿＿＿＿＿＿＿＿＿＿＿＿＿＿＿＿＿）

問 19. あなたの世帯は、**震災や原発事故を原因として2つ以上に分かれて暮らすようになりましたか**（いわゆる「世帯分離」）。**現在の状況**について教えてください（N=2112）。

> 1　震災によって世帯分離し、現在も分かれて暮らしている（27.9%）
> 2　一時期、世帯分離したが、今は同居している（4.1%）
> 3　世帯分離はしていない（68.0%）

問 20. あなたの生活は、**震災直後の時点から比べてどのくらい回復しています**か。あなたの主観的な判断でかまいません（N=2181）。

> 1　ほぼ回復した（23.4%）　　　3　あまり回復していない（25.7%）
> 2　ある程度回復した（38.6%）　4　まったく回復していない（12.3%）

【あなたがこの団地に入居される直前のことについておたずねします】

問21. あなたがこの団地に入居する直前のお住まいは、次のうちどれですか（N=2200）。

1	仮設住宅（61.9%）	5	親族・友人宅（2.5%）
2	民間賃貸の借り上げ住宅（みなし仮設）（26.3%）	6	社宅・官舎・寮（0.7%）
3	公的賃貸住宅・雇用促進住宅（3.3%）	7	その他（0.6%）
4	民間賃貸住宅（自費）（4.8%）		

問22. この団地に入居する直前、あなたはどちらにお住まいでしたか。具体的にご記入ください。

都道府県⇒ ＿＿＿（省略）＿＿＿ 市区町村⇒ ＿＿＿（省略）＿＿＿

問23. あなたが災害（復興）公営住宅への入居を決めた時、納得して入居しましたか（N=2179）。

1 納得して入居した（67.7%）　　2 納得してはいないが入居した（32.3%）

問24. 災害（復興）公営住宅の中で、この住宅はあなたにとって第一希望でしたか（N=2185）。

1 第一希望だった（68.5%）　　2 第一希望ではなかった（31.5%）

問25. あなたが災害（復興）公営住宅に入居申込みをするにあたって、もっとも重視したことは何ですか。お考えに一番近いものを選んでください（N=2113）。

1	自分や家族の職場の都合（6.1%）
2	子どもの学校の都合（4.1%）
3	買い物や通院など日常生活に便利なこと（34.6%）
4	別居の家族や親戚、知人の住まいが近いこと（8.4%）
5	仮設や借上げ住宅などから出て、早くどこかに落ち着きたかった（23.7%）
6	震災前に住んでいた場所に近いこと（14.6%）
7	震災後に住んだ避難先（仮設住宅や借上げ住宅など）に近いこと（2.7%）
8	住宅の建て方（ペットを飼えるなど）や間取り（5.9%）

問26. 災害（復興）公営住宅への入居申込みの際、家族や、避難元の知り合い、避難先の仮設の人などとグループを組んで入居申請を出しましたか（N=2147）。

1 グループを組んだ（5.6%）　2 グループを組まなかった（63.4%）　3 グループ入居制度がなかった（31.0%）

問27. 現在のあなたの近所づきあいは、震災前の元のお住まいの時と比べて増えましたか、減りましたか（N=2218）。

1	とても増えた（3.8%）	3	あまり変わらない（27.0%）	5	かなり減った（49.6%）
2	少し増えた（7.8%）	4	少し減った（11.8%）		

問28. 現在のあなたの近所づきあいは、仮設住宅などこの団地に入居する直前のお住まいの時と比べて増えましたか、減りましたか（N=2210）。

1	とても増えた（4.3%）	3	あまり変わらない（37.1%）	5	かなり減った（36.5%）
2	少し増えた（10.6%）	4	少し減った（11.5%）		

ここからは、すべての方におたずねします

【あなたの団地での暮らしについておたずねします】

問29. あなたは同じ団地内の方と、どのようなおつきあいをされていますか。この団地の中でもっとも親しい人（ご家族以外）を思い浮かべて、お答えください（N=2236）。

1　交流はない（14.4%）　　4　お互いの家を行き来する程度（15.1%）
2　顔を知っている程度（21.9%）　　5　一緒に外出する程度（4.8%）
3　たまに立ち話をする程度（43.7%）

問30. あなたは団地周辺の方（徒歩圏内）と、どのようなおつきあいをされていますか。もっとも親しい人（ご家族以外）を思い浮かべて、お答えください（N=2233）。

1　交流はない（39.7%）　　4　お互いの家を行き来する程度（9.8%）
2　顔を知っている程度（18.1%）　　5　一緒に外出する程度（4.0%）
3　たまに立ち話をする程度（28.4%）

問31. 現在の近所づきあいについて、あなたはどのように感じていますか（N=2234）。

1　とても楽しい（3.0%）　　3　少しさびしい（21.9%）
2　まあまあ楽しい（21.8%）　　4　とてもさびしい（9.0%）
　　　　　　　　　　　　　　5　特に何も感じない（44.3%）

問32. あなたは、住民間の親睦や交流を目的とした住民組織（自治会・町内会）に加入していますか（N=2223）。

1　加入している（70.2%）　　3　発足していないが、発足すれば加入する（3.5%）
2　加入していない（21.6%）　　4　発足しても加入しない（4.7%）

問33. あなたは、団地内における清掃活動にどの程度参加していますか（N=2246）。

1　積極的に参加している（41.9%）　　3　あまり参加していない（11.0%）
2　ある程度参加している（32.2%）　　4　まったく参加していない（12.2%）
　　　　　　　　　　　　　　　　　5　団地内では清掃活動はおこなわれていない（2.7%）

問34. あなたは、団地内におけるお茶会などの交流行事にどの程度参加していますか（N=2250）。

1　積極的に参加している（10.9%）　　3　あまり参加していない（23.4%）
2　ある程度参加している（26.4%）　　4　まったく参加していない（37.6%）
　　　　　　　　　　　　　　　　　5　団地内では交流行事はおこなわれていない（1.7%）

問35. あなたは、1階のエントランスの郵便受けに自分の名前を掲示していますか（N=2234）。

1　自分の考えで掲示している（31.1%）
2　入居時に行政から掲示を勧められたこともあり、掲示している（5.7%）
3　特に理由はないが、掲示していない（42.7%）
4　掲示したくないので、掲示していない（20.5%）

7

問36. 入居している団地での生活で困っていることは何ですか。①～⑩のそれぞれについて、選択肢のなかからもっとも近い番号1つに〇をつけてください。

		あてはまる	ややあてはまる	あまりあてはまらない	あてはまらない
①	団地内の住民との人間関係がよくない（N＝1991）	8.1%	19.5%	39.1%	33.4%
②	隣や上下の住宅の生活騒音が気になる（N＝2026）	11.2%	18.0%	27.5%	43.3%
③	買い物や通院・通学など交通が不便（N＝2021）	13.0%	16.5%	26.2%	44.3%
④	ゴミの捨て方（未分別など）がよくない（N＝2019）	9.3%	19.5%	27.4%	43.8%
⑤	住居内の間取りや設備の使い勝手がよくない（N＝1999）	11.6%	19.6%	31.5%	37.4%
⑥	買い物／病院に行くための交通手段がない（N＝2008）	9.0%	12.3%	20.8%	58.0%
⑦	団地内に困りごとを相談する人がいない（N＝2012）	24.5%	22.5%	26.1%	26.9%
⑧	集会所がない／集会所が遠い（N＝1992）	3.6%	3.1%	9.8%	83.5%
⑨	団地に誰が入居しているのかわからない（N＝2054）	33.0%	36.2%	18.2%	12.7%
⑩	集合住宅という形式の生活になじめない（N＝2034）	14.3%	26.3%	31.3%	28.2%

問37. あなたは、この団地での生活に満足していますか。（N＝2232）。

1　満足している（18.7%）　　　3　あまり満足していない（24.0%）
2　やや満足している（48.6%）　4　満足していない（8.7%）

問38. あなたは、この団地で今後も暮らしていく予定ですか（N＝2222）。

1　これからもずっとこの団地で暮らしていく予定である（70.1%）
2　別の住宅に移る予定である（自宅再建、民間賃貸、別の公営住宅への転居など）（7.6%）
3　迷っている（21.8%）
4　その他（0.5%）

問39. 住居内や団地内の共用部分の仕様について、使い勝手が悪い点、不満に思う点があれば、具体的にお書きください（ない場合には無記入でかまいません）。

コメントあり：21.5%

【困りごとが生じた時の相談相手について、おたずねします】

問40. あなた自身または同居している人で、次のことがらにあてはまる方はいますか。
以下の1〜6について、当てはまる番号すべてに○をつけてください（N=2233）。

↓当てはまるものすべてに○をつける		
72.4%	1	定期的に通院している
12.3%	2	高齢者介護サービスを利用している
7.3%	3	障がいがあり、介助が必要である
2.6%	4	ボランティア等の支援を受けている
26.0%	5	いずれも当てはまらない
0.4%	6	その他（具体的に_____）

問41. あなたのまわりに、一緒にいてほっとする相手はいますか。以下の1〜9について、
当てはまる番号すべてに○をつけてください。

↓当てはまるものすべてに○をつける		
33.0%	1	同居の家族・親戚（N=2264）
42.2%	2	別居の家族・親戚（N=2233）
21.8%	3	同じ団地の住民（N=2233）
9.9%	4	団地外の近隣住民（N=2233）
49.1%	5	昔からの友人・知人（N=2233）
12.4%	6	市町村職員や社会福祉協議会などの職員（N=2233）
5.6%	7	NPOなどの支援団体関係者（N=2233）
13.6%	8	そのような人はいない（N=2233）
1.4%	9	その他（N=2233）

問42. 生活上の困りごとがあった時、あなたは①〜⑦の方々をどのくらい頼りにできると
思いますか。①〜⑦それぞれについて、あてはまる番号に○をつけてください。

	頼りになる	やや頼りになる	あまり頼りにならない	頼りにならない
① 同居の家族、親戚（N=1020）	61.5%	22.0%	8.7%	7.8%
② 別居の家族、親戚（N=1839）	50.0%	26.9%	13.9%	9.3%
③ 同じ団地内の住民（N=1629）	10.0%	27.4%	28.4%	34.2%
④ 団地外の近隣住民（N=1477）	5.2%	14.6%	23.8%	56.5%
⑤ 昔からの友人・知人（N=1708）	28.7%	36.0%	19.4%	15.9%
⑥ 市町村・社会福祉協議会などの職員（N=1555）	13.1%	33.4%	25.7%	27.8%
⑦ NPOなどの支援団体関係者（N=1406）	6.9%	23.2%	32.2%	37.7%

9

【現在のあなたの心の状態について、おたずねします】

問43. <u>この1ヶ月間</u>、以下のようなことはありましたか。①～⑫それぞれについて、あてはまる番号に〇をつけてください。

		よくある	ときどきある	あまりない	まったくない
①	普段と比べて食欲が減ったり、増えたりしている（N=2090）	10.2%	25.6%	39.2%	25.0%
②	いつも疲れやすく、身体がだるい（N=2073）	17.7%	38.8%	29.2%	14.2%
③	寝つけなかったり、途中で目が覚めたりすることが多い（N=2114）	27.0%	38.9%	23.4%	10.7%
④	災害に関する不快な夢を見ることがある（N=2081）	5.3%	20.0%	41.2%	33.4%
⑤	憂うつで気分が沈みがちである（N=2064）	9.0%	29.6%	37.5%	24.0%
⑥	イライラしたり、怒りっぽくなったりする（N=2077）	9.5%	29.6%	38.9%	22.1%
⑦	ささいな音や揺れに、過敏に反応してしまうことがある（N=2084）	13.9%	30.3%	35.2%	20.5%
⑧	災害を思い出させるような場所や、人、話題などを避けてしまうことがある（N=2076）	7.8%	22.1%	45.3%	24.8%
⑨	思い出したくないのに災害のことを思い出すことがある（N=2087）	7.4%	31.6%	38.7%	22.4%
⑩	以前は楽しんでいたことが楽しめなくなった（N=2095）	16.3%	31.4%	34.3%	18.0%
⑪	何かのきっかけで、災害を思い出して気持ちが動揺することがある（N=2087）	5.8%	26.7%	42.1%	25.4%
⑫	災害についてはもう考えないようにしたり、忘れようと努力したりしている（N=2110）	10.5%	26.1%	40.9%	22.5%

【最後にもう一度、あなたご自身とご家族について、おたずねします】

問44. あなたが<u>最後に出た学校</u>（中退や在学中を含む。）は次のうちどれですか（N=2184）。

1	中学校（旧制高等小学校を含む）(30.9%)	3	短大・高専・専門学校 (12.2%)
2	高校（旧制中学校を含む）(50.5%)	4	大学（旧制高校・新制大学院を含む）(6.4%)

問45. 同居の家族全体の去年1年間の収入（世帯年収　税込み、仕送り、年金なども含む。）は、どれくらいですか。原発事故に対する賠償金は含めずにお答えください（N=2041）。

1	100万円未満 (28.0%)	3	200～400万円未満 (32.8%)	5	600万円以上 (1.0%)
2	100～200万円未満 (33.8%)	4	400～600万円未満 (4.4%)		

問 46. あなたは **2019 年 11 月現在、どのような形で働いていますか**（N=2244）。

1　正規職員（民間企業）（11.5%）　　5　自営業主・会社役員（4.6%）
2　正規職員（公務員・教員）（0.4%）　6　家族従業（家業などの手伝い）（0.9%）
3　パート・アルバイト（12.2%）　　　7　その他（0.1%）
4　嘱託・契約・派遣等（4.8%）　　　8　現在、仕事はしていない（65.6%）　⇒問 48 へ

問 47. 問 46 で「1」～「7」と答えた方に伺います。あなたの**現在のご職業**は次のどれにあたりますか（N=741）。

1　農林漁業従事者（農業、養畜、林業、造園師、植木職、漁業など）（5.8%）
2　事務職（一般事務、経理事務、ワープロ・オペレータなど）（9.9%）
3　販売・営業職（小売店主、販売店員、外交員など）（11.5%）
4　サービス職（ウェイター、理容師、調理人、ヘルパー、タクシー運転手など）（24.0%）
5　技能・生産工程・労務・保安職（大工、工場作業者、建築作業者、警察官など）（37.0%）
6　専門・技術職（教員、看護師、薬剤師、医師、弁護士、情報処理技術者、研究者など）（6.7%）
7　管理職（課長以上の管理職、会社役員、議員、学校長、駅長、局長など）（2.7%）
8　その他（2.4%）

具体的な仕事の内容をご記入ください。

[　　　　　　　　　]　の（を）　[　　　　　　　　　]　（している）

＊「会社員」「自営業」ではなく、「小学校の先生」「事務機器の外回り営業」「牛を飼育している」「スーパーのレジ」「バスの運転」「椎茸をつくっている」のように具体的にお答えください。

問 48. 災害（復興）公営住宅入居後の生活で困っていること、不満に思っていること、心配していることがあれば具体的にお書きください（ない場合には無記入でかまいません）。

コメントあり：37.9%

質問はこれで終わりです。
長時間にわたりご協力いただきありがとうございました。

索 引

280

執筆者略歴

吉野英岐(よしの　ひでき)　※奥付参照

西田奈保子(にしだ　なほこ)　福島大学行政政策学類准教授
　1975 年生まれ。東京都立大学大学院都市科学研究科博士課程修了。博士(都市科学)。
【主要著作・論文】
「災害公営住宅におけるコミュニティ政策」(立命館大学法学会編『立命館法学』第
387・388 号、2020 年)、「東日本大震災における木造仮設住宅供給の政策過程—
福島県を事例に」(日本地方自治学会編『基礎自治体と地方自治』敬文堂、2015 年)、
「仮設住宅と災害公営住宅」(小原隆治・稲継裕昭編『大震災に学ぶ社会科学 第 2
巻 震災後の自治体ガバナンス』東洋経済新報社、2015 年)。

内田龍史(うちだ　りゅうし)　関西大学社会学部教授。
　1976 年生まれ。大阪市立大学大学院文学研究科後期博士課程修了。博士(文学)。
【主要著作・論文】
「東日本大震災における防災集団移転後の復興まちづくりの課題——宮城県名取
市M地区を事例として」(谷富夫・稲月正・高畑幸編『社会再構築の挑戦——地域・
多様性・未来』ミネルヴァ書房、2020 年)、「宮城県名取市・岩沼市における住環
境の復興過程——名取市閖上地区・下増田地区・岩沼市沿岸部を事例として」(吉
野英岐・加藤眞義編『震災復興と展望——持続可能な地域社会をめざして』有斐
閣、2019 年)。

髙木竜輔(たかき　りょうすけ)　尚絅学院大学総合人間科学系社会部門准教授。
　1976 年生まれ。東京都立大学大学院社会科学研究科博士課程単位取得退学。修
士(社会学)。
【主要著作・論文】
『原発避難者「心の軌跡」——実態調査 10 年の〈全〉記録』(今井照ほか編、公人の
友社、2021 年)、「避難指示区域からの原発被災者における生活再建とその課題」
(長谷川公一・山本薫子編『原発震災と避難』、有斐閣、2017 年)、『原発避難者の
声を聞く——復興政策の何が問題か』(山本薫子・髙木竜輔・佐藤彰彦・山下祐介、
岩波ブックレット、2015 年)。

編著者略歴

吉野英岐（よしの　ひでき）　岩手県立大学総合政策学部教授。
1960 年生まれ。慶應義塾大学大学院社会学研究科博士課程単位取得退学。社会
学修士。

【主要著作・論文】

『震災復興と展望―持続可能な地域社会をめざして―』（吉野英岐・加藤眞義編、
有斐閣、2019 年）、「災害公営住宅の課題」（みやぎ災害復興研究センターほか編『東
日本大震災 100 の教訓　地震・津波』（クリエイツかもがわ、2019 年）。

災害公営住宅の社会学

2021 年 3 月 30 日	初　版第 1 刷発行	〔検印省略〕

定価はカバーに表示してあります。

編著者Ⓒ吉野英岐／発行者　下田勝司　　　　　　　　　　印刷・製本／中央精版印刷

東京都文京区向丘 1-20-6　　　郵便振替 00110-6-37828
〒 113-0023　TEL (03) 3818-5521　FAX (03) 3818-5514

発　行　所
株式
会社　東信堂

Published by TOSHINDO PUBLISHING CO., LTD.
1-20-6, Mukougaoka, Bunkyo-ku, Tokyo, 113-0023, Japan
E-mail : tk203444@fsinet.or.jp http://www.toshindo-pub.com

ISBN978-4-7989-1695-8　C3036　Ⓒ YOSHINO Hideki

東信堂

- 災害公営住宅の社会学　　　　　　　　　　　吉野英岐編著　三二〇〇円
- 原発災害と地元コミュニティ —福島県川内村奮闘記　　鳥越皓之編著　三六〇〇円
- 故郷喪失と再生への時間 —新潟県への原発避難と支援の社会学　松井克浩　三二〇〇円
- 被災と避難の社会学　　　　　　　　　　　　関礼子編著　二三〇〇円
- 放射能汚染はなぜくりかえされるのか—地域の経験をつなぐ　藤川賢・除本理史編著　二〇〇〇円
- 初動期大規模災害復興の実証的研究　　　　　小林秀行　五六〇〇円
- 震災・避難所生活と地域防災力 —北茨城市大津町の記録　松村直道編著　一〇〇〇円
- 東京は世界最悪の災害危険都市 —日本の主要都市の自然災害リスク　水谷武司　二〇〇〇円
- 地域自治の比較社会学—日本とドイツ　　　　山崎仁朗　五四〇〇円
- 日本コミュニティ政策の検証 —自治体内分権と地域自治へ向けて　山崎仁朗編著　四六〇〇円
- 自然村再考　　　　　　　　　　　　　　　　高橋明善　六四〇〇円
- 自治体行政と地域コミュニティの関係性の変容と再構築 —「平成大合併」は地域に何をもたらしたか　役重眞喜子　四二〇〇円
- さまよえる大都市・大阪 —「都心回帰」とコミュニティ　鯵坂学・徳田剛・西村雄郎・丸山真央編著　三八〇〇円
- 社会制御過程の社会学　　　　　　　　　　　舩橋晴俊　九六〇〇円
- 組織の存立構造論と両義性論 —社会学理論の重層的探究　舩橋晴俊　二五〇〇円
- 「むつ小川原開発・核燃料サイクル施設問題」研究資料集　舩橋晴俊・金山行孝・茅野恒秀編著　一八〇〇〇円
- 新版 新潟水俣病問題 —加害と被害の社会学　舩橋晴俊・飯島伸子編　三八〇〇円
- 環境問題の社会学 —環境制御システムの理論と応用　湯浅陽一・茅野恒秀編著　三六〇〇円
- 新潟水俣病問題の受容と克服　　　　　　　　堀田恭子　四六〇〇円
- 新潟水俣病をめぐる制度・表象・地域　　　　関礼子　三八〇〇円
- 公害・環境問題の放置構造と解決過程　　　　関礼子　三六〇〇円
- 公害被害放置の社会学 —イタイイタイ病・カドミウム問題の歴史と現在　　著　三六〇〇円
- 食品公害と被害者救済 —カネミ油症事件の被害と政策過程　宇田和子　四六〇〇円

〒113-0023　東京都文京区向丘1-20-6　　TEL 03-3818-5521　FAX03-3818-5514　振替 00110-6-37828
Email tk203444@fsinet.or.jp　URL:http://www.toshindo-pub.com/

※定価：表示価格（本体）＋税

東信堂

〒113-0023　東京都文京区向丘1-20-6　　TEL 03-3818-5521　FAX03-3818-5514　振替 00110-6-37828
Email tk203444@fsinet.or.jp　URL:http://www.toshindo-pub.com/

※定価：表示価格（本体）＋税

東信堂

〒113-0023　東京都文京区向丘1-20-6　　TEL 03-3818-5521　FAX03-3818-5514　振替 00110-6-37828
Email tk203444@fsinet.or.jp　URL·http://www.toshindo-pub.com/

※定価：表示価格（本体）＋税

東信堂

〒113-0023　東京都文京区向丘 1-20-6　TEL 03-3818-5521　FAX03-3818-5514　振替 00110-6-37828
Email tk203444@fsinet.or.jp　URL:http://www.toshindo-pub.com/

※定価：表示価格（本体）＋税

東信堂

〒113-0023　東京都文京区向丘1-20-6　　TEL 03-3818-5521　FAX03-3818-5514　振替 00110-6-37828
Email tk203444@fsinet.or.jp　URL http://www.toshindo-pub.com/

※定価：表示価格（本体）＋税